高校秘书学专业系列教材　总主编◎杨剑宇

U0662859

秘书信息工作

赵步阳　程宏亮◎主编

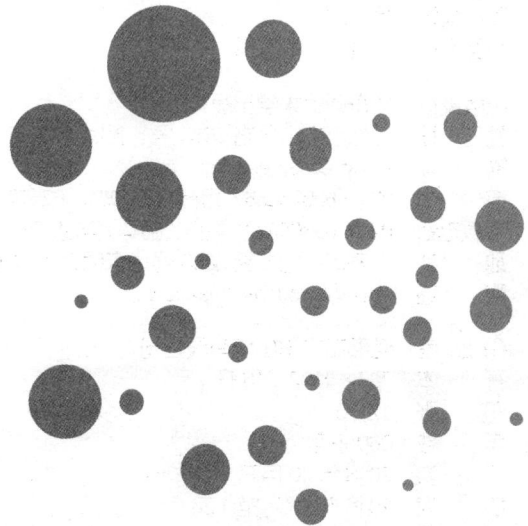

华东师范大学出版社

图书在版编目(CIP)数据

秘书信息工作/赵步阳,程宏亮主编. —上海:华东师范
大学出版社,2014.12
高校秘书学专业系列教材
ISBN 978 - 7 - 5675 - 2819 - 2

Ⅰ.①秘…　Ⅱ.①赵…②程…　Ⅲ.①秘书-工作-高
等学校-教材　Ⅳ.①C931.46

中国版本图书馆 CIP 数据核字(2014)第 295382 号

秘书信息工作

主　　编　赵步阳　程宏亮
项目编辑　范耀华
审读编辑　袁　方
责任校对　赖芳斌
封面设计　卢晓红　俞　樾

出版发行　华东师范大学出版社
社　　址　上海市中山北路 3663 号　邮编 200062
网　　址　www.ecnupress.com.cn
电　　话　021 - 60821666　行政传真 021 - 62572105
客服电话　021 - 62865537　门市(邮购)电话 021 - 62869887
地　　址　上海市中山北路 3663 号华东师范大学校内先锋路口
网　　店　http://hdsdcbs.tmall.com

印 刷 者　常熟市文化印刷有限公司
开　　本　787×1092　16 开
印　　张　17.75
字　　数　360 千字
版　　次　2016 年 10 月第 1 版
印　　次　2016 年 10 月第 1 次
书　　号　ISBN 978 - 7 - 5675 - 2819 - 2/G·7770
定　　价　36.00 元

出 版 人　王　焰

高校秘书学专业系列教材
编委会

秘书学专业已于2012年正式被列入教育部本科专业目录。我们努力了30余年,终于使学科正式跻身于高等教育本科专业之林,这是学科发展史上里程碑式的跨越,是学科正规化大发展的起步。秘书学科的春天真正来临了!

教材建设成为专业建设的首要任务之一。近年来,全国多家出版社纷纷组织编写秘书学专业系列教材,呈现出百家争鸣、百花齐放的势头,这是专业兴盛的表现,同时,通过竞争,教材也能越编越好。

回顾30余年来,秘书学专业的教材大致经历了两代。

第一代教材产生于20世纪80年代前期,名称有《秘书学概论》、《秘书工作》、《秘书学和秘书工作》、《秘书学》等等。各书的内容一般分三部分:首先是对秘书工作粗浅简单的经验总结;然后,大部分篇幅是文书工作程序介绍和法定行政公文的介绍及写法;最后,再加些秘书工作、档案工作等法规的附录。对这一代教材,宽容者称之为集专业教材、学术著作、工作手册三位一体的连体。批评者斥其难以用作教材,不成工作手册,更远非学术著作,属生硬拼凑、不伦不类的三不像和大杂烩。客观而论,与文史哲等成熟的学科相比,这一代教材确实粗糙、幼稚、难登大学殿堂。然而,任何学科总是从低级到高级,从幼稚逐步到成熟的,因此,其开拓、铺路之功不可抹杀。

第二代教材产生于21世纪初,以全国统编秘书专业自考教材为代表作。其主要标志是将秘书学专业的内容分解为"论"、"史"、"应用"三部分,出现了《秘书学概论》、《中国秘书史》、《秘书实务》、《文书学》、《档案学》、《秘书写作》、《公共关系学》等课程教材。这些课程教材既有相对独立的内容和理论框架,又彼此联系,初步形成了学科体系。但是,这一代教材一定程度上存在着基本概念含混、学科界限不清、研究对象欠明、体系不够完整等不足之处。

近年来组织编写的一系列教材,总结了30余年来的经验,是为第三代教材。本系列教材就是试图弥补第二代教材的缺陷,希望成为第三代教材中的集大成者。为此,我们要求各册达到基本概念明确、研究对象明确、课程界限明确、体系基本完整的要求。

本系列教材具有专、全、新的特点:

专——秘书学已成为独立的本科专业,其系列教材应当具有明显的专业性,即:

第一,每册教材都有各自专门的基本概念、研究对象、课程界限、基本体系。而不再是既夹有"史",又有所谓"论",还有文书写作、实务等等于一书的三不像和大杂烩,也不能是相互混淆、重叠的复制品。

第二,本系列教材全部由长期从事该课程教学、研究的具有高级职称的专业教师对口主编,凝聚了他们十多年或者几十年的教学经验和研究成果。例如,我们邀请四川大学知名文书学专家杨戎教授、知名档案学专家黄存勋教授主编《文书处理和档案管理》，邀请山西省写作学会会长、山西大学郝全梅教授主编《秘书应用写作》，邀请从事秘书专业管理学课程教学近二十年的常州工学院人文学院院长钱明霞教授主编《管理学原理》，等等，以此保证本系列教材的专业性和高质量。

　　全——我们同时着手编撰秘书学专业系列教材和涉外秘书专业系列教材，这两个系列的教材，可相互交叉使用。这是至今最全的秘书学本科专业系列教材。

　　秘书学专业的主干课程，经学界在哈尔滨、杭州、厦门等召开的几次全国研讨会上反复讨论，认为应以七门课程为核心课程，在此基础上编写教材，即《秘书学导论》、《中国秘书史》、《秘书实务》、《秘书应用写作》、《秘书公关原理与实务》、《文书处理与档案管理》和《管理学原理》。本系列教材除此七册外，还包括了专业主要课程《秘书心理学》、《秘书实训》等。

　　鉴于涉外秘书专业与秘书学专业有明显区别，我们策划、组织一批长期从事涉外秘书课程教学的专家编写了涉外秘书专业系列教材，共七册，包括《涉外秘书导论》、《涉外秘书实务》、《涉外秘书英语综合》、《涉外秘书英语阅读》、《涉外秘书英语写作》、《涉外秘书英语听说》和《涉外商务单证》。

　　新——各册尽可能增加新内容、新观点，选用新案例、新数据、新材料。同时，文风和版面适应新时代大学生的需求，力求新鲜活泼，一改秘书专业教材严肃、刻板的面貌。

　　参与这两套系列教材编写的专业教师，多达几十人，来自各高等院校，北到哈尔滨、南到湛江、东起上海、西到广西，遍布全国，是一次学界的大兵团作战。我们希望将教材编写得尽可能好些，能成为受大家欢迎的教材，我们也为此付出了不少努力。但是，由于秘书学专业尚是发展中的新专业，还在摸索探讨中行进，也由于参编人员能力有限，所以，书中不足之处难免，还望学界同仁批评指正，不吝赐教。

总主编：杨剑宇

2012 年 12 月于上海

目　录

第一章　秘书与信息工作

一般认为,传统的秘书工作,不外乎"办文"、"办事"、"办会"三项内容。然而在今天,随着信息产业迅速崛起,人类社会迈入信息时代,人们对信息及其重要性的认识日益加深。在此背景下,伴随着网络和新媒体的不断涌现和发展,信息工作对于各级领导者了解情况、科学决策和开展工作,起着举足轻重的作用,"办信息"已成为现代秘书工作的一项重要内容。在某种意义上,现代秘书工作部门越来越像是信息的"集散地"、"加工厂",因此,秘书能否做好信息工作,也就日益成为其能否做好秘书工作的关键。现代秘书有必要充分认识信息与信息工作的内涵。

案例导入

创建于 1921 年的日本尼西奇公司,原是一家生产雨衣、防雨斗篷、游泳帽、卫生带、玩具等各种橡胶制品和尿布的综合性小企业,只有 30 余人,订货不足,经营不稳,随时都有破产的危险。二战后,董事长多川博看到了一份日本政府发表的人口普查统计信息。从这份资料中他获悉,日本每年有 250 万个婴儿出生,他立即意识到,尿布这个小商品有着巨大的潜在市场。按每个婴儿每年最低消费两条尿布计算,一年就是 500 万条,再加上广阔的国际市场,潜力是巨大的。多川博决定放弃尿布以外的产品,把尼西奇公司变成尿布专业公司。结果到了 20 世纪 80 年代,尼西奇公司的产品占日本全国同类产品总量的 70%,出口比重虽不算高,大约占全公司总产量的 8%,但销售对象遍布五大洲,达 70 个国家和地区。由此,尼西奇公司在日本确立了"尿布大王"的地位,在世界上也是产量最大的尿布专业公司。①

请问:信息如此重要,那么究竟什么才是信息呢?

第一节　信息概述

一、信息的含义

"信息"一词来源于拉丁文 *information*,意思是解释和陈述。不过,作为一个科学概念的信

---

① 彭晋璋:《日本"尿布大王"访问记》,《世界知识》,1983 年第 6 期。

息,直到 20 世纪 20 至 40 年代在对"通信"问题进行研究的过程中才被正式提出。

　　在日常生活中,人们在讨论何为信息时,通常会十分自然地从对这个词的一般了解出发,列举一连串的同义词作为信息的定义:信息是消息、资料、新闻、知识、叙述、解释、说明等等。当然,正如有的学者所指出的,这些定义都是对的,但却不完全。①

　　一般来说,作为一个科学技术名词的"信息",随着通信理论研究的深入,主要出现了以下几种有代表性的定义。而在这些定义中,有的已经进入哲学层面予以探讨:

　　1. 1928 年,美国电子工程师哈特莱(R. V. L. Hartley)在《贝尔系统技术杂志》上发表了著名的论文《信息传输》。在这篇论文中,他把信息理解为选择通信符号的方式,并用选择的自由度来计量这种信息量的大小。他认为,发信者所发出的信息,就是他在通信符号表中选择符号的具体方式。

　　2. 1948 年,美国数学家、信息论(一说通信论)的创始人香农(Claude Elwood Shannon)在论文《通信的数学理论》中指出,信息是用来减少随机不确定性的东西。不确定性就是原来的情况不清楚,人们使用各种科学手段,了解情况后,不确定性就减少或消除,这样人们就可以得到新的知识。它是通过多种形式,包括数据(字母、符号和数字)代码、图形、报表、指令等等反映出来的。这是从通信理论出发来研究信息的传递与度量问题。这篇论文同样发表在《贝尔系统技术杂志》上。

　　3. 美国数学家、控制论的奠基人维纳(Norbert Wiener)在《控制论与社会》(1950)一书中指出:"信息就是我们在适应外部世界,并把这种适应反作用于外部世界的过程中,同外部世界进行交换的内容的名称。"关于信息,维纳更为著名的一个结论则是:"信息就是信息,它既不是物质,也不是能量。"有的学者认为,虽然维纳在这一论述中没有说明信息是什么,但他说明了信息不是什么,也是非常有意义的。②

　　4. 意大利学者朗格(G. Longo)在《信息论:新的趋势与未决问题》(1975)一书的序言中则认为:"信息是反映事物的形式、关系和差别的东西,它包含在事物的差异之中,而不在事物本身。"我国电子学家冯秉铨先生也认同此说法,他认为"信息就是差异"。

　　5. 钟义信先生在《信息科学原理》(2002)中分别从本体论层次和认识论层次对于"信息"的哲学本质进行了探讨,他认为,一个事物的本体论层次信息,是"这个事物运动的状态和状态变化的方式";而主体关于某个事物的认识论层次信息,则是"这个主体所感知的那个事物运动的状态及其变化方式"。他进一步指出,本体论层次信息属于物质属性的范畴,但不等同于物质本身;认识

---

① 〔苏联〕塔拉先柯:《关于控制论中"信息"概念的定义》,《自然辩证法研究通讯》,1963 年第 2 期。
② 刘伸:《苏联哲学界关于信息概念的争论》,《国外社会科学》,1980 年第 7 期。

论层次信息属于精神的范畴,而精神本身又是思维物质(大脑)的属性。据此他认为,就整体而言,信息是物质的普遍属性,但不是物质本身。[①]

应该说,前述几种有代表性的关于信息的定义,即使有的是在哲学层面进行的讨论,但是基本上还是将其视为通信研究领域内的一个专门术语,或者说,在这里的信息主要是一个科学技术名词。不过即使这样,关于信息含义的探讨,依然可以说是存有争议,众说纷纭。这主要是因为:第一,信息本身的复杂性。它是一个多元化、多层次、多功能的复杂综合体。第二,在通信理论基础上发展起来的信息科学,尚不够完善成熟。它的内涵与外延不甚确切,一些重要概念正处于多定义并存阶段。

随着科学技术尤其是信息技术的发展,信息对整个社会的影响也越来越深入,人类社会已经进入信息时代。与此同步,信息概念也逐渐渗透到其他各门学科,成为一个内容丰富、运用普遍、含义具有多层次的概念。人们出于不同的研究目的、使用目的,从不同角度出发,尝试对信息作出更加多元的理解与解释。进而,随着这样的渗透,信息这一概念的内涵与外延也在不断地拓展。比如,陈原在《社会语言学》一书中就指出,"按物理学的观念,信息只不过是被一定方式排列起来的信号序列。在社会交际活动中,这个定义还不够:信息还必须有一定的意义,或者说信息必须是'意义的载体'"。[②]

如今,也有研究者在讨论信息含义的时候,尝试着从广义和狭义两个方面入手来进行分析。如王立清在《信息检索教程》(第二版)中,结合信息检索的特点,将信息的含义分为广义和狭义两种。广义的信息指自然界和一切人类活动所传达出来的信号和消息,是事物表现的一种普遍形式。狭义的信息则指经过搜集、记录、处理和存储的可供检索的文献、数据和事实。[③] 有的研究者则更明确地指出,信息的狭义一说,指的是信息的接受者原先不知道的、有用的消息,也就是一切新而有用的消息。[④]

朱欣文、杨剑宇在《秘书实务》中采纳了这样的阐述:"信息是客观存在的一切事物通过物质载体所发生的消息、情报、指令、数据、信号中所包含的一切可传递和交换的知识内容,是表现事物存在方式、运动状态、相互联系的特征的一种表达和陈述。简言之,信息是指具有新内容、新知识的消息。"[⑤]这一阐述,既包含了对于信息哲学本质的分析,又概括了信息的基本形态、内容和运动方式,同时也反映了目前对于信息狭义层面的认识,应该说是关于信息的比较全面的定义,适

---

① 钟义信:《信息科学原理》,北京邮电大学出版社 2002 年版,第 25 页。
② 陈原:《社会语言学》,商务印书馆 2000 年版,第 70 页。
③ 王立清:《信息检索教程》(第二版),中国人民大学出版社 2008 年版,第 3 页。
④ 杨树森:《秘书实务》,高等教育出版社 2011 年版,第 189—190 页。
⑤ 朱欣文、杨剑宇:《秘书实务》,华东师范大学出版社 2013 年版,第 243 页。

于运用到很多实际工作的领域。

二、与信息相关的几个概念··

信息与知识、情报、文献等概念有密切联系,但又不等同于知识、情报、文献,它们之间既有密切的联系,又有本质的区别。

（一）知识（knowledge）

《辞海》(2010 年版)对"知识"的解释为:"人类认识的成果或结晶。""知识"在《牛津英语词典》里的解释为:"通过经验获得的认识,是人的信息范畴,是理论或实践上的理解,是对已知事实的总结。"

知识是信息的一部分,是一种特定的信息,信息的范畴要远远大于知识。知识是人类通过信息对自然界、人类社会及思维方式与运动规律的认识,是人的大脑通过思维重新组合的系统化的信息的集合。也就是说,信息被有选择地吸收到人们的思维系统,经过人们大脑的储存、甄别、加工、处理、转换等形式而形成知识,包含真理和信念、观点和概念、判断和预期、方法和诀窍等内容,也可以理解为用于解决问题的结构化信息。我们可以说知识是一种信息,而不能说信息就是知识。如"书是将文字和图形印在纸上并将这些纸装订而成的",这些知识也是信息;而"书放在点着火的炉子上",这是信息,却不是知识。知识与信息可以相互转化,使用者把信息转化为知识,再把知识转化为智慧,在历史进程和科学进步中,这是一个动态过程,是一种开拓过程。反过来,智慧又会转化为新知识,新知识又会转化为新信息,如此不断循环往复,又不断创新,推动着历史前进。可以说,一部人类文明发展史,就是在各种活动中知识的创造——传递——再创造,并不断积累和提升的螺旋式上升的历史。人们借助传播媒介,通过一定的社会传递过程,把信息传递给使用者。知识一般可以分成三大类:自然科学知识、社会科学知识和思维科学知识。哲学知识则是关于自然、社会和思维知识的概括和总结。

（二）情报（Information）

情报与信息的英文单词尽管同是"Information",但二者有着本质的区别。

情报一词泛指一切最新的情况、消息的报道、交流,其本义来自军事上的"敌情报告",是军事行动的重要依据之一,带有军事行为,具有保密性的含义。因此,情报存在于人类社会的各项活动之中,是人类社会的一种普遍现象。从这些意义上来讲,"情报"与信息概念中的"社会信息"的含义是相通的,可以说具有一致性。

从另一个角度来看,作为科学交流的对象的情报,是指一切传递中的能够改变认知主体原有知识结构的知识,它才是情报概念的主体构成部分。我国著名科学家钱学森指出:"情报就是为了解决一个特定的问题所需要的知识,要注意它的及时性和针对性这个要求。""情报就是激化了、活化了的知识。"英国情报学家布鲁克斯(B. C. Brookes)更准确也更科学地描述了情报与知识之间的相互作用关系,他在《情报学的基础》一书中曾提出这样一个基本方程式:$K[S]+\triangle I=K[S+\triangle S]$。其中,$K[S]$表示原有的知识结构,$\triangle I$为新吸收的情报量,$K[S+\triangle S]$为新形式的知识结构。该公式充分表明,没有情报的传递和交流,就不会有知识的利用和吸收;情报是知识的一部分,但静止的知识并不是情报,情报的价值正在于它是交流着的知识。由此可见,情报就是传递着的知识,而且这种传递着的知识是可以改变认知主体的知识,从而解决其特定问题。

（三）文献（Document）

文献一词,在我国最早出现于《论语·八佾》:"夏礼吾能言之,杞不足徵也;殷礼吾能言之,宋不足徵也;文献不足故也。足,则吾能徵之矣。"朱熹注:"文,典籍也;献,贤也。"后专指具有历史价值的图书文物资料,如历史文献。对文献的定义,按照中华人民共和国国家标准《文献著录第1部分:总则》(GB/T 3792.1—2009)规定:"记录有知识的一切载体。"具体来说,就是用文字、图形、符号、声频、视频等技术手段记录人类知识的一切载体。国际标准化组织(文献情报术语国际标准)(LSO/DLS 5217)的解释则为:"在存储、检索、利用或传递记录信息的过程中,可作为一个单元处理的,在载体内、载体上或依附载体而存储有信息或数据的载体。"从这里可以看出,文献具有三要素:一是有知识信息内容;二是有负载知识的载体材料;三是有记录知识的符号和技术。三种说法都强调了文献的三个基本属性,即文献的知识性、记录性和物质性。也就是说,文献既不是知识本身,也不是记录知识的物质载体本身,而是两者的结合,即:文献＝知识＋载体。知识是文献的内容,载体是文献的外在形式,文献是知识内容与载体形式的统一体。因而,文献与信息、知识,从根本上来讲属于不同种类的事物。

从上述定义也很容易看出,文献所包含的范围十分广泛。不仅古代的甲骨文、碑刻、竹简、帛书是文献;图书、报纸、期刊是文献;现今的机读资料、缩微制品、电子出版物等也是文献。一般而言,只要记载有知识的信息,不管是纸张或其他实物,无论是否被整理或发表,都称之为"文献"。

综上,可用以下语言来归纳信息、知识、情报、文献四个概念的关系:信息是广泛存在于自然界、人类社会、人类思维之中的事物普遍联系方式;知识是一种特定的人类信息,是信息的一部分,信息是知识的原料,知识是理性化、优化和系统化了的信息;情报一般是指带有社会性的信息,它与信息是部分与整体的关系;情报尽管不全部是知识,但绝大部分的情报表现为运动着、传递着的知识;文献则是记录人类信息、知识、情报的一切载体。文献包含知识的内容,而知识只能依赖物质载体才能构成文献。文献经过传递、交流、应用又产生信息,如此往复。

另外,在信息检索过程中也常会遇到消息、资料、资讯这样的词汇。消息是指传播某一事物的音讯和新闻,消息只是信息的外壳,信息才是消息的内核,不同的消息所包含的信息的量不相同。具体包含的信息量,与消息的背景和信息的接受者有关。同一条消息所包含信息的量也不同,可见信息与消息并不等同。资料主要指为工作、生产、学习和科学研究等参考需要而收集或编写的一切公开或内部的材料。资讯是香港、台湾学者对 Information 的译名,与信息有相同的意义。

三、信息的主要特征······

（一）普遍性

信息不仅普遍存在于自然界、人类社会以及人类思维活动之中,而且还是客观世界中一切物质的属性,它反映的是物质之间的普遍联系,这种联系是事物运动的状态和方式,只要有事物存在,只要有事物的运动,就会有其运动的状态和方式,也就存在着信息。无论在自然界、人类社会还是在人类的思维领域,绝对的"真空"都是不存在的,绝对不运动的事物也是没有的。因此,信息是普遍存在着的。普遍性是信息最重要的本质属性和特征之一。

（二）客观性

物质世界是客观存在的,因而反映这种特征及其变化的信息也是客观存在的。因此,信息具有客观性。信息的客观性要求信息必须真实、准确地反映客观事物,不符合事实的东西只能称为讹传。信息不仅其内容具有客观性,一旦生成,还具有客观存在性。信息的客观性要求秘书人员在提取大量信息的基础上,做到明辨是非、去伪存真,确保提供的信息真实可靠。客观真实性是信息的生命所在。

（三）无限性

物质世界是无限的,人们对物质世界的认识也是无限的,因而信息也是无限的。信息取之不尽,用之不竭。在人类生存和社会活动的一切领域,随时都在交流、产生和处理信息。随着时间的推移,人类所掌握和涉及的信息的内容和范围在扩大,信息量也在无止境地增加。信息的衍生性是信息的无限性的重要特征。

（四）时效性

信息的价值与作用会随着时间的变化而改变,具有时效性。客观事物是不断发展变化的,作为反映客观事物发展变化状态的信息,也相应地发生着变化,因此有价值的信息总是处于不断的更新、变化的过程中。信息的价值在于拥有者可以将它及时传递给需求者,去获取更多的社会效益和经济效益。超过一定的时限,信息的价值就会衰减消失。只有充分重视和发挥信息的时效性,才能将信息转化为相应的效益。

（五）传递性

信息可通过一定的渠道和载体进行传递,如书信、报纸、电话、电报、传真、电视、互联网等是人类常用的信息传递方式。传递是信息的一个本质特征,没有信息的及时传递,也就失去了信息的有效性,等于没有信息。信息传递的方式和手段多种多样,人们在社会中一直在选择不同的方式和手段传递信息。

(六) 共享性

能够共享是信息区别于其他物质资源的最重要的特征。信息的共享性主要表现在:同一内容的信息可以在同一时间由两个或两个以上的使用者使用。理论上,信息对于社会每一位成员都是一视同仁的,它可以为众多的接受者共同分享,且不会像物品那样因使用而减少、消耗。信息一旦借助于一定的手段如广播、电视、报刊、互联网等进行公开传递后,便广为扩散,可为人们反复共享。

(七) 开发性

信息是一种资源,除了直接应用之外,还可以对这种资源进行开掘、整合、转换,然后充分利用。当人们接收到大量信息后,需要先进行开发工作,然后才可以充分利用。首先,应进行识别,去伪存真、去粗取精;其次则表现为信息内容的整合,即不同信息经过合成而产生有价值的新信息,或者进行信息载体的转换,如将存储信息的书本转换成存储同样信息的光盘或磁带等,从而更好地实现信息的利用价值。

(八) 存储性

信息本身是看不见、摸不到的,它可以依附于一定的物质载体而储存起来。大脑就是一个天然的信息存储器,可以进行决策、设计、研究、改进等多种信息处理活动。人类发明的文字、摄影、录像以及计算机等,都可以进行信息处理与存储。信息的存储性使信息总量不断地增加,且便于以后的查找和利用。

四、信息的类型·····························

(一) 按信息的性质划分

信息资源可分为自然信息和社会信息。自然信息是指一切自然物发出的信息,它包括来自无机界和生物界的信息,如我们观察到的宇宙间星球的运动变化,地球上的各种自然现象,我们欣赏的风景等,都是自然信息。自然信息一般是以光、形、声、色、热等形式表达。

社会信息是人类社会在维系生存、生产和发展过程中所产生、传递及利用的信息资源,是人类有意识、有目的发出的信息,包括政治信息、经济信息、科技信息、文化信息、教育信息、体育信息、法律信息、军事信息等。

(二) 按信息资源的开发程度划分

信息可分为零次、一次、二次、三次和高次信息。

零次信息是指在信息流动过程中未经过加工和组织的信息,表现为自然现象、人的思想感情等,其信息流是分散的、无序的,也就是未被开发利用的信息资源,具有客观性、零散性和表象性等特点。

一次信息是指以零次信息为基础,对自然状态和社会表象的信息资源以及大脑存储的信息等进行粗加工,以各种方式表达的信息。这类信息未经过系统化的组织,可以是语言文字表达的方式,也可以是图像表达的方式,通常表现为谈话、讲演、手稿、日记、录音、录像、广告等,因此,一次信息就是原始信息。具有创造性、新颖性、实用性等特点。

二次信息是指在一次信息的基础上,进行加工整理和提炼所形成的产物。表现为经过系统化整理并出版的专著、专利、政府报告、科技报告、学术论文等。

三次信息是指用一定的方法对大量的二次信息进行再加工而产生的系统化成果,如科学评论、书评、资料汇编、信息检索工具、电影、电视剧等。有的表现为工具性、简洁性和资料性,有的则表现为综合性、直观性。

高次信息是指将大量分散的信息进行收集、整理、分类、加工,以便于更好地利用的信息,其实质是信息的集合。高次信息的表现形态主要有图书馆、档案馆、数据库等。

(三) 按信息的载体划分

文献信息源是指以语言文字的形式记录在各种不同载体上,包括由传统介质(纸张、竹、帛)和各种现代介质(如磁盘、光盘、缩微胶片等)记录和存储的知识信息,如各种书籍、期刊、报纸、数据库、网络等。信息活动中所称的具有固定的形式和较稳定的传播渠道的一次信息、二次信息和三次信息,均为这类信息资源。文献信息源是信息资源存在的基本形式,也是信息资源的主体,是目前信息内容最丰富、人们使用频率最高的信息源。它的传播范围十分广泛,便于系统存储和积累,是人们获取信息的主要来源。

实物信息源是由实物本身来存储和表现的知识信息,如某种样品、样机,它本身就代表一种技术信息。这类信息源在技术引进、技术开发和产品开发中发挥重要作用,是反求工程的基础。例如通过对实物材质、造型、规格、色彩、传动原理、运动规律等方面的分析研究,利用反求工程,人们可以猜度出研制、加工者原先的构思和加工制作方法,达到仿制或在其基础上进一步改进的目的。

人脑信息资源是指以人的大脑为载体的信息资源,人脑信息资源是客观存在的,是人脑资源的一部分。

口头信息资源是指各种渠道中由人的口头传播的信息。它是以人的声音为载体,信息发送者以口头谈话方式将信息传递出去,如各种报告会、新闻发布会或个别交谈等。

(四) 按信息的表现形态划分

信息资源可分为潜在信息资源和现实信息资源两类。潜在信息资源是指个人在认知和创造过程中储存在大脑中的信息资源,其特点是只能为个人所理解和利用,无法为他人直接理解和利用。因此它是一种没有表达出来的、优先再生的信息资源。现实信息资源是指潜在信息资源经个人表述之后能够为他人所利用的信息资源,其主要特征是具有社会性,可以在特定的社会条件下广泛地连续反复地为人类所利用。因此是一种无限再生的信息资源。现实信息资源按表述方式可细分为口语信息资源、体语信息资源、文献信息资源和实物信息资源等。

（五）按信息的传递范围划分

信息可分为公开信息、内部信息、保密信息。公开信息是指信息是公开的,可共享的。公开信息资源的信息量非常大,如大量的经济信息、文化信息、科技信息等。内部信息指在一定范围内使用的半公开信息。保密信息指一般不能公开使用的信息。根据其保密程度,又分为各种保密级别,而且具有一定的保密时间,如通常所说的军事机密、国家机密、商业机密等。

（六）按信息的应用范围划分

信息可划分为政治信息、经济信息、军事信息、科技信息、社会生活信息等。

1. 政治信息,即与国家政治生活相关的信息,如国家大政方针、政党信息、政治活动信息、人们对政府工作的评价等。

2. 经济信息,即反映经济活动领域的计划、生产、经营等情况的信息,存在于社会经济生活当中。如计划信息、控制信息、生产和经营信息、统计信息、股票信息、市场信息、商情信息等方面的信息。

3. 军事信息,即与军队建设和军事行动有关的信息。如作战双方的兵力、装备、作战计划等方面的情报,都属军事信息。

4. 科技信息,即反映科技发展状况和新科技成果的开发运用等方面的信息,如科技交流与开发、科技成果推广应用、国外先进技术引进方面的情报、资料、文献等。科技是第一生产力,大到国家,小到企业,科技信息都应得到高度重视。

5. 社会生活信息,即与人们日常生活密切相关和反映社会生活状况的信息,是人们生活必不可少的信息,也是集中反映社情民意的信息。如工资教育、人口就业、社会福利、婚姻住房、医疗保险、天气情况、公交路线等等。

（七）按信息的稳定状态划分

按照信息的稳定性划分,信息可以分为固定信息和流动信息。固定信息是指具有稳定性的信息,在一段时间内可以重复使用,不发生质的变化,如合同、档案、各类定额标准、规章制度等;流动信息又称为作业统计信息,是反映各项业务活动实际进程和实际状态的信息,会随着业务活动的进展不断更新。这类信息时间性较强,使用价值一般只有一次。

还有多种划分方式,这里就无需一一介绍了。总的来说,无论从什么样的角度划分,不同种类的信息之间并没有绝对的界限，彼此间还有交叉重叠。即使是同类信息，也可以从另外的角度出发作进一步划分。

五、信息的作用与意义 ……………………………………………………………………………………

自 20 世纪 20 年代后，人们逐步认识到信息在人类生产与发展中的巨大作用。随着社会的进步、科技的发展，信息在经济、社会发展乃至人们的日常生活中日益显示出其重要性。概括地讲，信息的主要作用有以下几个方面：

（一）信息是人类生存与发展的重要资源

信息和物质、能量是人类生存与发展的三大资源，同物质和能量一样是人类生产、生活不可或缺的要素。与物质、能量不同的是，信息呈现为一种无形的状态，但其一旦形成便成为一种无形的财富，而且只要被合理地利用，便会转化为有形的物质财富。信息向人类提供知识、智慧与创造力，具有知识形态的属性，可以转化为物质生产力。人类的一切活动特别是经济活动，都是直接或间接地凭借信息进行的。随着信息传播与应用规模的逐渐扩大，信息对生产要素的增值作用也会越来越大，将会源源不断地创造出新的社会财富。信息作用于资本，可以提高资本的有效利用率。资本总是在不断流通的，而资本流通的时机、方向、数量和速率，都离不开信息。信息作用于技术，将会推动发明、创造和革新，提高劳动生产率。信息作用于生产、流通、分配和消费等环节，则会起到促进、组织、协调和媒介作用。信息作用于管理，可使濒临倒闭的企业获得新的生机；一些重要的综合信息能够孕育、产生一系列加速经济发展的新思路、新政策、新措施，起到任何物质形态的生产力所不能起到的作用，它能够有力地促进知识向生产力的转化。当今时代是一个充满竞争的时代，在经济、科技、人才等各个领域的竞争中，信息的竞争是决定成败的关键要素之一。任何部门、单位乃至个人要在竞争中生存、在变动中发展，都必须站在掌握信息的制高点上，迅速掌握信息，认真筛选信息，合理利用信息，否则将摆脱不了被淘汰的命运。

（二）信息是科学管理的前提

信息应用于生产、经营等活动中，为管理的科学化开辟了新的途径。现代科学管理的主要任务，就是把一个机构拥有的人力、物力、财力、时间、空间等要素科学地、合理地组织起来，使之充分发挥作用，达到管理系统的最优化目标。任何组织系统要达到有效管理，都必须及时获得足够的信息，否则就无法驱动使之运行。以企业管理为例，一般企业都需要拥有信息科学地调控人流、物流、财流的流向、流速与流量，控制诸要素的有序行动，达到预定的系统管理目标。对于领导者的经营管理来说，决策是否正确，是否符合客观事物本身的规律性，关键在于能否及时准确地获取并有效利用足够的信息。在现代管理中，决策被理解为一个过程，包括提出问题、搜集信息、确定目标、拟订方案、分析评估、方案选择、试验证实、普遍实施、监督检查、反馈修正等一系列的活动环节。从这个过程中不难看出,理性的、科学的决策的前提是掌握信息。不掌握信息或掌握的信息不准、不全,就不可能作出科学决策,在这样的基础上进行决策,难免主观、盲目,对工作非常有害,甚至会造成严重的后果。所以说,在现代管理中,信息是实施管理职能不可替代的要素;信息是调节控制的前提,是组织管理的保证。

(三) 信息是进行科学研究的指导与保障

科学研究一般是指利用科研手段和装备,为了认识客观事物的内在本质和运动规律而进行的调查研究、实验、试制等一系列的活动。为创造发明新产品和新技术提供理论依据。人们为了有效地进行生产和生活,就需要获得大量先进的科学技术,作为认识世界和改造世界的动力。人脑对客观世界的反映,最初是以获得信息的形式来形成的。人们通过感觉器官获取大量的信息,经过大脑的思维加工,从感性认识上升到理性认识,最后形成了各种专门的知识与能力,进而形成社会科学、自然科学和各种科学技术成果。因此进行科学研究,必须依靠信息。同时,在科学研究中,只有掌握了国内国外前沿的科研信息(成果、动态等),才能进行有效的科研工作。信息在不断地传播,知识在不断地积累,人类的智慧得到更为充分的开发,人们对世界的认识越来越深刻透彻,人类改造世界的能力越发增强。

第二节　秘书信息工作

案例导入

小李在一家大型食品企业任产品开发部门秘书。他所学的专业是信息管理,对信息有着天然的敏感性。从上班第一天起,他就开始注意学习和收集与本企业产品相关的国内外最新、最快的信息。他从公文以及网络、书籍、刊物等多种渠道抄录信息,与同行交流时一有机会就会索取信息。在此基础上,他还对收集到的大量信息进行加工处理,将重要的信息做成简略的《信息简报》,每天一份,送到部门经理的办公桌上,为经理的工作提供了很大的方便。他的这一工作特色逐渐为公司总经理所知,于是他被调任总经理秘书。小李此时已对本行业的市场情况有了相当的了解。他再接再厉,除了保持原来通过各种途径广泛收集信息的习惯以外,他还开始尝试选择若干题目进行深入研究,写成调查报告呈交总经理,赢得了公司高层的一致赞赏。

请问:秘书怎样才能做好信息工作呢?

一、信息工作的概念……………………………………………………………………………

所谓信息工作,是信息工作人员有组织、有目的、有计划地对各种信息进行系统处理的工作,它包括收集、整理、传递、反馈、开发、利用和储存等一系列工作程序。

这个概念包含几个层面的内容：

一是信息工作的主体。所谓信息工作的主体，是指信息工作的启动者和实施者，也就是在各级组织中具体负责信息工作的部门或个人。信息工作的主体在信息工作中始终处于主动地位，他们的素质如何对信息工作关系极大。

二是信息工作的客体。所谓信息工作的客体，也就是说信息工作的对象。信息工作的客体是信息，具体包括以上所说的一系列信息处理过程中产生的信息。

三是信息工作的效能。所谓信息工作的效能，是指通过实施一切有组织的活动，信息工作的目标得以实现的程度，它是信息工作成效的体现。它是与所服务的组织利益相关，强调信息对组织的价值，即有用性。

上述信息工作的三个构成要素，对信息工作有着直接的影响。做好信息工作，必须把握好信息工作的相关基本要素，并弄清它们之间相互作用、相互制约、互相依存的内在关系，从而进一步把握信息工作的基本规律。

二、秘书信息工作··

秘书信息工作是指秘书部门或是秘书个人采集、处理信息的一切活动。我们通常所说的信息工作，是秘书工作的一个方面，是行政办公室的一项职能。行政办公室处于连接上下、沟通左右、联系内外的枢纽地位，大量的信息汇集于此，大量的信息又由此散发。强化信息集散的目的，确定信息集散的地位，发挥信息的作用，是秘书信息工作的出发点，也是信息工作的归宿。为此，秘书就要专门进行相关信息的收集、筛选、鉴别、整理、加工、传递、储存等方面的工作。

政务信息工作是政务秘书工作的重要组成部分，也是各级行政机关日常工作运作的重要环节，是行政机关在履行职责过程中制作或获取的，以一定形式记录、保存的信息。它是各级行政领导决策的依据，也是政府工作的基础。信息时代的政府决策离不开政务信息和政务信息工作。政务信息工作是围绕政务决策核心、为政务决策实施信息引导服务、在政府系统内部有序运转的信息化系统工程，是运用相关传输手段在特定载体上处理政务信息的联动过程。其主要任务是：反映政府工作及社会、经济发展中的重要情况，为政府把握全局、科学决策和实施领导提供及时、准确、全面的信息服务；通过一定的形式，及时地将政令、政策法规和政府的宏观调控意图、经贸信息等，传送到基层，引领经济走势，导引社会发展。

企业秘书信息工作实际上包含两部分内容：一是企业秘书部门的信息收集与处理，二是市场信息的调查与处理。前者指的是企业秘书的日常信息处理，后者是根据企业运营的需要，为了解决经营、销售、新产品开发、制定价格战略等问题，而进行的主动市场信息调查。前者是企业秘书机构作为企业信息网络中枢而进行的信息处理,后者是指企业秘书协调营销、策划及专职的市场调查员、推销员所作的市场信息调查和综合处理。两者虽然各有分工,但其目的都是为企业经营决策服务的。这是企业秘书信息工作的根本宗旨。因此,两者互为补充,相互配合,形成一个整体,共同构成企业经营决策不可缺少的支撑系统。

秘书信息工作具有服务性、综合性、针对性、适应性等特点;秘书要做好信息工作,必须遵循敏锐、及时、准确、全面、适用、经济等原则,同时必须建立信息网络和健全信息工作制度。

三、秘书信息工作的主要内容

秘书部门及秘书人员是为管理决策层或领导个人服务的,通过向领导提供有效信息从而辅助领导决策是秘书分内的工作。秘书信息工作的内容主要包括:

（一）日常事务中的信息工作

秘书日常事务范围相当广泛,包括办事、值班、接打电话、接待来访、安排活动。在处理这些办公室日常事务时,必须按照特定工作内容的需要,做好信息工作。如值班工作中的信息工作,一是要全面、准确地把握各种信息渠道,如领导的电话号码、工作内容,包括上级领导机关及各方面领导的电话号码和地址,公安、消防、医院、急救中心、车站、机场、码头的电话号码,下级单位及其负责人的电话号码,重要往来单位的电话号码和地址等等。只有准确地把握信息渠道,才能保证根据需要快捷地进行沟通。二是要随时准确地掌握领导的活动踪迹,做到无论领导出差还是到下属单位检查工作,都能保持联络。当有重要情况时,能及时与领导沟通,避免出现无法联系上领导或不知领导去向的情况。三是要确保组织内部和外部信息沟通的连续性、快捷性,无论是节假日还是下班以后,无论是白天还是深夜,都要保持沟通快捷。四是要做好值班记录,详细记录值班期间所发生的有关情况,并在交接班时保持记录的连续性,以作为向领导汇报的依据。五是要建立健全值班信息处理制度,对各信息渠道传递来的信息要按规范的程序进行处理,做到职责分明,避免出现差错和失误。六是要注重保密,对有关涉密的信息和文件,严格按保密规定,禁止泄密。七是对重要情况要采用"特事特办"、"急事急办"的特殊处理方法,如突发性灾变、刑事案件、政治事件等,一方面要及时向主要领导和有关负责人汇报,另一方面要做紧急处理,以控制事态、减少损失。

（二）会务工作中的信息工作

会议是信息沟通、信息处理的重要途径。开会的过程就是信息交流、信息处理的过程。秘书的会务工作,一方面是确保会议信息有效流动,实现会议目的;另一方面又可通过会议掌握新信息。因此,秘书要做好会议期间信息的收集、传递、反馈等工作,做到多听、多记、多想,全面地收集掌握第一手资料。如会前的信息沟通工作。除在确定议题、制定议程、编制会务筹备计划中要做大量信息沟通工作以外,在上述事项确定之后,还要做大量信息沟通工作。一是要发出会议通知,提前让与会者和有关单位做好准备;二是要与特邀领导、专家学者、知名人士等贵宾联系,邀请光临会议;三是要收集与会者和贵宾能否出席会议的信息反馈,落实会议出席者,并根据反馈信息安排好各项具体事务;四是根据会议需要,与电视台、报刊、互联网站等传播媒介联系,做好宣传准备;五是要根据会议需要,与有关要视察、考察、参观的单位联系,以便具体安排有关事项等等。

(三) 文书处理中的信息工作

秘书人员承担着一个单位大量的文书起草工作。办文是秘书工作之一,文书是管理者了解信息的重要传递载体。秘书每天都要处理大量文书,从文书的起草、制作、分发,到收文、传阅、归档等各个环节。这当中,不仅会有可助决策的信息,也有方便秘书自身开展工作的信息,秘书人员应留心收集、保存,以备使用。信息是文件材料的重要素材来源,秘书人员在起草之前,要充分地收集和掌握相关信息材料,如某秘书在起草校庆庆典报告时,为了掌握该校建校 40 周年的历史,就曾翻阅大量历史资料,访谈一些老同志,掌握了学校创立、建设、发展的大量信息,在把握现任校长办学思想、思维方法的基础上,整理、综合信息,提炼观点,写出了得到领导认可的报告初稿。

(四) 信访咨询中的信息工作

秘书在接待群众来访、处理群众来信时,必须运用所掌握的政策精神、规章制度、领导意图、实际情况等信息,去回答面访、回复来信,或者转有关部门处理。包含了信访工作的秘书部门是政府同广大人民群众保持密切联系的桥梁,是体察社情民意的重要窗口,是接受群众监督、了解社会反映的重要渠道。因此,在信访处理中,有大量信息工作要求秘书去处理。首先,要把人民来信来访的批评建议、意见要求、思想情绪收集起来,配合有关部门解决问题。同时,对有关信息进行综合整理和分析,作为领导决策的重要参考依据。其次,在决策颁行的过程中,要通过人民来信来访了解群众的反应,把这些信息再分门别类加以综合整理。再次,通过信访工作,了解各级领导机关和工作人员的工作作风、工作态度和工作行为等,以发挥监督作用。

四、秘书信息工作的特点··

(一) 服务性

服务性是信息工作最主要的特点。因为开展信息工作的根本目的,是为领导决策提供各类有价值的信息。这种提供信息的工作,实质上就是一种服务性工作。信息提供得好、适用、对路,对领导决策有帮助,就是服务得好;否则,就是服务得不好或不太好。因此,充分认识信息工作服务性特点,对于所有信息工作人员切实发挥领导的参谋、助手作用是至关重要的。

(二) 针对性

秘书的信息服务具有针对性,信息工作主要目的是为领导或领导团体服务。这是秘书信息工作的根本出发点和落脚点。只有这样才能保证秘书信息工作的质量与效益。

（三）综合性

秘书为领导提供的信息不仅要广泛、准确，还要具有较高的综合性。因为领导决策、拟定计划、制定措施，大都需要带有全局性、综合性的信息。而秘书机构收集到的各方面的信息或者是杂乱无序，或者良莠不齐，这就要求秘书对信息进行分门别类、概括综合，使之具有一定的广度、深度和代表性，成为一个有机的整体。

（四）紧迫性

秘书要根据领导工作的需要又快又准地提供信息，即要特别注意时效性。由于信息具有及时性和适时性，秘书处理信息的周期要短，速度要快。同样的信息，如果利用得晚，信息就会失去价值。因此，秘书要有很强的时间观念，一旦领导工作需要，就要又快又准地提供信息，以便领导及时作出决策。

（五）开发性

信息具有可开发性，秘书要善于开拓信息资源。信息的开发和处理可分为两个层次：一是初级信息，二是高级信息。初级信息是信息工作的基础；高级信息是初级信息的开发和深化，有更大的参谋咨询作用。在实际工作中，两者相辅相成。秘书应重视对初级信息的开发，并善于运用现代化的信息载体和信息加工手段，为领导提供高级信息，发挥秘书参谋辅佐的作用。

（六）广泛性

信息无时不在，也无处不有。秘书全方位服务的工作特性，决定了秘书信息工作内容的广泛性。对秘书来说，随时随地都应该做好信息收集的准备。在信息收集过程中，一切与工作有直接关系或间接关系，甚至暂时看起来还没有什么关系的信息，都是秘书收集的对象，它涉及社会生活的各个方面。秘书信息工作贯穿于信息的收集、加工、存储、传递等一系列环节，因而具有广泛性。

五、秘书信息工作的基本要求···

（一）准确

信息的客观性要求信息工作讲求真实准确。真实准确是信息的生命。秘书人员应该注意信息资料的真实性，在众多信息面前能够区分其真伪，收集真实信息，排除虚假情报。另外，在处理信息的时候，能够保存和反映事实的本来面貌，客观地揭示事物的本质规律，不添加主观的成分。

（二）及时

信息的价值取决于它的时效性。及时即信息的收集、整理、传递、反馈等要及时迅速，讲求时效。信息的价值与提供利用的时间是两个互为关联的要素：信息提供得越及时，利用价值就越大;信息提供得越滞后,利用价值就越小。因此,秘书人员在信息工作中应该注意获取最新信息,及时发布信息,快速反馈信息。

(三) 全面

信息工作讲求充足全面,即要求在信息的收集和处理的过程中注意广泛性、完整性和系统性,全面地反映事物各个方面的情况。只有了解全局性、综合性的信息,才能进行正确决策和科学管理。为此,秘书人员要从多角度、多层面收集信息,通过信息的相互补充、相互印证,使之结合成一个有机整体。

(四) 适用

信息工作要从实际需要出发讲求适用对路。每一次的信息工作应该有针对性,有明确的目的,要服务于中心工作,是为反映某一实际情况、解决某一实际问题而进行的工作,而不是相反。

六、秘书信息工作的功能……………………………………………………………………

人类已经进入信息社会,秘书信息工作对于各级领导了解情况、正确决策和指导工作,发挥着越来越重要的作用。可以说信息工作是秘书的重要职能。秘书部门的信息工作,主要是根据上级与主管部门的要求,了解情况,掌握动态,发现问题,然后进行筛选处理,综合分析,提供信息资料给领导参考。秘书做好信息工作,对于辅助领导正确决策,协助领导科学管理,开阔领导的思路,提高领导工作与秘书工作的效率,都具有重要意义。

信息是决策的基础,信息工作是管理和经营不可或缺的重要组成部分。信息工作的重要性在不同的领域、不同的行业、不同的部门有不尽相同的体现,对于秘书部门和人员而言,具体体现在:

(一) 参谋辅助作用

信息工作是秘书人员辅助领导决策的依据。首先信息是管理部门决策的基础,秘书部门和人员必须以扎实的信息工作,来辅助科学决策。管理的核心是决策,决策是领导的主要职责,是领导工作的主题。信息是决策的依据,是决策的必要条件。领导决策的全过程可以大致分为决策准备、决策形成、决策落实和检验三个阶段。秘书的辅助决策贯穿于领导决策的全过程:在准备阶段,通过搜集并提供信息,辅助领导认识、判断和验证问题;在形成阶段,分析研究信息,提供决策的意见和建议;在落实和检验阶段,搜集决策实施过程的反馈信息,帮助领导了解决策的施行情况。决策的成败、方案的优劣,关键在于所掌握的信息的多少,以及在此基础上的分析、判断、推理能力,若信息不全面或信息错误,思维水平再高也无济于事。所以,只有积极主动地了解和掌握全面细致的信息,才有可能作出正确的判断、科学的决策。秘书部门、秘书人员的信息工作,主要是指根据本组织的管理或经营需要,了解情况,掌握动态,发现问题,然后进行筛选处理,综合分析,提供信息资料给决策部门或者领导参考。没有信息,就没有科学决策。

（二）事务辅助功能

秘书部门作为综合性机构,每天会面对众多的事务性工作。秘书工作中的事务辅助的范围相当广泛,除在办文、办会、信访、督促检查、协调等工作中必须加强信息处理与沟通外,在处理突发事件、完成领导交办事项和中心工作中,秘书也要以准确、及时、全面、有效的信息来处理与沟通,辅助领导出色地完成任务。秘书人员在处理这些事务的时候,首先要了解客观情况和办事原则后选择合适的方法进行处理。同时,大量参与日常事务和特殊事务的处理,又会使秘书有更多机会收集和处理信息。因此,秘书的事务辅助工作与信息工作紧密地联系在一起,两者是相互促进的。

（三）指导协调作用

信息工作也是秘书人员指导工作、协调关系的依据。秘书部门还担负着单位内部一定程度的行政管理责任,经常处理各部门之间以及单位与单位之间的一些协调性问题。秘书人员必须会运用各种信息,把相关部门联系、协调起来,明确分工,消除矛盾,同步协作去完成共同的任务。只有了解到真实的情况,才能采取合理的措施;如果片面主观地处理问题,反而容易激化矛盾,不利于问题的解决。同时,开展信息工作,还可以迅速、准确地传递领导机关和领导的意图,对基层和面上的工作起到指导作用。秘书部门也要注意把反映基层"老大难"问题的信息及时提供给领导机关、领导,这样领导机关、领导就可以通过信息工作及时了解和掌握基层工作的问题,从而加快解决问题的步伐。信息中还有一部分反映的是倾向性、苗头性的问题。秘书部门要注意把这类信息及时、准确地提供给领导机关,以便于领导机关和领导视情况采取有效措施,迅速控制住事态的发展。

秘书部门的信息工作除上述几个方面的作用外,还可以节省领导阅看文件的时间,从而提高工作效率。总之,秘书工作的一切方面都离不开信息,这就必然要求秘书强化信息意识,研究并掌握信息工作的规律,只有这样才能做好日常事务工作,才能发挥好参谋助手的作用。

七、秘书信息工作的程序··

（一）信息收集

信息收集是信息工作的第一步,是信息工作的起点和基础。它是指信息收集者根据工作要求,通过不同的渠道和方式收集获取信息的过程。对于秘书来说,信息收集是一项艰巨而复杂的工作。面对无限的信息世界以及有限的秘书工作范围和工作时间,这就要求秘书的分辨力要强。只有判断准确,广泛收集的信息"含金量"才会大大提高。

（二）信息整理

信息整理是信息工作的核心。所谓信息整理就是对收集来的大量原始信息进行分类、筛选、校核、分析、综合,使之成为完整的、可利用的高质量信息的过程。它是一个使信息成为有价值信息的过程。相比较信息收集工作,信息整理工作更复杂、难度更大,这是信息工作过程中的关键环节。

(三) 信息传递与反馈

信息传递就是将加工整理后的信息通过一定的媒介或载体,把信息传递给需要者的过程。信息传递使信息本身具有的潜在价值,通过传递转化为实用价值,在实际工作中发挥作用。

信息反馈就是把输出信息的结果返回来,并对信息的再输出发生影响,起到控制和调节作用的过程。信息反馈工作是考察、检验信息工作效果如何的重要环节,它包括信息的利用程度、信息工作的效益状况以及存在的问题等。

(四) 信息开发与利用

信息开发与利用就是通过各种方式和方法,将收集、整理、存储的信息资源进行技术化处理,以一定的形式提供给利用者的过程。这是发挥信息的效用,使信息的价值得以实现的过程。有效地开发和利用信息是信息工作的最终目的。

(五) 信息存储

信息存储就是用科学的管理方法,将有保存价值的信息按照分类标准有序存放的过程。信息的存储就是建立信息库,以便日后利用,需要进行严格的登记、科学的编码和有序的排列。

八、树立秘书的信息意识···

(一) 信息意识概念

所谓信息意识,简单地说,是人们利用信息系统获取所需信息的内在动因,具体表现为对信息的敏感性、洞察力、选择能力和消化吸收能力。它是信息工作人员政治素质、业务素质、政策水平、学识水平和分析能力、思维能力、理解能力、反应能力、决断能力等多种知识和能力的综合反映。

秘书的信息意识一般表现为对秘书工作中的情报信息具有较高的敏感度,深透的洞察力和大胆的快速分析、反馈、判断和使用能力。实践工作中主要体现为秘书搜集信息、利用信息的自觉行为。它是秘书对自然界和社会各种现象、行为、理论观点的认识、理解、感受和评价。通俗地讲,就是面对不懂的东西,能够积极主动地去寻找答案,并知道到哪里、用什么方法去寻求答案,这就是信息意识。

有无信息意识,决定着人们捕捉、判断和利用信息的自觉程度。同样重要的信息,有的秘书善于抓住,有的秘书却漠然视之。这就是源于秘书信息意识强弱的不同。秘书要做好信息工作,不仅要有一定的信息能力和信息知识,更为关键的是树立正确的信息意识。因为信息技能的掌握在很大程度上取决于信息意识的提高。现代秘书没有科学的信息意识,就不能正确对待大量信息,就可能淹没在信息的海洋中,成为信息的奴隶。现代秘书必须具有强烈的信息意识,善于从无数的信息中主动地挖掘、搜集、整理和应用有利于领导决策和秘书工作的信息;善于敏锐地洞察别人尚未注意的信息,迅速而准确地找到事物的本质、问题的症结;善于从司空见惯的信息中看到差异,使自己的信息工作达到发现早、挖掘深、效率高的境界;善于将各种信息和自己所关心的问题、需要解决的问题结合起来思考,从而更好地开展秘书工作。

(二)信息意识的表现

1. 对信息具有特殊的敏锐的感受力

这是信息意识的突出表现,是一种自觉的心理倾向,能敏锐地捕捉信息,并善于从他人看来是司空见惯的、微不足道的现象中发现有价值的信息。

2. 对信息具有持久的注意力

这是信息意识的另一种突出表现,对信息的态度成为一种习惯性倾向。具有信息意识的人,对信息的关注不受时间和空间的限制,无论是工作范围以内,还是日常生活中,都习惯用情报信息的眼光,从信息的角度去观察周围事物,去思考相关问题,把这些信息和自己要解决的问题联系在一起。对这些信息的长久注意力是一个人事业成功的必要条件,也是科研、情报工作突发灵感的基础。

3. 对信息价值有较高的判断力和洞察力

一个具有强烈信息意识的人,除了具有信息的敏感性之外,更重要的是要有对信息价值的判断力和洞察力。面对浩如烟海、杂乱无序的信息,要能够去粗取精,去伪取真,作出正确选择,这是做好秘书信息工作的关键。

(三)秘书信息意识的内容

秘书的信息意识包括信息价值意识、信息安全意识、信息消费意识和信息道德意识等四个方面。

1. 信息价值意识。信息价值意识是信息意识中最核心的部分。价值是信息之所以被人们重视的根源,也是人们能够主动进行信息活动的根本动力所在。在信息社会,秘书应该具备这样一种观念:为了企事业的发展,我们需要信息。每天我们都面对海量的信息,秘书要能够从中提炼出有价值的信息为领导服务,为公司所用。

2. 信息安全意识。信息社会中信息特有的价值属性,决定了一个生活在信息社会的人要有信息安全意识。秘书更应具备安全意识。每个单位都有一些秘密信息是不允许或是不适合公开的。一旦公开会危及单位利益或社会的利益。秘书要有安全意识,既要做好个人信息的安全防范,又要做好单位信息的安全防范。

3. 信息消费意识。既然信息是有价值的，那么使用信息便是一种消费行为。事实上我们每天都在进行信息消费，除了免费的公共信息消费平台，从报纸上获取信息要花钱买报纸，看电视获取信息要付收视费，上网获取信息要付上网费，打电话要付电话费等等。在现代社会，信息已经成为工作、学习、生活、生产、管理系统中最重要的投入，只有投入才会有产出。秘书要树立信息就是商品的观念，反对不良的信息消费行为。

4. 信息道德意识。所谓信息道德意识是指一个人在获取、处理、应用、创造信息时要有道德观念，要自觉接受行为准则和规范的约束，要有遵守有关法律、法规、公约的自觉行动。秘书作为信息工作者应该在信息工作中遵守相关法律法规，不出卖企业信息，不制造、不传播有害信息、假信息，不参与违法信息活动。秘书的信息道德既是秘书做好信息工作的前提，也是秘书职业道德的内在要求。

（四）秘书信息意识的培养

作为秘书来说，信息的敏感性并不是天生的，可以通过平时的刻苦训练逐步提升。

1. 要多看，这是形成敏锐的信息洞察力的基础

在纷繁复杂、瞬息万变的客观世界中，人们每天都可以感受到大量自然和社会信息资料，但人们不可能也没有必要把所有的信息都接收过来。只有透过现象看本质，拨开迷雾抓住要害，才能为领导决策提供有参考价值的信息。这就需要秘书从两个方面来培养这种能力。

（1）每天都要读一读文件，看一看新闻，听一听广播，浏览一下网络，查找所需要的资料，并形成一种习惯性倾向。尤其要注意阅读跟本单位主要业务有关的文件和报刊，以提高自己的专业理论水平和鉴别能力。要及时阅读各种重要文件、各类报刊和来自基层的简报、信息等，对重要方针政策更要仔细研读、透彻领悟。

（2）多接收来自外界的各类信息，以提高认识水平及辨别是非的能力。要做到"眼观六路，耳听八方"，对自然科学知识和社会科学知识都应涉猎，力争上知天文地理，下谙世风民情；还要广泛接受来自各地区、各单位、各部门的信息，站在全局的高度对社会政治、经济、生活的各个侧面进行全方位、深层次的观察，这样才能及时向领导提供准确、新颖、实用的信息。

2. 要多思，这样才能培养灵活的信息收集和捕捉能力

在实际工作中，信息往往不是明明白白地展现在我们面前的，而是需要我们花费一定的时间和精力，主动地、广泛地收集和摄取。在此过程中，要抓住三点：

（1）位置准。要站在领导的位置看问题，多思考哪些信息是为上级领导服务的，哪些是为本级领导服务的，哪些是为基层单位领导服务的。要围绕领导决策的需要，主动地对原始的、零星的信息进行比较、分析、归类，这样才能整理出符合领导决策需要的信息来。

（2）内容新。掌握的信息要立足于新，不保留人人都知道的陈旧过时的信息，删除不真实的

信息,对一些不确定但有价值的信息要弄清情况后再上报。

（3）角度好。收集到的信息要有特色,如有工作特色、经济特色、区域特色等,秘书只有具备了超前捕捉信息的意识,才可以通过不同渠道、不同层次、不同方法、不同人员获取到各种有用信息。也只有处处留心、博闻强记,才可以挖掘出那些潜在的有用信息,发挥主动服务的作用。

3. 要多练,即培养准确地筛选、整理信息的能力

在收集到的信息资料中,有时很难一下子分辨出哪些有用,哪些无用。这就需要秘书熟练地对这些原始信息进行分析、识别和判断,从众多的一般信息中抓住最有价值的信息。

（1）筛选细致。秘书要对信息资料加以分析,从中找出哪些信息是不全面的,哪些结论是牵强附会的,哪些情况是需要说明的,还要从中找出疑点、发现问题,把一些个别的、零碎的、不系统的信息过滤掉,这样才能把信息的模糊度和多余度降到最低限度,编写出符合领导需求的信息。

（2）整理准确。秘书要经常对筛选出的信息资料进行有序的、系统的、综合性的整理,通过归纳、排序、分析研究等方法,提炼、推导出一些有新价值的信息,这样才能为领导决策提供可靠依据。

4. 要多学,加强对秘书信息工作知识的学习,不断拓宽知识面,提高信息理论水平

理论来自实践。秘书信息工作理论、信息工作专业知识是对实践的总结和概括。学习这些理论知识,可以切实提高秘书对信息工作的重要性和必要性的认识。多学可以使秘书熟悉信息工作原理,掌握信息工作的基本规律,从而增强秘书利用信息解决实际问题的主动性和自觉性。

思考题

1. 什么是信息? 信息有哪些特性?
2. 秘书信息工作的原则是什么?
3. 秘书信息工作有哪些特点?
4. 秘书信息工作包括哪些程序?
5. 如何培养秘书的信息意识?

案例分析

李某是某市政府办公室秘书,一次偶然的机会,听一市民反映某生活小区附近垃圾堆积如山,臭气冲天,小区居民多次向有关单位反映,始终没有得到解决。李某进行实地考察,发现情况

属实,李某还对市区其他生活小区进行调查了解,发现不少居民小区均不同程度地存在垃圾堆积、污染环境的情况,于是李某编发了《市区多处生活小区存在垃圾堆积,污染生活环境现象》的报告。市领导阅后,指示有关部门迅速予以解决,电视台也进行了报道。一周后,各生活小区的垃圾堆均被清理干净了,市区生活环境得到净化。

【问题讨论】　这个案例对秘书做好信息工作有何启示?

知识链接

网上秘书:信息时代的智能代理人[①]

当今信息社会,随着计算机技术和互联网的发展,人类许多传统的工作方式发生了改变,许多新兴事物应运而生,20 世纪 90 年代末,美国出现了 Virtual Assistant(简称 VA),中文意思为"虚拟助理""网上秘书"。作为信息时代的产物,"网上秘书"的职业含义、职业特征、发展前景等问题已越来越受到关注。

一、网上秘书的职业含义

把一艘 20 米长、订制建造的游艇从香港挪到纽约或迈阿密需要多少钱? 一旦将这艘船挪到纽约,维持它,包括聘请一位 24 小时待命的经验丰富的船长又得花多少钱? 这是 54 岁的苏珊娜·斯特默做网上秘书以来的第一份工作。她花了 3 个星期为她的客户——一位来自香港的投资银行家找到了答案:将游艇从香港挪到纽约要花 97 000 美元,而要维持它每月得花 7 000 美元。最终,银行家决定在香港将游艇出售,然后在纽约买一条新游艇。事实上,从评判客户商业计划到帮助客户挑选婚礼地点,苏珊娜·斯特默什么都做。

"职业"是指人们在社会生活中所从事的、以获得物质报酬为主要生活来源,并能满足个人精神需求、在社会分工中具有专门技能的工作。根据这一含义,我们可以看到案例中的主人公苏珊娜·斯特默,虽然不像大多数人一样与某单位或公司签订有固定年限的劳动合同,但她确实在从事依靠专门技能满足物质和精神需求的工作。因此我们可以肯定地说,她所从事的信息咨询、事务咨询和策划工作属于"职业"概念范畴。

"网上秘书"既代表了类似苏珊娜·斯特默这样的从业人员,也代表了一种新型职业:其工作定位是承包商或自由职业者;工作途径是网络办公;工作形式是根据客户的需求将某些工作在一定时间内完成,并按照工作的数量和质量来获取报酬;工作内容主要是通过与客户沟通,负责资料和信息的收集和处理、档案整理、企业策划文案写作、工作计划制定等。

---

① 编选自:王琦、冯小梅、程萍:《秘书信息工作与档案管理》,中国人民大学出版社 2011 年版。

网上秘书与传统秘书既有联系又有区别,总体上说,网上秘书是传统秘书在新时代的新发展,在人际沟通、文件管理、信息处理等工作内容上与传统秘书存有一定交叉性,但是在工作定位、工作途径、工作形式等方面则是对传统秘书的变革。

二、网上秘书的职业特征

"网上秘书"与传统秘书在信息的收集、处理、传递、反馈等工作内容方面虽有一定的交叉性,但从工作职责来看,二者并没有本质的差别。与传统秘书相比,网上秘书具有以下不同的职业特征:

第一,工作角色的新颖性。传统秘书只是行政单位或企业单位的雇员,在一定时期或范围内其工作权责与报酬是相对固定的;而网上秘书的工作很灵活,"他们与客户之间的关系很独特,网上秘书不是雇员,而是合作者,他们与客户共同寻找更佳的做事方式"。网上秘书利用各种通信设施与客户取得联系,通过远程操作与客户交流和沟通,客户很少甚至根本见不到自己的秘书。网上秘书除了满足客户的需求之外,与客户没有职务上的隶属关系。网上秘书可以同时与多个客户开展业务合作,与客户不存在固定的业务关系。至于报酬,网上秘书在为客户开始工作之前就已与客户商定好;另外网上秘书还可以与客户共同完成一项工作并合理分配酬劳。

第二,工作手段的网络化。从某种意义上说,网上秘书所从事的就是信息处理工作。因此,网上秘书需要使用现代化的办公设备,如电话、打印机、复印机、传真机等,并熟练掌握计算机操作和网络运用技术,完全采用网络化的办公方式,方便、快速、高效、准确地收集与处理信息。如果离开网络,他们根本无法开展工作。

第三,工作方式的弹性化。人们形象地描述网上秘书为"穿着 T 恤和短裤办公的人"或"穿着丝绸睡衣上班的人"。可见,网上秘书的工作状态非常轻松自由。另外,网上秘书的工作方式也呈现出弹性化的职业特征。首先,网上秘书通过互联网与客户联络和交流,足不出户就可以满足客户的需求。网上秘书通常在家办公,或者根据个人需要选择合适的小型工作间。其次,网上秘书可以按照自己的喜好和习惯来布置工作环境。再次,网上秘书不像传统秘书那样必须在公司或单位规定的时间内工作,而是根据客户的需求来灵活安排和掌握自己的工作时间。

三、网上秘书的职业发展前景

网上秘书可以说是信息时代发展的产物,属于当今时尚的 SOHO(Small Office Home Office)一族。美国作家玛丽安·萨尔兹曼在 1998 年曾指出:"展望 21 世纪的生活方式,就经济与技术层面而言,网上秘书将发挥智能代理人的作用,负责收集你最感兴趣的消息,并处理商业和社会函件。"因为这一职业的自由性与独立性,它越来越受到从业者的青睐,从业人数日益增多。同时,随着全球经济的快速增长和全球一体化进程的加快,商务和商贸活动日益增多,规模不断扩大。因为网上秘书既能提高办事效率,又能节约人力和财力成本,已成为许多公司追求的目标。从目前情况来看,市场对网上秘书的需求很大,但这一职位的缺口也很大。目前,我国最大的网上秘书基地——浙江秘书网在浙江温州成立,并已经步入快速发展阶段,作为网上秘书行业的领跑者,该公司的发展对我国网上秘书事业的发展起到了重要的促进和规范作用。据采访调查,该公司目前已拥有来自海内外的网上秘书1500名左右,业务服务遍及国内外企业和个人客户。浙江秘书网负责人表示,目前,这一新兴行业在我国发展非常迅速,越来越多的客户开始使用网上秘书服务,但是要真正成规模和规范化,还有很长一段路要走。

当然,与传统的秘书职业相比,网上秘书还存在着许多问题与不足,这在一定程度上影响和阻碍了它的发展。一般来说,网上秘书以前通常在单位或公司从事行政或商务工作,因注重独立性、自由性较强的生活工作方式,才改行做网上秘书的。因该职业还没有形成一定的规范,对从业人员没有具体的职业要求,所以从业者的职业素质参差不齐,能满足市场需求的高素质网上秘书人才相对较少。另外,网上秘书与客户之间的合作关系通过协议的形式,以双方的诚信度或信誉度来维系。这种关系缺乏劳动合同那样的法律效力,对双方的权利和义务规定得不够清晰和明确,双方利益很容易遭受侵害,比如网上秘书付出劳动却得不到报酬的事件就时有发生。在世界范围内,"网上秘书"还是个新生事物,其从业人员的具体工作状况、数量等都缺少针对性的调查和统计,对有关问题的探讨也相对较少。可见,网上秘书要成为一种规范化的职业还需假以时日。2010年第四季度,中央电视台新闻频道、《中国青年报》、新浪网和搜狐网等国内外1000多家媒体对浙江秘书网进行报道和表示强烈关注,这也说明,这一行业的未来趋势将不断走向大众化、规模化发展的道路,这一新兴行业也越来越受关注和被人们接受。

2000年,美国成立了非营利组织——国际虚拟助理协会(International Virtual Assistants Association,IVAA),制定相关管理制度,组织开展网上秘书从业人员虚拟助理证书(Certified Virtual Assistant)考试,为成员提供教育培训、商业信息和合作项目等。目前,已有许多网上秘书在该协会接受培训和开展工作。当然,这一职业还需要依靠法律及行业法规来规范,以保障网上秘书合法权益和工作的顺利开展。总之,面对信息时代出现的"网上秘书"这一新兴职业,广大秘书工作者、秘书学研究者以及秘书教学工作者应自觉地将其纳入秘书学和秘书工作研究的范畴,以促进这一职业健康、稳步发展。

第二章　信息收集

　　现代社会的信息不但面广量大、传播速度快、传播工具手段多样化、现代化,而且更新变化也极其迅速。稍不留心,有用的信息就会从身边溜走,原有信息就可能变得滞后、过时;只有善于收集、发现有用信息的人,才可能获得成功。作为一名合格的秘书,是政府、企业领导的耳朵和眼睛,要做出好的成绩,收集信息更是其工作的重中之重。

　　信息收集是秘书根据一定的目的,通过不同的方式收集、获得领导工作所需要的信息的过程。信息收集是信息工作的第一步,也是信息工作的基础性环节。

案例导入

　　1988 年 10 月,台湾顶新企业的创业者魏家四兄弟开始在大陆投资设厂。顶新在大陆发展的第一步就是在北京生产"顶好清香油",1990 年顶新又在济南投资生产"康莱蛋酥卷",还曾投资一个蓖麻油项目,但这些都以失败告终。从台湾带来的 1 亿元台币股本赔掉了 80%。

　　在这样的困境之下,魏氏兄弟中的魏应行在一次出差时,敏感地发现了一个新的创业契机。因为不习惯火车上的饮食,他带了两箱台湾的方便面,没想到引起了同车旅客极大的兴趣,大家都觉得这面好吃、方便,两箱面很快一扫而空。这次出差经历启发了魏应行。在冷静地分析了大陆的方便面市场后,顶新于 1991 年 9 月在天津成立了顶益国际食品有限公司,给产品起名叫"康师傅",进入方便面事业。

　　在确定了品牌名称,开发适合大陆口味的方便面的过程中,公司经过调研部门上万次的口味测试和调查发现:大陆人口味偏重,而且比较偏爱牛肉口味,于是公司决定以"红烧牛肉面"作为进入市场的主打产品。在工艺上,公司从日本、德国进口了最先进的生产设备,采用特选面粉,经蒸煮、淋汁、油炸制成面饼,保证了面条够劲道,久泡不糟,再加上双包调料和细肉块调配出的美味汤汁,售价仅在两元左右,"好吃看得见"的康师傅方便面一亮相,立刻征服了大陆的消费者。[①]

　　请问:从这个案例中,你对信息收集的重要性有何认识?

---

① 编选自:张欣:《康师傅:中国方便面的领导品牌——顶新集团如何开拓中国方便面市场》,《经济管理》,1999 年第 11 期。

第一节　信息收集的目的、范围与特点

信息收集是信息工作的第一步，也是信息工作的基础性环节。对于秘书部门来说，信息收集是秘书根据一定的目的，通过不同的方式收集、获得领导工作所需要的信息的过程。随着现代管理内容的不断扩充和完善，社会对领导的决策行为提出了更高要求，从而使信息工作的智能化成为必然，同时，社会环境的变化也使信息变得更加繁杂。在现代社会，信息呈现出的超前性、准确性、及时性等特点对秘书部门的信息收集工作也产生了深刻的影响。

一、信息收集的目的

秘书部门不是决策机关，不参与决策，但必须为领导决策服务，为领导决策提供及时、准确、有参考价值的信息。尤其是在市场经济体制逐步确立的今天，信息量猛增，信息传播速度也越来越快，信息对于领导工作的重要性、迫切性更加凸显出来，光靠以前的报告制度远远不够了。作为各级领导的综合办事机构，秘书部门在为领导充当参谋助手的过程中，始终离不开信息收集工作。

在当前市场经济体制下，信息收集在秘书工作中的地位与作用越来越重要，这是因为，决策是领导工作中最重要、最关键的一个环节，而信息收集能够为各级领导机关和各级领导进行科学决策提供可靠的依据。这就是信息收集的主要目的。

在某种意义上说，进行科学预测，确定决策目标，拟定决策方案，确定决策方略，整个过程实际上也是一个收集信息和处理信息的过程。在新的历史条件下，新情况、新问题、新经验层出不穷，一方面对领导的决策提出了更高更快的要求，另一方面也促使秘书部门必须协助领导处理好决策与信息之间的关系，把决策的制定和实施，同收集和处理信息结合起来。领导在做决策时掌握的信息越广泛、越精确，决策的基础就会越牢固，也就越具有科学性。

二、信息收集的范围

秘书部门信息收集工作要服务于领导的全部决策、管理与指挥工作。对于领导来说，要在复杂的社会政治经济生活中看清形势、做出决策，能够掌握反映事物变化的大量的、系统的信息，就成为各种工作的前提。秘书部门要注意收集、掌握以下几个方面的信息：

（一）上级信息

主要包括党的方针政策和国家法律、法令等，这是所有领导机关办事的依据，它传达或体现了上级领导指导工作的精神，这类信息，各级领导都很重视，因此要及时收集，以利于做好本单位

工作。此外,还包括主管部门和有关上级机关的命令、指示、计划、规定等,这也是下级部门落实工作的依据。

（二）历史信息

人类社会的今天,是由昨天和前天发展而来的,重视历史信息,才能更深刻地认识现实。工作的连续性要求我们不能割断历史。党和国家、上级和主管机关的政策、法令、决议等,不仅要掌握其内容,还要了解过去与之相关的规定及其演变过程,避免在决策部署中发生前后矛盾或脱节。对过去各时期党、国家、上级主管领导机关发布的政策、规定、决议,以及本单位历史发展过程中的资料,都要系统积累、提供利用。历史信息对于秘书部门总结经验、撰写大事记等都是必需的。

（三）本单位及下属单位的有关情况、资料

本单位信息和下属单位的有关情况、资料,都属于内部信息,可以沟通上下级及平行单位之间的情况,便于上级领导掌握全局、指导工作。

从本单位来说,下级单位主要领导的重要活动情况和这些单位自身建设的情况,这是本单位一切工作的出发点。如下属单位部门开创工作新局面的设想、规划和重点工作情况动态;领导干部调整的新情况、新问题等。其中,尤以机关、单位的重要工作部署、决策及其领导者重要活动的信息为重点,这些信息往往反映该地区或部门在某一时期的工作重点,这些信息既包括静态资料,如各类基础材料、统计数据等,也包括动态信息,如每时每刻发生、变化着的新情况、新问题、新经验。

（四）业务信息

指秘书信息部门所属行业、系统的业务资料,秘书部门在信息收集过程中,要及时收集所在系统的业务资料或政策信息。如民政工作中的优抚工作、婚姻登记和收养登记、城市和农村的低保工作、弱势群体的就业和司法援助工作、退役士兵接收安置工作等方面的政策与情况资料等。

（五）社会信息

社会经济、政治领域中的信息是领导进行决策的主要依据,而科技、教育领域的知识信息以及意识形态领域的信息等,秘书部门也应及时了解、掌握,唯有如此,才能使决策更加符合实际情况,易于推行。

（六）平行地区、部门的有关信息

这些信息往往反映该地区或部门在某一时期的主要工作内容,掌握这一方面信息可以加强横向联系,促进相互学习及加强协调配合。

（七）国际信息

社会的发展把世界的范围缩小了,把信息的范围扩大了,国际信息的掌握有助于开阔视野,借鉴、吸收其他文明的先进经验和技术。

（八）科技信息

信息化建设不仅能提高工作效率，而且能降低决策中的不确定性和风险。解决好科技信息与生产与科研的结合问题，确定一个合理的目标，对于教育机关和企业等尤其重要。

（九）问题信息

问题信息作为负面信息反馈，在辅助领导决策上有着正面反馈信息不可替代的作用，这类信息有的属于宏观问题，更多的则是属于局部或一个地区、一个单位的问题。这些问题更容易引起各级领导的注意，社会发展的多元化使人们的价值观念和思维方式也呈现了多元化的趋势，政府及各单位的每一项宏观或微观的决策出台前，不免引起各种担忧、议论和期盼，甚至会有影响工作的不稳定因素出现。这些问题经过收集处理，在领导进行决策时能够有的放矢，增强决策的科学性、有效性和可行性。

三、信息收集的特点···

秘书信息收集工作的特点主要体现在以下几个方面：

（一）信息收集的参谋辅助性

现代社会，各种复杂多变的相关因素，使领导的战略决策具有更大的挑战性、风险性和灵活性，也使领导在作出决策时要面对更艰难的选择。这一深刻的变化将秘书工作，特别是秘书的信息收集工作推向了一个崭新的平台。在这个平台上，最能显示秘书人员风采和作用的，不只是鞍前马后的办事服务和循规蹈矩的办文服务，而是能够为领导决策提供参谋服务的能力和技巧。

从某种意义上讲，秘书要为领导科学决策提供参谋，信息是最必不可少的，是最经济而又最有效、最迅速的工具。传统秘书在信息工作中只侧重于简单的收发传递信息，现代秘书则要求其随时以高度的职业道德和职业敏感，从苗头性、倾向性、超前性问题和诸多表象中，捕捉、收集各种信息，判断预测事物发展的趋势，辅助领导作好决策，这已成为现代秘书工作的重要标志。

（二）信息收集与工作的直接关联性

随着现代社会各种制度的逐步完善，越来越多的领导希望从琐碎、繁重的日常事务中解脱出来，集中精力考虑事关社会和单位建设的大事。而今天，社会变革和发展的复杂程度又往往超出了领导者个人经验和才能的范围，需要用集体的智慧进行系统的分析和综合研究。因此，秘书部门收集的信息与领导的工作结合得更加紧密了。

收集信息时，秘书要有价值意识。衡量一个信息的价值大小，在很大程度上是看这一信息是否与本单位工作发生联系，要善于捕捉共同点，以提高信息的利用频率，信息只有被利用才能体现价值。这就要求秘书不仅熟悉本单位的历史、现状，而且要对本单位的发展前景作出科学预测,对领导意图有深入的了解。

（三）信息收集的全方位性

秘书工作以辅助领导科学决策和协助领导科学管理为主要职责,而领导管理的是一个动态的大系统。一般说来,既有政治的、经济的,又有非政治、非经济的;既有纵向的、历史的,又有横向的、现实的;既有宏观的,又有微观的。因此,现代秘书必须要做好信息收集工作。

（四）信息收集的针对性

秘书收集的信息要符合本地区、本部门的需要,即信息的归宿要明确。因为不同的单位有不同的性质和任务,工作职责和范围有明确的分工,收集信息就要为本地区、本部门完成工作任务服务。例如,党的领导的职责,是贯彻执行党的方针政策,负责全盘工作,秘书部门为党的领导收集的信息,相对来讲,就要注意信息的广泛性和综合性。政府各部门领导的职责,一般是负责某一方面的具体工作。秘书部门为政府领导收集的信息,则应讲求信息的专业性。如是主管经济的部门,应着重收集经济方面的信息。此外,不同的地区,经济文化状况、地方传统、民族特点、自然条件和发展方向不同,收集信息也应因地制宜,符合本地区的实际。

（五）信息收集的系统性

有些信息孤立地看价值不大,但是把它们置于工作系统链条上仔细比照,连贯起来看,这些信息产生的价值或许是不可估量的,秘书人员在收集信息时要注意系统性。例如近年来桥梁倒塌伤人的报道屡见报端,从新闻角度看,这似乎是孤立问题,但把这些报道放在一起集中考察,则不难发现,由于近年来各地自建了很多桥梁,其中有不少桥梁在设计、施工上均存在缺陷,是造成此类悲剧的主要原因。秘书部门可以根据此类线索围绕中心工作收集信息,进一步分析问题,供领导参考。

此外,系统性还体现在,秘书人员在信息收集过程中要正确处理"精"与"全"的关系。这就是说,秘书人员在收集信息时,要本着"本地求全,外地求精"的基本精神,对本地区、本系统的重要信息,收集宜全面系统;对外地区、外单位的信息,应有选择、有重点地进行收集。这样收集到的信息,对于分析研究某个问题,帮助本地区、本部门制定规划和措施,才可能具有重要的参考价值。

（六）信息收集的目的性

秘书人员在收集、传递信息时,一定要有鲜明的目的性,时时处处以是否适合不同单位、不同层次的领导的需要为出发点。但又须看到,任何领导者每个时期的领导工作都有其中心,都有其关注的"热点"和"难点",因此,秘书人员提供信息要围绕领导工作的中心,围绕这些"热点"和"难点"。有些问题虽然尚未列入领导的议事日程,但比较重要,也应及时报送。从一定的意义上讲,收集信息是做好信息工作的基础。当今世界,谁掌握的必要信息越多,谁的反应就越灵敏,决策的科学程度就越高。

第二节　信息收集的原则、渠道和方法

案例导入

　　上南公司要开拓产品市场,要求秘书收集市场信息。小张深入市场,了解市场情况和产品需求,与消费者直接交谈,并阅读大量报纸、杂志,发放问卷收集消费者对产品性能的反馈信息,通过网络检索收集更为广泛的信息,还与业务频繁的企业交换有关信息。丰富而全面的信息,为开拓公司业务提供了有力的依据,秘书的工作受到了公司领导的肯定。

　　请问:在这个案例中,小张具体采用了哪些方法收集信息?

一、信息收集的原则

(一) 价值原则

信息含有自身的价值。进行信息收集工作必须了解各种信息源的信息含量、实用价值和可靠程度;必须辨别真伪、去粗取精、去伪存真,求得信息的真实、准确、可靠,保证信息的价值。

(二) 时效性原则

时效性是衡量信息价值大小的重要尺度。信息收集必须及时、适时、敏锐,使有价值的信息不因错过时机而失效。

(三) 层次性原则

由于社会实践活动的不同,人们对信息有着不同的需求,信息的价值体现就不同。这就要求秘书在信息收集中遵循层次性原则,从不同来源、不同渠道收集信息;从不同深度加工信息;针对不同对象开发利用信息。

(四) 针对性原则

主要有两层含义:一是服务对象的针对性,即信息收集要明确服务对象的特点和需要;二是信息内容的针对性,就是强调信息的使用价值,要针对实际需要,根据工作性质、任务,进行信息收集。

(五) 全面系统原则

全面系统是指时间上的连续性和空间上的广泛性。为了实现信息工作的目的,要尽可能全面采集各方面需求的信息,保持信息的历史联系或专业内容联系,保证信息工作的连续性和科学性。

二、信息收集的渠道………………………………………………………………………………………………

秘书收集信息的质量是秘书信息收集工作成败的关键,也会影响到领导的正确决策。秘书能否根据不同的目的选择恰当的渠道收集信息,则决定了收集到的信息的有效性和针对性。

(一)文书档案渠道

公务文书是传递信息的正式渠道和常规渠道,传递公务信息是文书的主要功能,各不同层级的组织或部门通过公务文书的形式将他们认为应该传递的信息传递给需要传递的组织或部门。公务文书的系统整理和保存,最终使档案形成。文书档案渠道是内部渠道,它存在于特定的组织、系统或地区内部,形成特定的传输、存储和利用体系,构成相对封闭的网络。由于公务文书是以组织名义制作和发出的,其信息接收者与发出者之间具有权力上、工作上的联系,所以它所传递的信息的权威性、针对性、严谨性都很突出。

文书档案渠道的信息材料大体有以下四类:一是法定的正式文件;二是常用的处理公务的通用文书,如计划、总结、领导讲话、规章制度等;三是某些带有专门性特点的文书,如经济往来文书、法律事务文书、具体业务文书、公共关系文书等;四是其他参考性文字材料。这些文书档案的内容往往比较集中,尤其是标题常能把核心内容直接表达出来,有利于秘书人员查找、收集。

(二)会议渠道

会议是组织内部或系统内部交流信息的重要方式。在会议内交流信息的主要途径是讲话或发言,即口头表达。这种表达与书面表达相比,其特点是信息具有"一过性",不易留存。通过会议渠道获取信息的方式通常是即时记录,但文字记录的速度通常都要比口头表达慢,因而很难保证信息的完整性,甚至可能将重要信息遗漏,这对记录人员的素质和能力是个考验。借助录音手段可以弥补记录不全的缺陷,不过也有两点不足:一是录音后的整理工作量大,且时效性、保密性等受到影响;二是出于保密等方面的要求,并不是所有会议都可以录音。当然,会议内交流信息也可采用文字表达形式,如某些报告、讲话、发言预先准备有文字稿,作为秘书要及时索取或注意保留文字稿。在会议中收集的信息,要依据会议的性质、内容、时机、与会人员和发言讲话人员的身份等,确定取舍和留存、使用的形式,防止曲解和泄密。

(三)调查和信访渠道

调查是目的性十分突出的收集信息的方式,具有很强的主动性;信访则基本是被动的。但是这两者的共同特点是收集到的信息都来自社会公众。在推行民主、重视民意、关注民生的社会氛围之下,来自社会公众的第一手信息无论怎样强调其重要性都不过分。秘书在调查中切忌走马观花或先入为主,要解决和避免主观性、片面性问题;信访中则切忌偏听偏信或厌烦急躁,要解决和避免责任心不强和作风不细的问题。无论是调查还是信访,都要持客观、中立的立场,要讲求方法,不急于下结论,不感情用事,要深入细致有耐心。收集到的信息要及时、系统地反馈给上级部门或领导,在解决问题后还要及时将结果反馈回社会公众。

(四)书籍期刊渠道

书籍中蕴含的信息量大,而且系统性强,又相对成熟,缺点是因出版周期较长,信息的滞后性较为严重。秘书从书籍中收集信息,主要目的是获取对于某一领域问题的系统认识,打开思路、寻求佐证。要注意阅读经典的、权威的、学术价值高的书籍,如需在工作中引用相关信息,要注意信息的完整性,并注意引用的规范性。

期刊中的信息比较及时、新颖,尤其是学术期刊中,常有一些独到见解,往往是前沿性的信息,能够给人们较大的启发。但是也有一些是未经验证的,或带有某种特殊性的信息。因此,使用期刊中的信息时,要注意不同观点的比较,进行认真的鉴别。

书刊通常保存在图书馆或资料室。图书馆尤其是公共图书馆藏书丰富,库存量大,但使用不是很方便。有条件的单位应建立自己的图书资料室,购买和订阅与单位业务联系较多的书刊,以备随时查阅之用。

(五)新闻传播媒介渠道

新闻传播媒介渠道是一种公开的信息渠道,包括报纸、广播、电视、互联网等。它们的共同特点是传播的信息量大,传播信息迅速、及时。信息量大虽是优点,但有用的信息往往容易淹没在其他信息中,查找发现不太容易;及时的优点是信息的时效性强,但系统性差、连续性不强。

在这四种新闻传播媒介中,报纸是最传统的,同时也是人们使用得最多的渠道,因是印刷媒介,可以长期保存,随时研读,但其信息量相对书籍来说仍是有限,系统性、针对性都有不足。广播虽较方便,但在工作时间不宜使用,而且作为听众比较被动,有用信息出现的偶然性更为明显。电视与广播一样具有工作时间不宜使用和有用信息较为偶然的缺陷。互联网是新兴的媒体,具有报纸、广播、电视的共同优点,且互动性强,但互联网上的信息面临"不安全、被盗听盗看和篡改"的威胁,信息不免芜杂,秘书在收集信息时要注意甄别。

从新闻传播媒介收集信息,需要时时关注,不分工作时间内外,但又不能当作一项专门任务来完成。由于有用信息的出现具有偶然性,需要秘书人员具有较强的职业敏感和事业责任感,善于发现并捕捉稍纵即逝的有用信息。

(六)信息网络渠道

信息网络是单位、系统和地区内部为保证信息传递畅通而专门建设的专用渠道。对于上一级单位的秘书来说,信息网络渠道在其收集信息时能发挥重要的作用。

对于政府部门来说,信息网络的框架一般是以政府办公厅(室)为枢纽,由纵向、横向、扩散三个子系统构成:比如省政府办公厅通向市(地)、县政府办公室及乡镇政府的纵向串连系统;省政府办公厅通向省直属各委、办、厅、局办公室的横向并联系统;省政府办公厅通向各驻外省市办事处和外省、市、区直接取得的多种联系的扩散系统。在此基础上,各市、地、县及各主管部门,还可以多层次地建立自己的纵、横、扩散网络系统,各级各部门还可以选定一批重点厂矿、企业、学校、街道和村镇作为信息联系点,聘请兼职信息员。这样,就可以在全省范围基本形成一个四通八达、纵横交错的信息网络。

纵向的网络系统之间,如有重要的信息需要向更上一级单位报送,各层级之间的界限有时也可突破。如中共中央办公厅除了接收省级单位报送的信息外,还在若干地方的省级以下单位设置信息直报点,让这些信息直报点的重要信息直报中央办公厅,而不必再经省级单位中转处理。

三、信息收集的方法

现代社会的信息纷繁复杂,瞬息万变,有些信息稍纵即逝,无从考察,要及时地发现和收集信息,并记录下来,使我们能够迅速地感知周围正在发生着的变化,及时了解社会动向。秘书部门收集信息主要采用以下几种方法:

(一)观察法

观察法是收集、获取信息的最基本方法,是人们有目的、有计划、有针对性地通过感觉器官和辅助工具对处于自然状态下的客观事物进行系统的考察,从而获得经验事实的一种调查研究方法。

1. 优点

方法简单、灵活,可以实地记录发生的社会现象或社会事件,能够获得直接、具体、生动的材料,可以真实感受、了解社会现象或社会事件发生的实际过程和当时的环境气氛,获得较为真切的第一手信息材料。观察法广泛适用于各种场合和情境,它的对象可以包括社会现象或社会事件中各种各样的社会个体、群体,同时,观察者不需经多少专业训练,即可以采用这种方法。

2. 缺点

只能观察到人的外部行为,不能说明其内在动机,不易收集到深层次信息。观察活动受时间和空间的限制,获得的信息量有局限性。观察者有时会受到一定程度的干扰而不完全处于自然状态,同时观察效果比较容易受秘书观察能力、主观意识和价值取向的影响。

(二)阅读法

阅读法就是对印刷媒介中的信息材料进行阅读而获取信息的方法。秘书人员每天要处理大量的文件,接触大量的报刊、书籍,这些材料中的信息都要通过阅读来获取。

一般地说,阅读的过程可分为三个层次阶段:一是浏览,即通过阅读材料的标题、摘要、导语等先对其有最一般的了解。浏览也不是针对所接触材料的全部,如浏览一份报纸要对其版面以及栏目有所选择,否则对越来越厚的报纸,光是翻一遍就要花很多时间。二是泛读,即在浏览的基础上对有进一步阅读需要的材料进行阅读。泛读的文字材料是经过挑选的,与浏览相比已经很有限了,所以阅读量不是很大。泛读只是对所读材料的一般性了解,对材料中的信息情况先有基本的掌握。三是精读,也可称为研读,就是在泛读基础上对重要材料进行仔细阅读,边读边记,常用的方法有摘录、圈点、批注等。读完之后,还可根据情况进行剪贴、复印、扫描等。这是收集最有用信息的方法。

1. 优点

获取信息方便,获得信息量大、适用性强,能全面提供工作需要的参考信息。

2. 缺点

书籍、报刊这些公开出版的书面材料信息来源众多,但因撰写者的角度不同、观点各异会使信息呈现出多而杂甚至相互矛盾的情况。在使用阅读法时,需要对信息进行仔细地比较、鉴别,判断信息的有效性和准确性。

(三)访问法

就是访问者通过面对面交谈的方式向被访问者了解社会事实情况的方法。访问法包括一对一的访问和集体访问。

1. 优点

访问法互动性强,可以根据访问对象和访问过程的具体情况,灵活多样地选择问题、提问的顺序、提问的形式和措辞,有针对性地进行访问;被访者对所提出的问题一般也能够做出详尽的回答,因此能广泛了解各种社会现象,深入探讨各类社会问题。

2. 缺点

访问法费人力、费财力、费时间,效率比较低;分析处理访问获得的材料和信息的难度比较大,因为有许多需要进一步查证、核实;访问法易受访问者的影响,有一定的主观性,因此只有很好地运用访谈技巧,才能获得较多的有价值的信息。此外,因被访问者不能匿名,有些问题不能或不宜于当面询问,或者是被访问者不愿当面回答和不可能真实回答,这些都会对面谈的结果产生不利影响。

(四)电话访问

有的研究者认为访问法包括了电话访问,但是因为访问法是面对面进行的访谈,和通过电话进行访问这一方式比较起来,无论是访谈双方的心理状态、访谈过程的控制、访谈效果等都有很大差异。所以这里将两者分开来进行讨论。

电话访问,简单来说,就是利用电话向被访问者调查、了解应该查知的事项。其实,人们经常会使用电话对一些简单的事情作快速调查,如打电话了解关于某一问题的概况或线索;或者,有个别事项如有关人员的姓名、年龄,以及有关事件发生的日期等信息,往往通过电话进行调查。

　　传统的电话访问法,指的是民意测验中一种较为常用的方法,是指访问员选取一个被访问者(样本),通过拨打对方的电话号码,询问被访问者一系列的问题,记录被访问者答案的过程。访问员一般集中在某个场所或专门的电话访问间,在固定的时间内进行信息收集工作,现场有督导对访问员进行访问监督和样本控制。这种方法适用于一些简单的访问,一般不宜超过 10 分钟。

　　目前,随着计算机和软件技术的成熟,计算机辅助电话访问的形式在一些组织中的应用越来越普遍了。

　　计算机辅助电话访问(Computer-Assisted Telephone Interview,简称 CATI),是借助 CATI 系统实施的电话访问。CATI 系统有两个部分:一是硬件部分,包括一台主机,若干台 CRT 终端(即与主机相连接的带屏幕、耳机式电话和鼠标的计算机终端),以及若干台起监视作用的计算机。二是软件部分,包括问卷设计、自动随机拨号、访问管理、自动录入数据以及统计分析等软件,这些软件都应事先安装在计算机里。

　　使用 CATI 系统电话访问时,访问员坐在 CRT 终端对面,头戴耳机式电话。首先,通过计算机自动随机拨号并保存拨号记录。电话接通后,访问员按照 CRT 屏幕显示出来的问题提问,每次只出现一个问题。当访问员用键盘将被访问者的回答录入计算机后,计算机会根据答案情况自动跳到下一个问题,直到访问完为止。如果被访问者不在家或电话是忙音,CATI 系统会自动储存该电话号码和下次访问时间,届时该号码会自动出现在拨号系统中。在访问过程中,督导员可以通过起监视作用的计算机随时了解每一台 CRT 终端工作情况,并及时进行督导,以保证访问工作按照设计要求正常运行。

　　在 CATI 系统中,CRT 终端代替了问卷、纸和笔,拨号、提问、对某些答案的检查、某些问题的接转、答案的储存等都是自动完成的,从而大大缩短了访问时间,节省了编码、录入等程序,减少了产生误差的环节,提高了工作质量和效率。由于回答是直接录入计算机的,计算机内有相应的统计软件,因而能够以最快速度得到调查结果。[①]

　　1. 优点

　　电话访问的优点是信息反馈快,费用低,辐射范围广,能较好地保证调查质量。

　　2. 缺点

　　电话访问只能对简单的事情进行询问,调查的深度容易受到限制;而且一般来说,不便于从电话中向不熟悉的人了解情况。所以除了一些简单的事情外,一般不能完全依靠电话进行调查。

　　(五) 网络调查法

　　这里所说的网络调查法,又称在线调查,是指借助互联网及其调查软件系统,将传统的调查

---

① 周璐:《社会研究方法实用教程》,上海交通大学出版社 2009 年版,第 172—173 页。

分析方法在线化、智能化、集成化的新模式,其构成包括三个部分:客户、调查系统、参与人群,而网络调查网站则是问卷参与者自主表达思想观点、个人意愿和客观信息的信息互动平台。[①]

1. 优点

网络调查法的优点是网上发放问卷不受时间、地域的限制,获得的大量的反馈信息能立即通过统计分析产生结果,保证了调查机构获取反馈信息的及时性,具有低成本性和高效率性;网络调查过程中,被访问者是在独立条件下通过网络进行回答问题,不仅不用面对访问者,而且有一定匿名性,从而相对比传统的调查方式更容易获得某些敏感的信息,保证了调查获得信息的真实性。此外,网络调查具有趣味性,在设计网络调查问卷上可附加多种形式的多媒体背景资料,图文音像并茂,这是网络调查独一无二的优点,是传统调查方式所无法比拟的。[②]

2. 缺点

根据中国互联网络信息中心 2014 年 1 月发布的第 33 次《中国互联网络发展状况统计报告》,截至 2013 年 12 月,我国 40 岁以下网民的比例为 79.2%,这意味着目前我国的网民多为年轻人,因此网络调查法的样本选择具有一定局限性,导致在网络上调查有可能达不到理想目的。

(六) 问卷法

问卷法也称问卷调查法,它是调查者运用统一设计的问卷向被选取的调查对象了解情况或征询意见的调查方法。问卷法在秘书信息收集工作中发挥着重要的作用。

问卷法一般包括三个步骤:

第一,设计问卷。在设计问卷时,要注意处理好以下几个问题:首先,问卷长度要适宜。其次,注意排列问题的次序:按类别顺序排列,同类性质问题编排在一起;按内容顺序排列,先易后难,由浅入深;按时间顺序排列,可由近到远,也可由远到近,开放式问题放在最后。再次,语言含义要清楚,问题要简明易懂,尽量不要用否定形式提问。最后,备选的答案要具有穷尽性、互斥性、现实性。

第二,试用和修改。问卷设计出来后,可先进行小规模调查或请专家评论,从中发现问题,进行修改。

第三,选取问卷调查方式。问卷制好后要确定调查形式,如报刊问卷、邮政问卷、代填式问卷(包括当面访问式问卷、电话访问式问卷)、网络调查问卷等。

1. 优点

(1)问卷法可以在很短的时间内,同时调查许多人,与其他社会研究方法相比,具有更高的效

[①] 张科、张伯阳:《我国主要网络调查平台功能特点对比分析》,《图书与情报》,2011 年第 5 期。
[②] 王军、张云云:《我国网络调查的特点、问题及其对策》,《暨南学报(哲学社会科学)》,2001 年第 2 期。

率,可以节省大量的人力、财力和时间,用最少的投入获取最大的社会信息。

(2)所得资料便于定量处理和分析。由于问卷中的问题是研究者把所研究的概念、变量进行操作化处理后得到的结果,并且基本上是封闭式问题,其答案都进行了预编码,因此,问卷调查所得的资料很容易被转换成数字,也很容易输入计算机进行统计分析。

(3)可以避免主观偏见,减少人为的误差。问卷调查是一种书面调查,在问题的表达、先后次序、答案类型、回答方式等方面都是完全一样的,与访问调查相比,能很好地排除在人际交往中调查者与被调查者各自可能产生的主观偏见。

(4)一般情况下,问卷不要求署名,具有很好的匿名性,便于对被调查者的实际情况和回答的问题保密。因而,问卷法可用于调查那些不宜于直接调查的内容,如个人隐私、家庭财产、伦理道德、政治态度、社会禁忌等敏感问题。从这一方面看,问卷法的匿名性对于客观地反映社会现实的本来面貌,收集真实的社会信息具有十分重要的作用。

2. 缺点

(1)调查问卷设计难:问题的设计的信度和效度控制需要丰富经验;

(2)调查结果广而不深:问卷调查是一种用文字进行对话的方法,如果问题太多,被访者会产生厌烦情绪,因此,一般的问卷都比较简短,不可能深入探讨某一问题及其原因;

(3)调查结果无法控制:问卷调查经常采用由被访问者自己填答问卷的方式,所以调查结果的质量常常得不到保证;

(4)问卷调查的回收率不高:问卷调查必须保证有一定的回收率,否则资料的代表性就会受到影响,但是从目前来看,无论是采用面访、电话访问或者网络调查访问,问卷的回收率都很难得到保证。

(七) 交换法

交换法就是将本单位拥有的信息材料与其他单位的信息材料进行交换。秘书可通过交换信息的方式获得有关信息,在必要的情况下可以与业务频繁的单位建立稳定的信息交换网络,在信息上互通有无,实现共享。据黄坚《基层信息工作研究——以上海市虹口区为个案》(2009 年),上海市虹口区政府办公室和市政府各委办局、外区政府办公室建立了业务上的联系,互相交换政务信息简报是其重要内容之一,区政府领导人可以借此从中获取市委办局、外区的工作动态和情况信息。[①] 不过要强调的是,信息交换应注意"给"与"取"的关系,必须要遵守有关国家法律法规。

1. 优点

信息交换拓宽了信息渠道,实现了彼此间的信息共享,能够及时获得有价值并且适用的信

---

① 黄坚:《基层信息工作研究——以上海市虹口区为个案》,复旦大学硕士学位论文,2009 年,第 24 页。

息，节省信息收集时间和工作量。可根据需要，商定交换信息的方式、内容，长期交换或临时交换各自感兴趣的信息。

2. 缺点

信息交换的要求比较严格，比如必须建立在自愿、互惠的基础上，要经过协商同意才能实现信息共享。

（八）购置法

购置法是指有偿索取信息的方法，信息一般是从社会信息服务单位购买。社会信息服务单位提供的有偿信息服务有两类：

一类是获取、汇集信息后，分类分专题，定量定价出售。如国家统计局的《中国统计年鉴》，收录上一年全国和各省、自治区、直辖市每年经济和社会各方面大量的统计数据，以及历史重要年份和近二十年的全国主要统计数据，是我国最全面、最具权威性的综合统计年鉴，每年同时有中英文版及电子光盘版出版，标价出售。

另一类是依据客户需要进行专题、专项调查研究，并将结论、数据或有关信息有偿提供给客户。后一类对于要获取信息的单位来说又可称为委托法或订制法。如隶属于国家质检总局的全国组织机构代码管理中心，建有全国组织机构代码①信息数据库，该数据库是以组织机构代码为唯一标识的数据集中式海量级数据库，是以覆盖全国的网络系统为基础所形成的实时动态的全国组织机构代码共享平台和电子档案库，包括了我国每一个合法登记的组织机构的基本信息。除了国家行政机关、司法机关在从事执法、司法活动时，可无偿查询组织机构代码电子档案②以外，其他单位或个人需要查询某个社会组织的组织机构代码电子档案的，就必须要有偿购置了。

购置信息有两个前提：一是有特殊需要，二是用组织自有的力量或用其他方法不能或不便获取。

1. 优点

购置信息一般以解决工作或研究中的问题为前提，因此针对性较强，同时相关信息比较集中，可以获得大量系统化、专业化的知识信息；信息收集工作效率高，购置信息者不用亲自收集信息，信息获取快、省时间、省精力。

---

① 组织机构代码：是对中华人民共和国内依法注册、依法登记的机关、企、事业单位、社会团体和民办非企业单位颁发的一个在全国范围内唯一的、始终不变的代码标识。
② 组织机构代码电子档案：是指将全国各类组织机构成立的合法依据、历史变迁的文字、图表的纸质档案形成数字化的档案。这些纸质档案包括：组织机构批准成立的证件，如企业的营业执照、事业单位的事业单位法人登记证书、机关单位的批准成立文件、社会团体的社会团体法人登记证书、民办非企业的单位登记证书以及其他组织机构成立的合法证明的复印件；组织机构的法人代表（负责人）身份证复印件和经办人身份证复印件；申领组织机构代码证申请表及其他需要归档的纸质资料以及每一个单位的变迁情况。

2. 缺点

购置信息需要一定成本,若所购信息价格较高,应考虑其经济效益;购置信息存在一定风险,如是虚假信息、垃圾信息,甚至非法信息,则会给己方带来损失,所以在购置重大信息时,应与信息提供机构签订合同,经过甄别以后再利用,以保证信息的真实性、合法性与安全性。

第三节　信息检索工具和途径

信息检索的概念有广义和狭义之分。广义的信息检索是指将信息按一定的方式组织和存储起来,并根据信息用户的需要找出有关信息的过程,具体来说,包括存储和获取两个过程。存储是指通过对大量分散、无序的信息进行搜集、著录和标引等方法,使之系统化、有序化,并按一定的技术要求建成各种各样的信息检索工具或信息检索系统的过程。而获取则是存储的逆过程,其实质是根据特定的需求,通过一定的设备、采用一定的手段与技巧从建好的检索系统中快速、准确地查找出所需信息的方法与过程。

狭义的信息检索是指广义的信息检索的后一个过程,即获取信息的过程。具体来说,狭义的信息检索指通过一定的方法,从已存储的信息中检索出与用户提问相关的文献、数据和事实的过程,即根据用户的特定要求查找出所需信息的过程。本教材立足于信息检索的狭义概念,着重探讨基于秘书信息收集工作的目的,如何运用卓有成效的方法或现代技术手段,快速检索到秘书工作过程中所需的信息。

随着科学技术的飞速发展,尤其是计算机和网络技术的发展,传统的信息检索模式面临着巨大的变革,网络信息检索以其信息资源丰富、数据更新快、共享性强以及检索方式灵活多样等特点出现在我们面前。互联网经过多年的发展,已经成为一个名副其实的信息资源的宝库,如何采用科学简便的工具与检索途径从信息资源库中查找到所需的信息,如何获得更佳检索结果,这些都成为秘书信息收集工作成败的关键。

在弄清所要解决问题的情况下,信息检索主要包括确定检索词、选取检索工具及确定信息检索途径等几个阶段。

一、确定合适的检索词

检索词是表达用户需求和检索内容的基本元素。选择不同的检索词,会有不同的检索结果,对检索效率也会产生很大影响,但选择合适的检索词并非易事,不仅要求检索人对相关领域较为熟悉,而且要求其对不同的信息检索途径有所了解。

一般来说,信息检索途径可以分为两类:一是从外部特征查找信息的途径,如题名途径、著者途径、序号途径、引文途径等；二是从内容特征查找信息的途径，如主题途径、关键词途径和其他途径等。与之相对应，检索词也就包括题名、关键词、著者、序号、主题词等，选择何种检索词，取决于检索人的需求。关于信息检索途径，本节下面还要讨论，此处暂不展开。

从信息检索技巧的角度而言，两类检索词的适用条件并不相同：外部特征查找途径所使用的检索词较为适合精确查找，例如确定信息资源的著者或者作品名称等，需要检索人明确定位查找的信息，这种检索词的确定方法较为简单，但同时适用范围也比较窄；而以主题词、关键词等为检索词的信息检索途径，较为适合模糊查找。因此，用户可首先确定关键词或主题词为检索词，通过对模糊搜索结果的分析和阅读进行下一步检索，或者根据检索结果引用的资料信息进一步确定检索词。

此外，由于秘书所要收集的信息是一个庞杂的系统，要使用到某些领域的专用术语，因此，秘书收集信息时对于检索词的确定，与其他信息检索相比更为困难，也存在特殊之处。例如，在收集法律方面的信息时，秘书有必要事先确定较为准确的检索词，整合法律术语词的关系，以使选取的资料不至过多或过少，或者也可考虑将搜索到的文献中的关键词确定为检索词，以进一步检索。

二、选取合适的检索工具

所谓信息检索工具是存储信息资源或者为信息查找提供渠道的工具。不同检索工具提供的信息资源与检索方法各不相同，因此，首先必须了解不同的检索工具的特点。选择合适的检索工具，可以节省资料收集的时间，提高信息检索的效率，还可以将无用信息尽可能地排除在信息检索外，不至于造成信息的漏检。

（一）按检索的手段划分

按照手段不同，可以分为手工检索工具和计算机检索工具两种。其中，由于计算机与通信技术的发展，互联网的普及，计算机检索已逐渐成了主要的检索工具。

1. 手工检索

这是一种相对传统的检索方法，简称"手检"，它是用人工方式查找所需信息的检索方式。手工检索的对象是书本型、卡片式的检索工具（包括目录、文摘、索引和各类工具书等）。这类工具适用于查找早期纸质印刷的书刊文献以及一些不太复杂的检索课题，在今天被视为计算机检索的补充手段。它的特点是耗时费力，效率低，查全率较低，很容易造成漏检，但查准率较高。不过由于计算机检索的发展，手工检索的使用频率已大大降低了。

2. 计算机检索

计算机检索是现在普遍应用的一种检索方法，简称"机检"。最初是指把信息及其检索标识转换成电子计算机可以阅读的二进制编码,存储在磁性载体上,由计算机根据程序进行查找和输出。如今是指人们利用数据库、计算机软件技术、计算机网络及通信系统进行的信息检索,其检索过程是在人机的协同作用下完成。与手检相比,机检的本质没有改变,变化了的只是信息的媒体形式、存储方式和匹配方法。计算机检索的发展与计算机技术、数字化技术、存储技术、网络通信技术等的发展密切相关,从20世纪50年代计算机产生开始至今,应用计算机的信息检索经历了脱机检索、联机检索、光盘数据库检索和网络检索四个阶段。

手检与机检各具特点,相互关联,不能简单地判断孰优孰劣,它们在内容上有共性,而在具体形式上是有所分别的。

(1)载体内容的直观性方面,手检优于机检

手检工具一般是印制或书写在普通纸介质上的,人们无须借助任何转换设备便可一目了然。根据手检工具的这一特性,人们在判读具体文献的描述内容时便能够比较准确地了解其全部。机检工具将文献描述体以二进制信号形式储存在磁介质上,人们无法通过普通方法直接看到,而必须借助于相应的工具,如计算机、光盘、互联网等才能了解文献内容。

(2)载体贮存信息量的能力方面,机检优于手检

由于计算机的工作对象是磁介质,贮存信息的密度远远高于纸介质。如2M的存储空间相当于1 000张普通目录款目。

(3)检索时搜寻的速度方面,机检优于手检

手检过程中,人们需要逐张翻阅,逐条查看,费工费时,容易产生错误。而对于机检来说,可以很轻松地完成查阅任务。

(4)检索的形式方面,机检比手检更加多样化、更具灵活性

手检的渠道和结果通常比较单一,涉及条件的检索尤其不便,而机检能完成繁琐纷乱的工作,这是手工检索难以迅速无误地做到的。如主题检索是一种特指性很强的检索途径,如果用手检来进行是非常麻烦的,单一主题一般还比较易于做到,而两个以上主题,加逻辑运算,手检就很难胜任。计算机进入这一领域后,主题词和文献题录分别装入不同的数据库,但彼此仍保持着联系,逻辑检索时可随时组合或匹配,不论检索条件多么复杂,都能比较迅速地形成正确结果。

(5)检索的灵活性方面,机检优于手检

机检不仅为大型网络化文献所用,也可以在只有一台微机的小型数据系统中进行。手检工具由于其载体形式所限,根本无法纳入大规模有组织的检索网络,因而使用范围受到很大影响。

机检发展的重要意义在于各图书情报机构间的资料数据共享更易实现。而手检这种慢节奏、低效率的交流方式是不适于社会数据量大、更新频繁、传递速度快的状况的;随着计算机及通信手段的不断更新、完善,手检、机检长期共存的可能性已经越来越小,最终手检可能只会作为一

种辅助性的或者备用性的工具被保存下来。

(二) 按照检索的对象(或检索结果)划分

1. 文献检索

这是最基本的一种检索方式,以文献为检索对象的检索,它是指将文献按一定的方式存储起来,然后根据需要从中查出有关主题文献的过程。文献检索可分为目录型检索、题录型检索、文摘型检索和索引型检索。

(1) 目录型检索工具

目录型检索工具是记录具体出版单位、收藏单位及其他外表特征的工具。它以一个完整的出版或收藏单位为著录单元,一般著录文献的名称、著者、文献出处等。目录的种类很多,对于文献检索来说,国家书目①、馆藏书目、联合书目②等尤为重要。

(2) 题录型检索工具

是描述文献外表特征的文献条目。题录的著录对象可以是整本文献,也可以是单篇文献。题录型检索工具能够较快完成检索,查阅到的信息比较全。主要是报道和存储信息,信息量小,检索功能不强,是帮助确定专业核心期刊和管理图书资料的重要手段。

(3) 文摘型检索工具

以提供文章内容梗概为目的,不加评论和补充解释,简明确切地记述文献重要内容的短文。忠实于原文,包括文献的外部特征和内容特征。按文献的目的、用途和详简程度分为六种,报道性文摘、指示性文摘、报道—指示性文摘、评论性文摘、模块式文摘、专用文摘。文摘型检索工具以前三种为主。

报道性文摘(Informative Abstracts)指明被摘出版物或被摘文献的主要论点,主要数据的摘要。以精炼的语言概括出原文所包含的主要内容和关键。是原文的浓缩,字数一般 200—700 字。

指示性文摘(Indicative Abstracts)只对原始文献作简用叙述,指明一次文献的论题,及取得成果的性质和水平的摘要。又称"简介"。目的是使读者对文献的主要内容有一个轮廓性的了解,100 字左右。

报道—指示性文摘是将原始文献中信息价值高的部分写成报道性文摘,其余部分则写成指示性文摘,起到检索、报道作用。它兼具报道性文摘和指示性文摘二者特点。

---

① 国家书目:揭示与报道一个国家在一定时期内出版的所有图书及其他出版物的目录。包括报道最近出版物的现行国家书目和反映一定时期内出版物的回溯性国家书目。

② 联合书目:揭示与报道多个文献收藏单位所藏文献的目录。按地域范围可分为国际性的、国家性的和地区性的联合书目,按文献类型可分为图书联合书目、期刊联合书目等,按收录文献的内容范围可分为综合性的、专科性的联合书目。联合书目能扩大读者检索和利用文献的范围,也便于图书馆藏书协调、馆际互借和实现图书馆资源共享。

文摘型检索工具主要描述文献的内容特征,在揭示文献的深度和检索功能方面优于题录型。文摘有时可替代原文,帮助读者克服语言上的障碍,便于手工检索也便于计算机检索,是撰写评述文献的工具。

(4) 索引型检索工具

索引型检索工具是根据一定的需要,把特定范围内的某些重要文献中的有关款目或知识单元,如书名、刊名、人名、地名、语词等,按照一定的方法编排,并指明出处,为用户提供文献线索的一种检索工具。索引的类型是多种多样的,在检索工具中,常用的索引类型有:分类索引、主题索引、关键词索引、著者索引等。

2. 事实和数据检索

事实和数据是秘书信息收集与检索工作的重要内容。这种检索需要查询出信息本身,是一种确定性的检索。在人们从事生产、学习、科学实验、其他日常工作或各项经济活动中都可能会碰到这种检索需要。事实和数据检索,主要通过查阅参考工具书来进行,包括各种百科全书、年鉴、手册、组织机构指南、名录等。这一类参考工具书是汇集某一范围完整广泛的知识文献信息,并按一定的方法编排,供人们检索的有关事实性和数据性的检索工具。人们可以根据音序、形序、分类、主题、关键词等途径检索到有关信息。

三、确定信息检索途径..

信息检索途径一般由反映知识载体的形式特征和内容特征的标识代码以及检索策略符组成。信息检索途径紧密依赖于信息存储系统,而信息存储系统又是根据信息特征编排的。信息特征的多样性决定了信息检索途径的多样性。信息检索途径与信息检索工具的组织编排方法相对应,并受其制约。

检索途径又称检索入口,是指信息用户在检索文献时,把所需信息的某种特征标识转换为检索标识,把此标识作为检索入口进行检索。检索途径一般分为外部特征入口和内容特征入口,关于这一点,前文已经谈到。

(一) 以文献的外部特征为检索途径

1. 题名途径

利用题名中的字词或题名的一部分进行检索。其结果是所有在题名中出现该字、该词或该部分的文章,检索结果较全,可查找图书、期刊、单篇文献。大部分检索工具中都提供了从题名进行文献检索的途径。

2. 责任者途径

即著者途径,包含个人责任者、团体责任者、专利发明人、专利权人、学术会议主办单位等。

利用文献责任者或作者名字进行检索时,将已知责任者姓名按照姓前名后排列,然后按照字顺①查找"著者索引"得该责任者所著文献的顺序号,再根据顺序号在正文中查找文献线索后,查馆藏获取原始文献。从责任者途径查找文献准确、方便,但必须先已知责任者姓名。

3. 号码途径

据文献信息出版时所编的号码顺序来检索文献信息的途径。特定编号如技术标准的标准号、专利说明书的专利号、科技报告的报告号、标准书号、标准刊号、合同号、馆藏单位编的索取号、排架号等。

(二) 以文献内容特征为检索途径

文献的内容特征是指文献所载的知识信息中所隐含的、潜在的特征,如分类、主题等。内容特征作为检索途径更适宜检索未知线索的文献。

1. 分类途径

分类途径是按照文献信息内容所属学科分类体系检索文献信息的途径。它是文献信息检索的常用途径之一。分类检索途径是利用分类号为检索标识,以学科概念的上下左右关系反映事物的派生、隶属、平行和等级关系,能够较好地体现学科的系统性,有利于从学科专业的角度来查找文献信息,能够满足检索的要求。

利用分类途径检索,关键在于掌握分类法。目前我国出版的许多信息检索工具的正文部分都是按照学科分类编排的。检索时,分析研究课题,确定课题所属类目或者分类号,利用"目次表"查找到被检课题所在的相关类目及起始页码,然后按照起始页码在正文中逐条浏览,选择所需文献线索,再根据文献线索查馆藏获取原始文献。

2. 主题途径

主题途径是按照文献信息的主题内容进行信息检索的一种途径。它是检索文献信息的主要途径,也是人们常用的一种信息检索途径。使用主题途径检索文献信息时,关键是确定主题词(或者关键词)。主题词是用来表述文章主题内容的规范化词,关键词是用来表述文章主题内容的非规范化词。检索时,首先分析研究课题,选择确定主题词或者关键词,查主题索引获得顺序号,根据顺序号在正文中查找文献题录得文献线索,再根据文献线索查馆藏获取原始文献。通过主题途径检索文献快速、准确,检索效果好,特别适合单篇文献信息的特性检索。

四、信息检索方法

查找(Searching)就是实施检索策略、搜寻所得文献信息的过程。以下几种方法,无论是计算

---

① 字顺又称逐词排列法,其规则是:以词为单位,逐个词排比次序,当两个词完全相同时,再比第二个词的次序,以此类推。

机检索还是手工检索,都是常用的方法。

(一) 常规法

所谓常规法就是利用常规检索工具查找有关文献的方法,是秘书收集信息应掌握的最基本的信息查找方法。现在对文献的书目控制手段已日趋完善,各种印刷版、缩微版、光盘版和网络版的检索工具层出不穷,有很大的选择余地。用户应根据自己的检索知识和条件选用一种或几种检索工具。常规法可分为顺查法、逆查法和抽查法。

1. 顺查法。最常用的方法,是按照所需信息的时间范围,利用检索工具由远而近、由前往后的顺时序检索文献的方法。这种方法适用于围绕特定主题,普查一定时期、一定范围的文献,适用于查检有针对性的文献。其优点是漏检率小,检全率高,但费时费力,效率低。

2. 逆查法。又称倒查法,是按检索课题的时间范围,利用检索工具由近而远逆时序检索文献的方法。适用于检索新学科、新知识、新理论方面的文献。优点是针对性强、省时间、效率高,但所获文献不全面系统,容易漏检。

3. 抽查法。抽查法是指针对信息的特点,选择与其有关的文献信息最可能出现或最多出现的时间段,利用检索工具进行重点检索的方法。其优点是检索效率较高,省时省力。但是必须熟悉和掌握该学科发展的全貌,才能选准高峰时期,否则漏检率较高。

(二) 追踪法

文献之间的引证和被引证关系揭示了文献之间存在的某种内在联系,追踪法(又称引文法)就是利用文献后所附的参考文献、相关书目、推荐文章和引文注释查找相关文献的方法。这些材料指明了与用户需求最密切的文献线索,往往包含了相似的观点、思路、方法,具有启发意义。

追踪法又可分为两种,一种是由远及近地搜寻,即找到一篇有价值的论文后进一步查找该论文被哪些其他文献引用过,以便了解后人对该论文的评论、是否有人对此作过进一步研究、实践结果如何、最新的进展怎样等等。由远及近地追寻,越查资料越新,研究也就越深入。另一种较为普遍的查法是由近及远地追溯,这种方法适合于历史研究或对背景资料的查询,越查材料越旧,追溯得到的文献与现在的研究专题越来越疏远。因此,使用这一方法要以选择综述、评论和质量较高的专著作为起点,它们所附的参考文献筛选严格,有时还附有评论。

(三) 循环法

又称综合法、交替法,先用常规法中的一种方法检索出一批文献,然后再用追踪法进行扩展检索范围或用限定法缩小检索范围,这样分期分段交替循环,直到检索出满足检索要求的文献为止。或先用追踪法检出部分文献,然后依据这些文献的各种特征作为检索标识,利用检索工具,进一步针对目标信息展开检索。这种方法可弥补因检索工具不全而造成的漏检,检全率高。

上述几种信息检索方法各有优点与不足,在什么情况下采用什么检索方法,主要由检索工具情况、检索要求以及检索内容的学科特点三方面来决定。

五、计算机检索的基本步骤···

检索步骤又可以称为检索程序或检索策略,就是在分析检索提问的基础上,确定检索的数据库、检索的用词,并明确检索词之间的逻辑关系和查找步骤的科学安排。因为秘书所需信息的多样性,在当下更适用于利用计算机进行检索;同时计算机检索也是目前最有效、最易行、最频繁被使用的检索方式,所以这里再着重介绍一下计算机检索的基本步骤。

(一)分析研究检索目标

这是达到良好检索效果的基础和前提。分析检索目标,主要是分析该检索目标的学科范围及主题内容,了解背景知识和目标涉及的各名词术语之间的相互关系,初步确定出逻辑组配,再根据检索目的和要求确定范围、文献类型和数量等。如要了解本领域的最新动态,那就先不考虑查全和查准的问题,在制定检索策略时要把新颖性放在首位考虑,确定时间范围则以最近几年的为好。

(二)选择信息检索系统或数据库

信息检索系统是指根据一定的需要,进行信息传递而建立的一种有序化的信息集合体,并能向用户提供信息服务的多功能开放系统。任何具有信息存贮与检索功能的系统,均可以称为信息检索系统。目前依托于计算机环境的信息检索系统种类很多,我们在利用时要对常用的检索系统所涉及的主要学科、收录的范围、文献类型以及适宜的主要读者对象和所支持的运算符号等有所了解。一般来说,选择信息检索系统应遵循的主要原则有:

1. 收录的文献信息需涵盖检索课题的主题内容;

2. 记录来源、文献类型、文种能尽量满足检索课题的要求;

3. 尽可能选择质量较高、收录文献信息量大、报道及时、索引齐全、使用方便的检索系统;

4. 根据对信息的熟悉程度选择;

5. 选择查出的信息相关度高的网络搜索引擎。

(三)确定检索方法和途径

选用何种检索途径要根据所需信息的要求及检索标识、检索系统所能提供的检索途径来确定。如果检索系统提供多种检索途径如责任者途径、主题词途径、题名途径等,最好能够综合应用,以便检全。各种检索方法如顺查法、逆查法、抽查法、追踪法、循环法等也要予以综合运用,以期达到较好的检索效果。

(四)编制检索式

检索式是用运算符①将检索词连接起来构成的能让计算机识别的式子,运算符和检索词是构

---

① 运算符:又称逻辑算符,是表达检索词之间逻辑关系和限制关系的运算符号,它是复合检索式中必不可缺的构件。

成检索式的关键。这是计算机检索特有的步骤,检索式的质量直接影响着检索结果,因此也是机检的关键一步。如果使用关键词检索,一般可通过下面几步骤完成任务:对目标信息所包含的词拆分——删除无意义词——替换或补充词汇——组合词汇形成检索式。这里一定要注意拆分出的关键词还要补充它的同义词、近义词和相关词,这样才能避免漏检。如"北京"要补充"首都","微机"要补充"计算机"、"电脑"、"PC 机"等。

如果检索结果不理想,就要根据检索要求的不同,调整检索式,同时适时调整检索策略,利用近义词或相关词或运用截断技术扩大检索范围,利用逻辑"与"缩小检索范围。

(五)索取原文

检索的最终目的是获取原文来帮助自己的学习和研究。

1. 通过查询图书馆的馆藏书目数据库,了解图书馆是否收藏所需中外文期刊图书及其他特种文献,再利用图书馆的 OPAC[①](联机公共目录查询系统)查找相关索引信息,获取原文。大多数高等院校图书馆的网站都采用了 OPAC 联机检索这一方式。

2. 通过查询全文数据库直接获取原文的电子版本。全文数据库是近些年发展起来的,秘书工作人员不再需要亲自去图书馆查找复印,通过网络检索,就能直接获得许多文献原文的电子版本。目前国内可供获取原文电子版的数据库有:CNKI 中国知网、万方数据知识服务平台、维普中文科技期刊数据库、人大"复印报刊资料"全文数据库、国家哲学社会科学学术期刊数据库等,电子图书馆则有超星数字图书馆、方正 Apabi 数字图书馆等。

3. 通过馆际互借系统和联合目录及各图书情报机构的公共目录获取原文。馆际互借是图书馆为了共享信息资源,在馆与馆之间达成馆际互借协议,当本馆的馆藏文献不能满足读者需要时,向对方馆去借本馆未收藏的文献资料。如今馆际互借无论在服务内容上,还是在服务对象上均有极大的扩展。建立馆际协作关系的图书馆已经越来越多,不仅跨系统、跨地区,而且已经跨越国界。

4. 通过免费的电子期刊网站获取全文。在互联网上还有大量的免费电子期刊供用户下载。比如联合国教科文组织 1948 年创办的杂志 Corrier(《信使》),承担着宣传教科文组织的理念、充当文化间对话平台的使命。从 2006 年 3 月起,该杂志以网络版发行。该杂志用教科文组织的六种工作语言(英文、阿拉伯文、中文、西班牙文、法文、俄文)推出了 PDF 文件,和少量纸张版。在教科文组织的网站上可以搜索或下载到该杂志自 1948 年创刊以来出版的 700 多期杂志。

5. 利用著者姓名和地址等信息向著者索取原文。大多数检索工具的著录款目中有著者姓名。著者地址的获取方法有两种:一是利用检索工具本身的文献款目查找。二是利用查找著者

---

① OPAC:全称为 Online Public Access Catalogue。

地址的工具书,如 SCI 的"来源索引"和"团体索引"等。由于文章被别人重视,因此著者一般都会提供原文,这种方法直接而且速度快捷,尤其在索取外文文献时很适用。

思考题

1. 信息收集工作的范围有哪些?
2. 简述信息收集工作的特点。
3. 信息收集工作的渠道有哪些?
4. 谈一谈你对问卷法与访问法、电话访问法、网络调查法这几种信息收集方法之间联系的认识。
5. 信息检索的方法有哪些?
6. 试述计算机检索的基本步骤。

案例分析

李莉大学刚毕业,应聘到一家公司做秘书,刚参加工作的她想轰轰烈烈地干一番事业,可是第一个月就遇到了几件棘手的事,使她一筹莫展。首先是老板要她查询本公司开发的新产品的最新进展,她在图书馆查了一整天,复印了一大堆材料,结果老板看了却说早过时了;公司设备急需更新,老板要她了解相关设备生产厂家的产品价格和性能规格,并将查询到的资料列一个清单,对比一下进货事宜,她仅找到两三家相关设备生产厂家,而且他们的设备与自己公司现有的设备性能相差无几,老板很不满意。

【问题讨论】 如果你是李莉,你计划选择什么样的检索工具和检索途径查找资料?

知识链接

江苏省社情民意调查中心见闻①

"您好,我是江苏省社情民意调查中心的访问员,目前我们正在进行'丹阳百姓话小康'的民意调查,根据随机抽样得到您的电话号码,耽误您几分钟时间,请回答几个问题……"

1 月 9 日下午,这样的电话"开场白"在江苏省社情民意调查中心的 CATI(计算机辅助电话调

---

① 节选自李海明:《倾听原汁原味的百姓心声——江苏省社情民意调查中心见闻》,《江苏法制报》,2008 年 1 月 15 日,1 版。

查系统)访问中心此起彼伏。直到当晚 8 点 30 分,500 位丹阳市居民的上万条"心声"被采集。

一个电话就将百姓的想法和愿望以快捷的速度收集起来、反映上去了,这一"未曾谋面"的民意调查如何保证统计的科学性和准确性呢?记者日前走访了江苏省社情民意调查中心。

电话调查赢得百姓支持

去年 6 月的一天,家住南京市建邺区的王大婶接到了一个号码为 12340[①] 的来电。

"您住的地方买菜方便吗?""您住的地方坐公交车出行方便吗?""您居住的小区(或居住地附近)有免费使用的体育健身器材吗?"在听清访问目的后,王大婶对一连串的提问一一耐心客观地作了回答。

接到这样的电话会觉得反感吗?听记者这样问,王大婶笑了:"人家在电话里头把来意讲得很清楚——民生调查,而且问的都是大家关心的问题,就几分钟时间,又不涉及隐私,有什么好烦的?"

会不会有话不敢说呢?"也不会,对方没有问到姓名,是不记名的访问。"王大婶说,河西有很多新建小区,很多生活设施还不配套,我还真的希望政府部门来主动问问这些事呢。

其实,王大婶的想法和南京市建邺区发改局的想法不谋而合。考虑到建邺区扩建不久的现状,有关部门为全面了解居民的生活现状和真实想法,遂委托省社情民意调查中心做了此次民意调查。

据省社情民意调查中心主任王思彤介绍,中心拥有计算机辅助电话调查系统(CATI),有 60个电话访问席位,每年在完成一些规定项目和自选项目的同时,还有不少委托项目有待实施,"那些委托方看重的都是电话访问那头原汁原味的民意"。

"从目前运行的情况看,百姓对统计部门通过电话调查的方式收集民意,大都是支持的。"当然,这一"不扰民"的民意调查,离不开它所依托的计算机辅助电话调查系统(CATI)。

"这种为发达国家普遍采用的调查方式,与以往的人工上门询问和发放问卷等调查方式相比,具有不可替代的优势。"王思彤说,一是保密性强,被访问者能直白地吐露心声,调查结果更加客观;二是时效性强,对突发事件的应急调查更为快捷,使政府有关部门能及时制定应急预案;三是成本较低,比派员入户调查可节省费用 50%左右。

客观公正的抽样调查

记者在调查中心看到,每位访问员面前有一台电脑,头上戴一副耳机,大家都在不停地忙碌着。据介绍,2006 年省统计局为社情民意调查中心建成了拥有 30 个席位的 CATI 计算机辅助电

---

① 编者注:原文此处号码为"96896000"。2009 年,国家统计局在全国范围内正式开通了社情民意调查热线电话号码"12340"。此处调整是为了帮助阅读此教材的学生更准确地了解我国社情民意调查工作的现状。

话调查系统,2007年又进行扩建,使席位扩大到60个,访问员均由经过培训的在校大学生担当。

有了先进的访问系统,如何保证被访对象的广泛代表性呢?

以2007年10月开展的法治江苏满意度调查为例。此次调查对象为全省18至69周岁的居民,共获取成功样本1200个。经调查,8成以上居民对法治江苏建设感到满意。

1200个样本如何能代表7500万江苏人民的心声呢? 王思彤给记者作出了解释:"1200个样本并非只访问了1200个人,这仅是成功样本。每次访问样本的成功率一般在30%～40%左右,实际上被访问的人员大大超过了这一数字。"

"像新农村建设百姓认知度调查,选取的全部是农村居民;而法治江苏满意度调查,则包括城镇和农村居民。不同的调查内容,对被访人员的地域、年龄、性别、文化程度、职业等的要求是不一样的。"

他举例说,在法治江苏满意度调查中,如果系统抽到未成年人或69岁以上老人,访问便会终止。在这1200个成功样本中,苏南、苏中、苏北各400个;城镇和农村的比例分别为47.4%和52.6%;男性和女性的比例分别为53.3%和46.7%;年龄分组、文化程度和职业等也能抽取到一定的比例,能够代表不同群体的人,被访对象的代表性是有保证的。

"我们的电话民意调查采用的是分层基础上的简单随机抽样,从统计学的角度来说,这比单一的简单随机抽样更能确保其广泛性和代表性。"

"样本的采集量通常会按照一个地域的人口数量来确定,但并不是等比例扩大或缩小,有时地域范围较小,样本量反而比较大。"王思彤说,一般来说,一个省一级的调查,需要采集1100个样本,而县一级的调查至少要500个样本。"这个数据是根据统计学的原理确定的,置信度可以达到95%。"

王思彤告诉记者,访问员的整个调查过程是全程监控,访问时系统会自动实时录音,督导可随机监听、审核。嗣后,负责实施调查的省统计信息咨询中心还将抽样20%进行复核,而民调中心则会在此基础上对5%的成功样本进行等距抽样审核。"目前,我们的差错率控制在0.4%,大大低于4%的允许误差标准。"

领导决策的高参助手

事实上,越来越多的社情民意正成为各级党政部门制定政策、评价工作和改进服务的一个有力的参考。

根据省委、省政府的部署,中心目前已对9个县(市)进行了"百姓话小康"民意调查。"我们要建设的是不含水分、人民群众得实惠、老百姓认可的高水平的全面小康社会。让人民群众来评判全面小康进程,是省委省政府的要求。小康不小康,最有权力评价的就是老百姓。"王思彤说,一个县是否达到了小康标准,在通过有关部门4大类18项25个指标考核之后,还须当地的老百姓给出自己的评价,其满意度须在60%以上才能过关。

　　在尝到第一次民生调查的甜头后,南京市建邺区政府有关人士说,由于这次民生调查问卷设计合理,调查对象遍及所有街道,收集到了不少老百姓的真实想法,这样的民生调查要继续下去。现在,建邺区已将民意调查作为制度固定下来——每季度进行一次。截至目前,省民调中心受其委托,已经为建邺区做了3次民生调查。"民生调查结果还将与政府部门的业绩考核挂起钩来,真正搭建起百姓与政府之间的沟通桥梁。"建邺区政府有关人士说。

　　据统计,一年多来,省社情民意调查中心受中宣部、省食品药品监督管理局、南京市委宣传部等多个部门的委托,做了9项民意调查,均受到了社会各界的好评。

　　有关人士提醒,民意调查采用统一的"12340"热线号码,如果居民在来电显示中看到这个号码,不要奇怪,这说明你的号码已被省社情民意调查中心随机抽中,接下来你要做的就是配合调查,这是居民参政议政的一个机会。

第三章　信息整理

经过前期的收集工作,可得到大量、无序的信息。由于信息的来源不同,收集到的信息良莠不齐,因此,必须对信息材料进行筛选、甄别、分类。信息的整理是整个信息工作的核心。秘书首要工作是将信息集中、记录和组合,要对信息的真伪进行辨别,分出等级并归档,使信息条理化、系统化,为管理层决策提供高质量的信息。

案例导入

张燕是某民办学校的校长办公室秘书,主管文书工作。办公室经常收到来自不同渠道的文件、资料、客户名片等。张燕总是将收到的各种文件资料随手往身后的文件柜或办公桌抽屉里一塞,时间长了,办公室里到处都塞满了大大小小的纸片。她仗着记忆好,也从未出过差错。然而,有一次,张燕却出了麻烦。校长要张燕找出兄弟学校的一份公开信,校长等着急用。张燕立刻打开文件柜,快速查找,翻了十几个文件夹仍未找着,急得满头大汗。校长要张燕找着后送过去。无奈之下,张燕请了三四个同事将所有文件柜里所有文件夹翻了个遍,花了将近三小时,终于在一个未作任何标明的文件盒里找到了这份资料。为此,校长在办公会上批评了这件事,要求办公室工作人员做好信息资料整理工作。

请问:张燕为何会出错? 你会如何帮助张燕做好信息资料整理工作?

第一节　信息分类

一、信息分类及分类程序

信息分类是指把具有某种共同属性或特征的信息归并在一起。分类是整理信息的重要方法,目的是使信息条理化和系统化,以方便查找使用,提高信息利用的效率,并为信息加工打下基础。

(一) 信息内容

一般来说,秘书在工作中收集的信息内容大致如下:

1. 系统内的信息:这是机关单位所管辖和隶属系统内的信息。

2. 上级单位或不相隶属机关的信息:上级领导机关下达的文件信息;不相隶属的机关单位的相关信息。

3. 历史信息:与本单位的工作和主管业务有关的一切历史档案资料。

4. 交际活动信息:名片、贺卡、广告等信息。

5. 法律政策信息:国家法律、方针政策;国家各级政府部门及行业的各项规定等。

6. 社会信息:社会上具有普遍性、倾向性的信息。

7. 国际信息:来自国际社会的信息。

(二) 信息分类的程序

1. 熟悉信息内容

翻阅信息,从题目、内容及来源中了解信息的总体构成情况。对于秘书人员来说,应该对自己日常收集的信息做到心中有数,特别是对这些信息资料的大体构成有明确的管理思路。

2. 确定信息分类的标准

信息分类的关键是分类标准,也就是依照什么来分类。信息分类是以其所含的知识内容为主要标准,以其非本质的属性为辅助标准。

政务工作和商务工作侧重点不同,信息分类的标准不同,分类的结果也就自然不同。如可按信息资源的所有权划分,可分为政府信息、企业信息、公益性机构信息等。其中政府和企业部门可以按内容公开级别可分为内部信息资源、外部信息资源,前者是内部管理或内部业务流程所需要的、不对外的信息。后者是指可用于政府部门之间进行信息交换以及可以向社会公众公开的信息。

总的来说,信息分类所采用的标准有多种,可以以信息的载体为依据,还可以以信息表面的、外部的特征为依据,也可以以文献所含的信息为依据。

3. 明确信息的分类过程

信息的分类过程包括辨类和归类。

(1) 辨类

信息分类关键在于辨类,辨类实际上是对信息进行主题分析,分辨其所属类别的过程。通过辨类,把有关信息归入到分类体系中的相应类目。政务信息和商务信息的分类一般是根据信息的特点、内容进行的。特点相同的信息归为一类,称为母类;母类下再划分出不同的子类;子类下面还可根据具体情况划分出若干小类,形成有顺序、有层次的分类体系。具体分类时要把信息归入最符合其实际内容的类,尽量考虑信息内容的各个不同角度;子类之间界限清晰,不互相交叉或包含;划分必须相称,即划分出的各个子项的外延之和必须等于母项外延,既不能大于也不能小于。

（2）归类

信息经过辨类,要把信息归入最符合其实际内容的类别。归类是从主题分析转换成分类存放,即依据辨类的结果,使信息资料在分类体系中各就各位的过程。在归类中,由于信息可能从不同的角度反映不同的主题内容,为了便于有效地利用,有必要使用多种分类方法进行多角度揭示。

二、信息分类的具体方法

信息分类的具体方法,可参照《中国图书资料分类法》《全国报刊资料分类法》《中国档案分类法》。同时,秘书要结合工作实际,按信息的不同时间、来源、内容、性质和作用,根据一定的规范要求,将信息具体分类,使信息条理化、系统化,以方便查找和利用。

常用的分类方法有字母分类法、数字分类法、主题分类法、地区分类法、时间分类法等。

（一）字母分类法

字母分类法是按照字母的排列顺序分类。通常是按作者姓名、单位名称、信息标题等的字母顺序分类。例如,整理个人名片,可直接按照姓名汉语拼音或英文字母顺序依次排列。

按字母排列的规则是:按第一个字母顺序排列前后次序;第一个字母相同则按第二个字母顺序排列,依次类推。第一个字母表示文档在文件柜中存放位置最初的索引,第一个字母以后的字母决定文档的准确位置。

可将数量少、无需一一分别立卷的信息放在一起组成综合卷,写清卷内信息的目录。各综合卷存放于字母表中相应字母其他信息前面。

字母分类法的特点是:不需要索引卡片,分类规则容易掌握,操作简单,查找比较方便,能与其他分类法,如地区分类法或主题分类法结合运用。

字母分类法的不足是:查找信息时,须知道姓名、单位名称或标题;某个字母下排列的信息较多时,查找费时;使用大型系统时,很难估计每一个字母需要的存储空间。

（二）数字分类法

数字分类法是指将信息以数码排列,每一通讯者或每一专题给定一个数码,用索引卡标出数码所代表的类别。索引卡按所标类目名称的字母顺序排列,放在索引卡的抽屉里。当要查找某信息时,先从索引卡中按字母顺序找出通讯者名或专题名,得到信息的数码,在相应的文件柜中找出标有该数码的案卷。为了更方便查找,可编制按姓名字母顺序排列的索引,每个姓名对应一个数码,例如,目前高校教务管理系统普遍使用的课程编码即采用了数字分类法。

目前采用十进制数码编制法比较普遍,尤其是按专题分类时,使用十进制数字排列法立卷,能较快地根据信息上所编的案卷号得知该信息所属范畴和该案卷在文件柜中的位置。

数字分类法的特点是：信息按数字从低到高顺序排列，规则简单；通过在后面添加号码进行存储扩展，适宜电脑存储，适用于大型信息系统。

数字分类法的不足是：查找信息需要参照索引卡，用时较多；如果分类号码有误，查找信息麻烦。

（三）主题分类法

主题分类法是按信息内容进行分类的方法，主要根据信息标题或主题词分类。为了全面、准确地反映主题，便于利用信息，可以按多级主题分类。信息最重要的主题名称作为首要因素，次要的主题作为第二个因素，依次类推。可用最基本的分类导片标示出各类信息的主题内容，这些主题都是与单位的业务相关的，各主题之间根据字母顺序进行排列。这些主题都是与单位的某项业务相关的，很多单位都有一定数量的资料适合按主题分类，这些主题通常与该业务部门总的管理以及该业务部门与其分部、代理商、贸易联系单位的关系等有关。例如，某服装公司广告资料类目可按主题分类为：政府公告、布料促销广告、辅料供应广告、商场服装促销广告、制衣机械广告等。

主题分类法的特点是：能集中存放相关内容信息，并按逻辑顺序排列信息，方便检索。

主题分类法的不足是：分类标准不好掌握；当标题不能高度概括信息主要内容时，归类不易确立。

（四）地区分类法

地区分类法是按信息形成所涉及的地理地域或行政区划等属性，按字母的先后顺序排列，将信息分为各种类别。地区分类法又称地理分类法、地域分类法。信息按国家、省份、城市、区、县的名称字母顺序排列，使有关地区的所有文件集中存放，然后再按其他问题分别立卷。公司业务部门由于业务的需要，适合采用地区分类法，将信息按地区或地理位置集中存放。例如，某全国连锁超市公司收集了全国各地省会城市与其实力相当的几家大超市的苹果价格，其排列顺序就可以是：北京、长春、沈阳、成都、重庆、广州、海口等。

地区分类法的特点是：适合于信息往来多的企业或部门，可方便查找具有地区特性的信息，如某一地区内的有关公司信息、销售信息等。

地区分类法的不足是：需要一定的地理知识；适用范围小，仅适用于某些单位或部门。

（五）时间分类法

时间分类法是按信息形成日期先后顺序分类的方法，要以年月日的自然顺序进行排列。如果信息的形成日期相同，则按信息形成单位级别大小排列。例如，单位的一些计划、总结等常规性材料就可以年度来分类。时间分类法可与其他方法结合运用。

时间分类法的优点是：可用作大型信息系统的细分；同时易于快速查找一个案卷内部的信息。

时间分类法的不足是：需与索引系统配合使用，仅适合于时间特性强的信息。

（六）综合分类法

综合分类法是指对有些类无专属且比较分散的信息，将其综合成一个基本部类的方法。如与公司主要业务、行业前沿、讨论热点及领导的主管业务、研究方向、个人喜好等相关的信息即可用综合分类法进行处理。

总之，信息分类方法很多，不同类型的信息有不同的分类方法，采用何种分类方法，应根据各单位的工作特性、工作需要，根据信息的相互联系、特点和保存价值，慎重选择适宜的分类方法。

三、信息分类的原则及注意事项……………………………………………………………

（一）信息分类的原则

为了确保信息的分类准确、适用，分类工作应遵循以下五个原则：

1. 适用性原则

分类要本着以用为重的原则来进行，也就是说，为了满足政务或商务工作的需要，信息分类是否实用是检验的唯一及最终标准。

2. 综合性原则

分类的目的不在于对政务或商务信息进行详尽的区分，而是要进行分类综合化，即能使相应的政务或商务信息得以集中。

3. 渐进性原则

分类应按照从上位概念（大类）到下位概念（小类）的顺序进行，保证分类工作的正常进行。

4. 相斥性原则

即经过分类而形成的类别都应有着明确的定义，类别间不能有概念的重复和欠缺。

5. 并置性原则

即经过分类而形成的类别是相似概念或有关联的概念，在分类体系中应排列在相近的位置，而关联性较小的应排列在较远的位置。这样便于查取和合理开发利用信息。

（二）信息分类注意事项

1. 在分类中注意科学性、系统性、逻辑性，要确定分类体系，确定分类层次和各层次的分类标准。

2. 利用颜色、标签区分类别。分类结果，将每个字母、地区、主题等的文档使用特定颜色文件夹或在文件夹外边加彩色标签；给索引卡涂上不同颜色，以便检索。在类目安排和标记符号的设置上,要力求简明、易懂、易记、易用,以适应信息资料分类实践的需要。

3. 建立交叉参照卡。有的信息能归类到两个位置,如公司更名信息、多主题信息。为了便于查找,可建立交叉参照卡。将交叉参照卡片存储在归档系统的相关位置,查找到该位置,查看卡片就知道另一个查找线索,如图3-1所示。

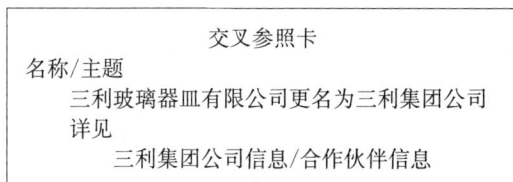

```
┌─────────────────────────────────────────┐
│              交叉参照卡                    │
│  名称/主题                                 │
│       三利玻璃器皿有限公司更名为三利集团公司  │
│       详见                                 │
│            三利集团公司信息/合作伙伴信息     │
└─────────────────────────────────────────┘
```

图3-1　交叉参照卡

4. 信息分类要及时。建议一周工作结束后,立即将所有信息归集、分类,否则信息易造成积压,影响后期处理和利用。

5. 要保存信息原文。特别强调的是,企业获得原始信息的部门始终应该保存信息的全文,但送达管理层的信息则应简明扼要,越往上级,信息越应浓缩。

第二节　信息筛选

一、信息筛选的概念及意义

（一）信息筛选的概念

将分散、凌乱的信息加以甄别、提炼、整理,就是信息筛选。

（二）信息筛选的意义

信息筛选是一项基础性工作,对提高信息的利用率起着至关重要的作用。筛选是对信息的再选择,表现为对收集到的大量信息在初步归纳分类的基础上进行鉴别和选择,去粗取精,去伪存真,摒弃虚假和无效的信息,提取真实、有价值的信息。筛选体现了对内容的初步鉴别,其目的是让领导用最少的时间获得最大量的优质信息。

二、筛选信息:鉴定和选留

信息的筛选包括信息鉴定和信息选留。

（一）信息鉴定

信息鉴定就是对搜集来的原始信息进行质量上的评价和核实。在鉴别信息过程中有两点是需要注意的。

1. 要辨析真伪

信息在传递的过程中难免会出现各种各样的问题,如偏差、谬误、歪曲、主观臆断或技术性错误等。信息是否真实,直接关系到根据信息所作出的决策是否科学。辨析信息的真伪,是个至关重要的问题,是信息整理工作的质量保证。

(1) 鉴别信息真伪的方法

根据信息来源不同,进行辨析时可考虑以下几点要素。

网络信息判断考虑的要素是:权威性(官方网站、专业网站、网站声誉等)、新颖性(更新频率)和方便性。

数据库考虑要素是:学科专业、数据量、文献类型、检索和分析功能等。

纸质信息资料辨析真伪的方法是:从事理、文理上分析,可辨出真伪;利用有关信息对比异同,寻找各种旁证;利用各种物证考订真伪;深入调查、考察,这是非常重要的方法。

(2) 抓住实质

要想鉴别真伪,就要鉴别信息的客观真实性,也就是弄清楚它是否真的发生、存在,是否在有条件的情况下才能发生;这个信息是偶然产生的还是必然产生的;是个别还是一般;是现象还是本质;是主流还是支流。我们要从事物的总体本质及其联系上挖掘事物本质的真实性,结合各方面的材料综合思考,比较分析,以分清真伪,而不要被局部或暂时现象迷惑。决定信息取舍的前提是要对信息的准确可靠性作出判断。信息的准确可靠性可从以下几方面来判断:信息内容反映的事实是否准确,信息来源是否可靠或权威,推论的根据是否可靠,推论的方式是否正确,推论的逻辑是否严谨,信息是否只在特定环境下有效等。

2. 要鉴别程度

同是真实信息,必定有深浅程度的区别。我们刚开始鉴定时,也可能难于一眼看透,但只要认真鉴别,多熟悉信息,你就能学会对信息的质量进行程度鉴别。常用的鉴别方法是比较法。比较法是通过对同一信息进行对比,以确定正误和优劣。例如,把信息本身的论点和论据相比较;把正在阅读的信息和已经确认可靠的信息相比较;把宣传性广告和产品目录相比较,等等。

(二) 信息选留

1. 信息选留

筛选信息实际上是选留原始信息资料的过程。对原始信息资料的选留一般分为两种:一是实用选留,这是根据当前的需要选留信息;二是入藏选留,这是作为日常的信息工作而进行的一般意义的选留。前者要求信息有深度,并适合当前需要;后者要求信息有广度,并具有长期利用价值。因此,秘书筛选信息既要考虑急用之需,选留含量大、有价值的信息,又要从长远利益出发,考虑到信息的系统性、连续性以及未来的潜在需要,选留有保存价值的信息。

2. 信息筛选判断标准

（1）适用性，看所获得的信息是否合乎需要；

（2）时效性，看信息是否符合当前所需，若信息已过时，则会大大减小其效用；

（3）可靠性，看信息是否真实，很多信息可能是不准确的，如果误信的话，可能会造成重大失误；

（4）简明性，简明扼要的信息资料能够抓住事务的关键，揭示问题实质。

3. 挑选内容

经过鉴别的信息材料，要严格进行选择，以决定哪些可以现用，哪些可以储备。

（1）挑选与本组织发展需求相关的一般性的信息；反映本组织实际需求的内容真实、数据准确的信息；或结合中心工作、解决特定问题的需要的信息；

（2）挑选带有倾向性、动态性或突发性的重要信息；

（3）挑选新信息，如新情况、新问题、新发现、新思想、新观点，涉及面较大的商务新动态等。

（4）挑选能预见未来发展变化趋势，为决策提供超前服务的信息。

三、信息筛选的程序

（一）看来源

不同来源的信息，重要性不尽相同。来自上级的信息带有全局性、综合性和权威性，而同级和下级形成的信息则主要起参考作用。秘书要从多种信息来源中把握重点单位、部门和人员的资料。

（二）看标题

信息的标题一般可以反映信息的内容和价值，秘书要认真分析标题，把握信息的主题，根据信息的标题确定信息价值的大小。

（三）看正文

浏览正文，了解其主要内容，初步确定是全部选用，还是部分选用，甚至不用，此过程即为初选。

初选后，对拟用信息再认真阅读，判断是否有价值。如果可用，再看有无内容不准确、不完整和表述不清楚的问题。

最后，对经过筛选的信息分别处理：选中的，分轻重缓急进行信息的加工处理；暂时不用但可以备查的信息，进行暂存；不用的信息，按有关规定进行暂存、移交或销毁。

（四）决定取舍

对信息进行严格的选择，从中挑出能满足需求的信息。最终决定取舍的时候要注意四个方面：

一是要突出主题思想，凡是与反映信息主题无关的资料，要剔除；二是要注意典型性，从大量原始信息中发掘出能揭示事物本质的典型信息；三是要有时效性，富有新意，尽可能抓住能反映客观事物新变化的信息；四是要具有特点，从各种事物的实际出发，有所侧重地开发信息。

决定取舍常常会遇到几份信息反映同一类问题的情况。对此，可采用两种方法：一是选择其重点、特点，综合成一份信息材料；二是择优录用，选择宏观的，淘汰微观的，或是选用典型的，淘汰一般的。

四、信息筛选的方法

信息筛选的方法通常有以下几种：

（一）查重法。即存在内容相同的信息时，剔除重复信息，选留有用信息。当然这种方法也并非一味重复，如果需要，也可以保存一部分重要的信息资料复本，以供特定情况下的多人使用。

（二）时序法。即按时间顺序，剔除旧信息、选留新信息。在内容相同而新旧有别的情况下，较新的信息资料选留，较旧的则剔除。这样可以使选留的信息在一定时间区间内更有价值，特别是对于来自文献中的信息资料，更需选择时间最近的予以留存。

（三）类比法。即将同类型的信息进行比较，哪个信息量大，哪个更能反映事物的本质问题，则将其选留下来；反之，则剔除。当然有的虽然信息量并不很大，或者反映事物本质也并不深刻的信息资料，可能作为主要信息资料的重要补充内容，或对工作有启发作用，也应予选留，而不能一概剔除。

（四）专家评估法。即对某些专业性强、技术性强的信息，秘书人员一时难以确定其取舍问题，可以请有关专家或专业人员进行评估，根据其评估结果，结合本组织当前与长远的需要综合考虑选留、剔除问题。

（五）老化规律法。即按文献使用价值的老化规律来选留老化速度慢的信息。这主要是针对文献信息资料而言的，文献学认为，文献的使用价值随时间而逐渐降低，甚至完全失去参考价值，这就是老化规律。文献信息资料的筛选应对其行文年代及本学科文献老化的半衰期进行考察，以便确定取舍。

在信息筛选过程中，可具体采用以下操作方法：

（一）留意标题：标题一般高度概括、浓缩了信息的主要内容。

（二）复印、裁剪：对能满足需求的相关信息做记号、复印或剪裁。

（三）摘记：将有保存价值的信息摘录到手册或卡片上。

（四）标记说明：对筛选的信息标注、注释或说明，注明已被剪裁的信息的日期、出处。

五、信息筛选的要求

（一）信息筛选要兼顾当前和长远需要。

（二）信息筛选要做到准确、及时。

（三）剔除虚假、过时、重复雷同、缺少实际内容的信息。

（四）要选取过程完整、角度全面、细节清楚的信息。

（五）坚持信息数量和质量的统一，从量与质两方面突出重要的信息。

第三节　校核信息

一、信息校核的概念、意义

（一）概念

信息校核是对经过初步甄别的信息作进一步的校验核实，分析信息的可靠性和准确性，对信息的真实性进行认定。

（二）信息校核的意义

任何信息都包含着自身的价值，其价值的大小，在于是否真实反映了客观事物发展变化的状况，即是否具有真实性。如果信息不真实，就会丧失其自身的使用价值，甚至给工作带来损失。由于信息来源、信息传播渠道中难免有客观的杂质和主观因素的干扰，所以要求对信息进行校验核实，犹如再过一遍"细筛子"，剔除虚假和失真的信息，更改已经变化的信息，以确保信息的真实性。

二、信息校核的范围

信息校核的范围包括：

（一）核实信息中的事实、观点、数据、图表、符号以及时间、地点、人物等；有些信息、数据要核对查证，有些信息要实验、计算，有些信息则要比较，以保证信息的真实、准确。

（二）对有关政策、法规、重要计划、主要数据、典型事例的信息，要认真查对出处、核实原件，信息细节要准确无误。

（三）内容有无虚构，有无夸大或缩小，甚至弄虚作假。

三、信息校核的程序

确定内容——选择校核方法——核实分析信息——作出判断

（一）确定校核的内容

所收集的信息材料并非都要进行校核，主要是对信息材料中的时间、地点、人名、事实、数据等进行校核。要根据信息材料的用途,决定校核的具体内容。

（二）选择校核的方法

信息材料校核的方法很多,可以多种方法综合运用。必须根据工作实际的需要,选择最恰当的方式。

（三）核实、分析信息

利用掌握的第一手信息和权威性材料,甚至进行实地调查,对收集的信息材料的某些事实进行核实,分析信息材料的内容。

（四）作出判断

通过核对、计算、定性与定量分析和逻辑推理,判断信息的真实性、可靠性。对信息是否失真加以认定,剔除虚假和失真的信息。

四、信息校核的方法……………………………………………………………………………

进行信息校核的方法有多种,在实际工作中常用以下四种方法:

（一）核对法

一是核对原始信息出处、核实原始信息所有细节;二是依据直接的最新的权威性材料（包括权威性的书面材料或权威人士提供的口头材料）,如利用《中国统计年鉴》、国家颁布的标准化规定等,进行对照分析,发现并纠正信息中某些差错。核对法的长处在于可确保信息的准确无误。

（二）逻辑分析法

逻辑分析法是对信息中表达的事实、关系、层次、过程及叙述方法进行逻辑分析,发现问题和疑点,从而辨别真伪。例如,同一材料中使用的相关数据前后矛盾,依据逻辑学中的矛盾规律,就可以判定其中一个有错,或者两个都错。逻辑分析法的长处在于认识事物全面、系统而又深刻,能够把握信息本质,同时对秘书人员的综合素质要求较高。

（三）比较法

比较法是对反映某一事实的各方面的信息材料进行比较,判断说法、结论是否一致。通过同类信息纵比,相关材料横比来辨明信息真伪,找出矛盾,从矛盾中发现问题,避免判断失误。比较法的长处是易于发现信息的真伪。

（四）调查法

调查法是对特定信息进行有目的的考察和研究,以了解信息中所表达的情况,通过现场调查来验证信息的真实性和准确性。使用这种方法通常需花费较多的人力和时间,因此一般只对重要的原始信息进行现场调查鉴别。

另外,信息校核也可用溯源法、数理统计法等方法。

五、信息校核的要求··

（一）要以原始数据为基础。对收集到的信息所涉及的有关问题进行审核查对，首先要溯本求源，这样可以从本质上找到错误所在。

（二）要综合运用知识和经验，提高校核信息的能力，透过现象看本质，保证信息的真实、可靠。

（三）要排除主观因素的干扰。秘书人员在筛选信息时，由于受到自身能力和水平的限制，难免会加入个体主观判断，这样，势必会影响信息的客观性和准确性。

（四）各种校核方法可以互相补充，结合使用。如针对某一重要信息，可结合核对法、比较法及调查法，以确保重要信息的真实性和使用价值。

思考题

1. 信息分类的方法有哪些？

2. 如何筛选出有价值的信息？

3. 信息筛选的步骤是什么？

4. 在一家大型外贸服装公司当秘书的张倩信息意识较强，平时经常收集国内外服装市场的信息并及时传递给总经理。不过，老总每次看到十几页没有分类的信息，都感到头疼。有一次，老总严肃地要求张倩将信息整理后再给老总看。张倩不知从何处入手，请你给她一些建议。

5. 在网上查找 10 个招聘秘书的广告，试分析：

（1）招聘的秘书类型有哪些？

（2）每种秘书的素质要求是什么？

案例分析

ABC 公司是一家涉外企业的大型包装公司，公司的李总经理要求到任不久的张秘书收集全国同行业中两家大公司近两年内的经营情况，诸如营业额、资金周转率、产品性能、公司运营情况等准确数据，近期送到总经理办公室，作为研究市场动态、制定本公司经营策略的参考依据。两天后，一份按要求打印的清晰表格摆到了总经理面前，表后还附有简要的对比分析。看完表格后，总经理的脸上露出了笑容，看来他对这位新秘书的工作效率十分满意。那么张秘书是如何做到高效率提供信息的呢？作为一位资深的秘书，张秘书熟知信息工作程序。

首先，张秘书来到公司的市场部，从市场部经理那里获得了一些相关的信息，然后来到销售部收集到一些关于竞争对手产品销售和客户方面的信息。回到办公室通过网络查找两家公司的网站,通过证券公司等信息源了解与各部门相关的信息。同时参考行业协会提供的数据,对现有的信息进行分类、筛选、校核,然后全面、系统地进行综合归纳分析,最后使用计算机编写出图表,撰写简要的对比分析材料。

以下是这家公司调查的一家竞争对手的问题单。主要是从产品性能、公司运营及销售代表等几个方面进行分析的。这是一种信息收集及分析的办法。

1. 产品性能

(1)它主要用在哪些行业?(2)原料有多少种?是先行配置还是根据客户的要求现配?最高及最低密度是多少?(3)它的成本如何?(4)与行业内的其他厂家相比,它的优点及缺点是什么?内容包括:技术形象;自主研发能力;大规模的宣传活动;企业性质;业务模式是否具备可持续性;其市场定位是否准确;经营理念等。

2. 公司的运营方式

(1)公司的规模有多大?有多少人?有多少注册资金?(2)公司的资金来源是什么?(3)公司的销售方式是什么?是直销、经销,还是两者都有?(4)有多少个制造地点?机器及材料有哪些?(5)从哪里获取原材料?(6)产品如何运输?(7)交货是否准时?(8)这种产品是地方性的、全国性的,还是国际性的?(9)公司是否拥有实验室?有哪些技术支持系统?

3. 竞争公司的销售代表

(1)销售代表的背景如何?他们是否专业?(2)他们的区域有多大?(3)他们是否与经销商的销售代表一起工作?(4)他们的经销商是谁?(5)经销商如何看待销售代表、管理层、销售队伍?(6)最终用户如何看待他们?(7)他们的强项或弱项是什么?(8)谁在为客户提供服务?他们的可靠性及服务响应时间如何?[①]

【问题讨论】 假设自己就是张秘书,设想自己会如何收集信息,完成领导交办的任务,然后对照案例中张秘书的做法,分析自己的不足之处。

实践训练

员工信息整理

1. 任务目标

了解信息分类的基本方法,能够对收集到的各类信息根据需要分类,具备进行信息分类的

---

① 王琦、冯小梅、程萍:《秘书信息工作与档案管理》,中国人民大学出版社 2011 年版。

能力。

2. 任务导入

三利公司正处于大规模发展时期,公司现有管理人员和员工150人。人力资源部正在进行一次面向全体员工的个人基本信息登记,基本信息包括员工的自然情况、薪资、奖惩、培训、进修等项。张倩和办公室的其他几名工作人员负责登记表的制作、收集、核对、汇总和处理等工作。

3. 任务分析

员工信息管理是各级各类部门掌握员工情况的重要方式之一,它要求信息全面、客观、真实、准确。

4. 任务实施

(1) 组建任务小组。确定小组任务和内部分工,制作信息登记表。

(2) 走访收集信息。走访各个部门,下发信息登记表,收集员工信息。

(3) 选择分类方法。根据信息表的要求,选择一到两种分类方法。

(4) 整理、核对。根据分类法的基本原则,对所收集到的信息进行校核和整理。

(5) 信息录入。将所有信息汇总、录入。

(6) 形成文本。完成《员工信息登记表》,打印,请指导教师审阅,评分。

5. 任务评价

(1) 小组自评:

_____

_____

_____

_____

_____

(2) 小组互评:

_____

_____

_____

_____

_____

(3) 教师评价:

_____

_____

_____

_____

_____

知识链接

如何搜集和利用就业信息？[①]

就业信息对于每一位谋求工作的毕业生来说至关重要。择业决策的过程实质上就是一个与择业有关的信息搜集、处理和转换的过程。在择业过程中，无论是职业目标的确定、求职计划的设计，还是决策方案的选择，就业信息的搜集和处理都是基础。怎样搜集就业信息呢？以下整理了几个公司 HR 的建议，主题是就业信息的搜集、筛选的策略。

案例

在某大学毕业生宿舍，小赵在电脑前不停地查找着各种 HR 网站的信息，智联招聘、前程无忧……他根据自己的专业和兴趣选择着就业岗位，他时而蹙眉、时而叹气。而他邻床的杨阳早已胸有成竹，手中早就握着几个单位的就业意向书，从国企到民企，杨阳在犹豫不决，但脸上有种灿烂的神情。

是什么让同一个专业、同一个宿舍的他们在就业的重要关头面临不同的情况呢？经过采访记者发现，原因在于他们对于就业信息掌握的情况不同。

小赵只是单一地将搜集就业信息定位在传统的网站搜索，杨阳则有更多的想法，他说："我觉得自己能在就业上脱颖而出，主要是因为手头有很多就业信息可以选择。从综合学校就业指导中心提供的就业信息，到我自己去心仪企业网站链接上搜集招聘信息，我在尽可能多地搜集和利用就业信息，我是赢在起跑线上。"

搜集什么

就业信息的内容十分广泛，作为初次择业的毕业生应主要了解以下两个方面的就业信息：

（1）就业政策和相关规定

第一，了解国家就业方针、原则和政策及相关的就业法律法规。它是毕业生就业的出发点和归宿，是不能违背的。毕业生只能在国家就业方针、原则和政策所规定的范围内，根据个人的情况选择职业。作为毕业生，必须清楚地了解就业法、法令，学会用法律来保护自己。

第二，地方的用人政策。如北京市各县、区招聘的政策、人事代理政策、落户政策等。

---

① 《如何搜集和利用就业信息》，中国青年网，http://news.youth.cn/zc/200903/t20090316_877687.htm。

（2）供求信息

第一，当年毕业生总的供求形势，即本地区与自己同时毕业的学生有多少，而用人单位的需求有多少，是供大于求，还是求大于供，或者两者基本平衡，哪些专业紧俏，哪些专业供大于求。

第二，用人单位的信息。在选择单位时，往往会出现这样一些错误：对用人单位情况不甚了解，于是在择业时带有随意性和盲目性。如只挑城市而不问用人单位的性质、业务范围；还有的只图单位名称好听就盲目拍板等等，这些都是片面的。那么如何避免一些假象，做到对用人单位有比较客观的评价，关键在于掌握用人单位的信息。

从哪获取

同学们必须积极主动掌握足够的就业信息，获取的信息越多，择业的视野就越宽阔。根据目前人才市场及地方的特点，大学生获得就业信息的途径主要有以下几条：

（1）学校招生就业处。学校招生就业处的就业信息具有准确、可靠、多样、具体的特点，是毕业生获取就业信息的最直接、最有效、最主要的途径。学校收集的信息都会及时传至各系（处），或发布在学校网页的就业信息栏中。

（2）通过各级毕业生就业主管部门、人才服务机构及其组织的有关活动获取信息。各级毕业生就业主管部门和人才服务机构，是沟通用人单位和大中专毕业生的桥梁和纽带，是为毕业生提供就业服务的专业机构。毕业生可通过他们组织的定期或不定期的人才交流洽谈会、大中专毕业生供需见面会等活动获取需求信息，这也是获取信息的重要渠道。

（3）通过各级政府主管部门和就业指导机构搜集。这些主管部门主要是国家教育部和省教育厅、人事厅及各市的教育局、人事局。这些部门和就业机构的主要职责，就是制定辖区的毕业生就业政策，提供高校毕业生和用人单位的信息，为毕业生就业提供咨询与服务。来自这方面的信息也是真实可信的。

（4）通过网络、报刊、广播、电视等媒体。需要特别注意的是，这种信息传播面广，竞争性强，时效快，成功率较低，而且其内容往往比较笼统，如果选用还应作进一步的了解。一些用人单位常常通过报纸、杂志、广播、电视等大众传媒介绍本单位的现状、发展前景和人才需求信息。

（5）实习、社会实践、社交等活动。毕业生在实习、社会实践中可以直接与用人单位接触，可以更清楚地了解有关需求情况，让用人单位更多地了解自己。无论是现在"北京共青团青年就业创业见习基地"的建立，还是各地纷纷建立的见习机制，都是大学生社会实践重要、可靠的途径。

（6）亲朋好友。通过家长、亲戚、朋友、老师、同学等渠道来获取就业信息，有针对性地扩大搜集信息覆盖面，有时会起到事半功倍的效果。这种信息针对性更强，通常具有毕业生所希望的行业或地区的定向性，对用人单位可以进行更具体的了解，易于双向沟通，因而就业成功率较高。

（7）通过黄页掌握各单位地址、电话，通过打电话、写求职信或登门拜访获取用人信息。这种渠道主动性强、盲目性大、准确性低。但是，偶然的机遇也有成功的可能，在缺乏就业信息的情况下，这也不失为一种获取信息的渠道。

当然，收集信息的途径还很多。总的来说，关键在于掌握主动权。

三种方法

① 全方位搜集法。把与你的专业有关联的就业信息统统搜集起来，再按一定的标准进行整理和筛选，以备使用。这种方法获取的就业信息广泛，选择的余地大，但较浪费时间和精力。

② 定方向搜集法。根据自己选定的职业方向和求职的行业范围来搜集相关的信息。这种方法以个人的专业方向、能力倾向和兴趣特长为依据，便于找到更适合自己特点、更能发挥作用的职业和单位。需要注意的是，当你选定的职业方向和求职范围过于狭窄时，有可能大大缩小你的选择余地，特别是你所选定的职业范围是竞争激烈的"热门"工作时，很可能给你下一步的择业带来较大困难。

③ 定区域搜集法。根据个人对某个或某几个地区的偏好来搜集信息，而对职业方向和行业范围较少关注和选择，这是一种重地区、轻专业方向的信息收集法，按这种方法收集信息和选择职业，也可能由于所面向地区的狭小和"地区过热"（即有较多择业者涌向该地区）而造成择业困难。

求职者应当根据自己的实际情况，综合运用来搜集信息。

如何筛选

一般来说，毕业生通过上述渠道所搜集到的原始就业信息都比较杂乱，有相当一部分信息是没有用处的，毕业生应根据自己的实际情况和需求，对信息进行去粗取精，去伪存真，有目的、有针对性地加以筛选处理，使获得的信息具有准确性、全面性和有效性，使之更好地为自己的求职服务。把通过各种渠道搜集来的信息按地区、按性质进行分类，再按自己的择业标准进行等级分类，把那些自己感兴趣的单位列为第一等级，作为求职择业的重要选择方向。

在处理这些信息时应把握以下原则：

（1）掌握重点。将收集到的所有就业信息进行比较，初步筛选之后，把重点信息选出，标明并注意留存，一般信息则仅做参考。

（2）适合自己。每个人的情况不一样，毕业生应选择适合自己的信息。

（3）注意信息的时效性。搜集到就业信息后，应适时使用，以免过期。

（4）确定信息搜集范围时不能局限于"热门"单位和周边较近的地区，这样一来，会大大降低就业的成功率。

如何整理和利用名片？[①]

哈维·麦凯，人脉关系专家，麦凯信封公司董事长。他被国际演讲协会评为全球五大演说家之一，每小时演讲费高达 4 万美元。他还是美国最抢手的商业代言人，每周在全美 50 家报纸上发表商业箴言，被《财富》杂志称为"万能先生"。

1. 得到一张名片就把它复制成 3 份，一份放在家里，一份放在办公室，一份放在总档案袋。

2. 把所有的名片一小沓一小沓地堆在桌上。一沓是亲自拜访的，一沓是电话联络的，一沓则是交给他的秘书，由秘书写信或是短笺给顾客的。

3. 把所有的名片分类，按能成为顾客可能性的顺序排列，即 3A 级顾客，2A 级顾客，A 级顾客，不合格顾客。

4. 删除或修正名片中没有用的资料。

5. 每当与人联系时，都会在卡片上记录并标示出日期。这样做的好处就是能很快地知道哪些人已经联络了，哪些人还没有。

① 编选自：孙景峰：《先做朋友后做生意》(第二版)，中央编译出版社 2007 年版，第 11—12 页。

第四章　信息传递与反馈

任何一个管理过程，都包含有两种性质的运动：一种是"物质流"的运动，一种是"信息流"的运动。物质流是指人、财、物的输入和输出；信息流是指反映物质流运动情况的各种指令如计划、指示、通知、函件等情报资料的输入和输出。信息传输是信息流的有效形式，信息通过信道从信源传至信宿的过程，只有完成这一过程，才能实现有效的传递信息。因此，秘书人员在传输信息时，着重要考虑两个问题：一是选用什么载体，二是采用什么手段，以便快速、准确地将信息传送给使用者。

第一节　信息传递

案例导入

1986 年 4 月 26 日当地时间 1 时 24 分，苏联切尔诺贝利核电站发生严重泄漏及爆炸事故。事故导致 31 人当场死亡，上万人由于放射性物质长期影响而失去健康，甚至重病丧命，至今仍有被放射线影响而导致畸形胎儿的出生。也有说因事故而直接或间接死亡的人数难以估算，且事故后的长期影响到目前为止仍是个未知数。

爆炸发生后，并没有引起苏联官方的重视。在莫斯科的核专家和苏联领导人得到的信息只是"反应堆发生火灾，但并没有爆炸"，因此苏联官方反应迟缓。在事故后 48 小时，一些距离核电站很近的村庄才开始疏散，政府也派出军队强制人们撤离。当时在现场附近村庄测出了是致命量几百倍的核辐射，而且辐射值还在不停地升高。但这还是没有引起重视。专家宁愿相信是测量核辐射的机器故障，也不相信会有那么高的核辐射。可是居民并没有被告知事情的全部真相，这是因为官方担心会引起人民恐慌。许多人在撤离前就已经吸收了致命的辐射量（若能立即撤离，则可大幅减少受害者数量及程度）。

事故后三天，莫斯科派出的一个调查小组到达现场，可是他们迟迟无法提交报告，苏联政府还不知道事情真相。终于在事件过了差不多一周后，莫斯科接到瑞典政府发来的信息。此时辐射云已经飘散到瑞典。前苏联政府终于明白事情远没有他们想的那么简单。

之后数月里,苏联政府付出了极大的代价,才将反应堆的大火扑灭,同时也控制住了辐射。但是这些负责清理的人员也受到严重的辐射伤害,原因之一是遥控机器人的技术限制,加上严重辐射线造成遥控机器人电子回路失效,因此许多高污染场所的清理仍依赖人力。[①]

请问:"信息堵塞"或"信息梗阻"有什么危害性? 在信息传输过程中如何避免同类问题的发生?

一、信息传递的概念

所谓信息传递就是指由信息的发送源,通过传递信号的通道,将信息传递给信息接收者的过程。在信息传输活动中,信息源是前提,是基础,是信息内容的发出地;传播者是主体。信息传输过程是信息传播者对信息的采集和检索过程;是信息传播者对信息传递工具的选择过程;也是信息传播者对信息接受者的确定和信息接收者使用信息的过程。

二、秘书信息传递的概念

一个事物的特征只有经过表现与传递,为其他事物所感知才能称其为信息。传递性是信息的一个重要要素。信息传递概念有几种含义:一是物理学指声波、电波的传播;二是信息学所指人们通过声音、文字或图像相互沟通消息;三是信息工作步骤之一的信息报送、发布。这里指第三种,即信息工作人员(包括秘书)在收集、整理信息后,秘书按领导需要将信息提交领导采用,或者根据领导指示将信息转达有关部门参考或予以公开发布。

秘书信息传递,是指秘书将经过分类、筛选、核实、加工后的信息,通过各种途径及时传递给相关的信息接收者或使用者,使信息的价值在实际工作中产生作用。一般情况下,信息在单位内部按组织关系进行传递,如果能够建立健全信息传递系统,信息传递的效率和服务的效果将会大大提高。

三、信息传递的基本要素

(一) 信源(信息源)

信源指信息的来源,分为原生源和再生源,它是信息的提供者和接收者要了解的事物本身。任何事物都可能成为信源。

(二) 信道

信道指传递通道,即信息赖以传递的媒介与渠道。

---

① 编选自:《切尔诺贝利事故》,http://baike.baidu.com/view/48444.htm。

（三）信宿

信息的接受者。在一个多通路、多方向、多级次的传输过程中，有时有多个信息接受者。在复杂的系统中，有的接受者既接受信息，作为信宿，也发出信息，作为信源。信宿可以是人，也可以是物，包括机器。一般认为，信宿应是那些接收信息并使用信息的接受者。

从本质上说，信息具有物质的属性。因为只有当事物之间因相互作用而改变其特性或状态时，才能产生信息；信息的传递必须借助于一定的物质载体，如纸张、磁带、各类盘片等；信息的传递又离不开能量，如声波、电波等。但信息的传递又不等于物质和能量，因为信息的传递价值只有在为控制系统所接受、理解并服务于某种目的时才能表现出来。否则，信息就只是潜在的，就不能作为现实的信息而发挥其作用。基于上述认识，有人认为，"信息是指由信源发出信号，经信道传递到控制对象，并为控制对象所理解的事物及其相互联系、相互作用的方式"。①

四、信息传递的方向

信息传递是双向的，有内向传递和外向传递。

（一）信息的内向传递

向单位内部传输即称为内向传递，内向传递的形式主要有信件、备忘录、通知或告示、传阅单、企业内部刊物等。信息的内向传递是指为了进行协调和合作，企业内部之间进行信息交流。例如传递本单位当前工作的重要安排或部署工作计划、报告工作进展情况等信息；了解员工对本单位工作的看法；了解公众对企业产品质量、销售情况和售后服务等方面意见及社会各个方面发展情况的信息，并将这些信息或意见进行传递。信息内部传递的目的是为了达到单位内部、单位与公众之间的相互理解以及单位与社会发展的协调一致。

（二）信息的外向传递

向单位外部传输即称为外向传递，外向传递的形式主要有信件、新闻稿、新闻发布会、报刊简短声明、直接邮件等方式。

不同的信息枢纽和信息刊物，具有不同的工作任务和目标，输出信息流的方向也有所不同。基本流向有三种，即单向、双向和多向。如专门为上级机关或直接领导者提供信息所形成的信息流，就是单向的，有的信息只同某业务部门有关，则只传送给该部门，也是单向的；既为上级、也为下级提供信息所形成的信息流，就是双向的；同时为上下左右各级领导、各有关部门提供信息所形成的信息流，就是多向辐射式的。

---

① 余红平、胡红霞：《秘书信息与档案管理实务》，外语教学与研究出版社 2009 年版，第 136 页。

第二节　信息传递的载体类型与途径

一、信息传递的载体类型……………………………………………………………………………

任何信息都是由信息实体和信息载体构成的整体。信息的实体是指信息的内容；信息的载体是指反映这些内容的文字、声波、光波、图像等。任何信息都不能脱离载体而存在。秘书人员常用的信息载体是：文字、数据和声波、电波。

应根据信息的不同种类，选择使用不同的载体。

（一）文字载体

文字载体的特点是，加工周期较长，容量大，精密度高，又便于储存。文字载体适合传输战略性的信息，如生产计划、规章制度等。

（二）声波、电波载体

声波、电波等载体适应传输战术性、业务性的信息。这类信息使用时间较短，有的只有一次使用价值，住往来不及形成文字，只能采取电话或当面汇报的方式进行传输。

（三）图像载体

图像载体，是指采用图像、录像等技术手段把含有信息的客观事物复制成照片或录像带（也可现场直播）传输给信息的使用者。

图像载体的好处是形象具体、真实，不但可用来传输客观的信息，更适合传播主观的或感情色彩较浓的信息。

（四）实物载体

为了加深信息使用者的感性认识，有些信息也可采用实物载体进行传输。如某大学的学生对食堂伙食状况有意见，就把一个没有蒸熟的馒头放到校长办公桌上。在这里，这个馒头就是信息的实物载体，它的信息内容是：学生对伙食有意见，要求校长着手抓一下伙食问题。

载体的选择，要根据实际需要灵活应用。有一幅漫画，一个领导坐在办公室里，窗外失火了。秘书进来报告说："院内失火了。"那位领导对秘书说："你赶快起草一个救火的通知。"漫画主要讽刺那些脱离实际、官僚主义作风严重的领导者，这位领导办一切事情都要靠文件指示，所以成为讽刺对象；像通知救火这类紧急信息应该选择电波（电话）、声波（大喊大叫）作为信息载体，所以信息载体选择是否恰当，在应对突发事件时就有十分重要的意义。

二、信息传递的途径……………………………………………………………………………

传递信息的方法很多。古时的烽火传敌情、飞鸽传书、马驿，到后来的旗语、灯语，现代人则充分利用电报、电话、传真、手机、广播、电视、电子计算机、通信卫星等先进技术传递信息。有了现代通信技术,无论身在何处,都可以很快知道发生在世界各地的事情,并把本地的情况及时传送到世界的各个地方,传递的信息又多、又快、又准。

(一) 口头传递

口头传递是用口头语言将信息传递给信息接受者的一种方式,人们通过口头语言来交流彼此的思想,以及表达对事物的看法和意见,多用于企业内部传递信息。如直接向领导当面作口头汇报,或回复领导口头咨询,或举行会议、会谈等,适用于带有商讨、征询以及保密性强的信息。具体形式有对话、座谈、讲座、会议、录音、技术交流等。其优点是直接、简洁、迅速、经济。缺点是对信息接收者来说信息不便储存,信息凌乱不易整理。

(二) 书面传递

书面传递是将信息转换成文字、数据、图像,传递给信息接受者的一种方式,带有全局性、综合性和战略性的文字内容多用书面传递。书面传递信息的方式多采用传统的信息传递方式,如邮寄、人工递送、报告、书面通知、印刷品告示、企业内部刊物等。这种方式的优点是避免信息失真变形,实现远距离多次传递,便于利用和储存。缺点是信息传递的速度较其他途径要慢得多,只适用于传递时效性相对不是很强的信息,如常规性的阶段工作全面总结、工作经验交流等。秘书可以编发信息简报、报告、图表、统计报表及市场信息快报等实现书面传递。

(三) 电讯传递

电讯传递是利用现代化的通信工具传递信息的一种方式,现代社会对信息传输的速度提出了越来越高的要求,现代科学技术的发展又为信息的迅速传输提供了必要的条件。电讯传递的优点表现在信息量大,速度快,效果好,抗干扰能力强等方面。目前办公室的电讯传递,有电话、传真、电子邮件、可视化辅助传递等多种方式。

电话是秘书日常工作中使用最普遍的一种电讯传递方式。其优点是传递信息较快,双方能及时沟通信息,从电话中的语调能判断对方的态度和反应。缺点是通过声波传递信息,没有书面证据,还容易在同音字、同音词的地方发生理解上的误差。某省委机关报曾发过一个消息,说在固始县发现了一批李鸿章的手迹,是李鸿章写给当时的山西巡抚的信。但这消息在传递中出现了两个错误:一是把"山西"报道成"陕西"。二是把"巡抚"报道成"巡府"。"巡抚"是清代一个省级的官名,相当于现在的省长。而"巡府"这个官名,不但清代没有,中国历史上也没有。因为这个消息是通过电话传输的,信道方面的原因造成了信息接受者听觉上的失真。

电子邮件也是秘书日常工作中需要大量接收和使用的传递方式。电子邮件通过邮箱系统发送,优点是信息迅速,信息可以同时发送多个邮箱,还能发送图表、照片等各种类型信息,可以减少发送纸面邮件的费用。缺点是有用信息易被淹没在垃圾邮件中,接收人必须及时清理邮箱,筛选信息。

传真是通过电话线传送书面信息，能用于客户信息、会议信息、订购货物信息等的传递。优点是速度快，能接收和发送手写、打字、打印的文本和图形信息，缺点是难以保证信息的机密性，信息发送还受到设备的限制。

可视化辅助传递一般有影像、展示架、投影、布告栏等，用来帮助理解工作任务和传递需要辅助理解的信息，达到沟通的目的。

（四）网络传递

所谓网络传递，是指通过计算机网络来传递各种信息。计算机网络是由若干台计算机或若干个计算机系统，通过数据通信线路连接起来而组成的互联系统。建立计算机网络的主要目的，是要实现资源共享。所谓资源共享，是指在计算机网络中，任何一台计算机都可以任意与另外一台计算机共同享有全部的资源，包括共享软件资源、硬件资源、信息资源、通信资源等，包括使用各种程序、数据库、软硬盘、打印机、扫描仪等。如南京亚青会的火炬传递采用实体传递和网络传递相结合，以网络虚拟传递为主的方式，通过特色游戏，模拟真实传递亚洲 45 个国家和地区，选取238 个城市和风景名胜为传递点，完整呈现网络采火、点火和封存的全过程。

中国加入互联网的时间较晚，但发展十分迅速。1995 年 4 月，中国公用计算机互联网络向社会正式开放，国内用户开始在全国各地电信局办理加入互联网的手续。截止到 2013 年 12 月，中国网民规模达到 6.18 亿，网站总数为 320 万个。互联网已经成为机关、企事业单位各领域、各部门开展工作必不可少的信息支撑，如果离开了互联网，信息将无法有效传递。网络传递要求打造组织网站平台，畅通网路，对传递线路情况及时进行测试分析，通过参数（功控、切换）、天线和频率规划等方法优化调整。随着科学技术水平的提高，用计算机网络来传输信息，组织网站的各种信息发布平台及其论坛、网络聊天工具（如 QQ）以及新媒体（如微博、微信）等已经相当普遍，这也是信息传输的趋势和方向。网络传递与"电讯传递"的区别在于：网络传递既可以是特定的信息接收者（如 QQ 对话），又可以是广泛而不特定的信息接收者。网络传递具有信息量大、覆盖面广、传递快捷等特点，但是容易遭受垃圾邮件，病毒、黑客等的攻击。

美国学者、著名的管理顾问彼德·F·杜拉克在《有效的管理者》一书中写道：

我认为，任何一个注意观察的人都会相当明显地看到，一般的人都可以分为"读者"或是"听众"两种类型。（只有很小的一部分人是通过谈话来获得资料，并且在谈话时观察对方的反应，好像装了一副心理雷达一样。罗斯福总统和约翰逊总统都是属于这种类型，丘吉尔首相也明显地是这样的。）同时是"读者"和"听众"的人也是一种例外，比如律师就是这一类型的人。一般说来，对一个"读者"类型的人侃侃而谈，实在是徒费口舌，因为他只能在"读"过之后才能"听"得进去；同样地，对一个"听众"类型的人提交一份厚厚的报告书，那是徒费笔墨，因为他只能在"听"过之后才能抓住要点。[①]

也就是说，有的人习惯接受口语信息，有的人习惯于接受文字信息；秘书人员在实际工作中，可以把同一内容的信息变换成不同的形态，以适应不同类型的接收对象，选择不同的传递途径。选择信息途径还要根据上级部门的指示要求，选择相关的适当传递渠道。

第三节　信息传递的原则与程序

信息传递的基本原则要区别不同情况，把握信息流向。无论选用哪种信息载体和传输方式，都应做到准确、及时、经济，使信息尽快到达信宿。

一、信息传递的原则

（一）及时原则

信息传输要及时，这是由信息传递的时效性强的特点决定的，传递的快慢往往能决定信息工作效率的高低。要求把经过加工检索后的信息以最快的速度传递给信息接受者，才能最大限度地发挥信息资源的价值。加速信息传递的方法，可以尽量采用现代通信手段；也可以通过建立直接联系点、简化审批手续等方式疏通传递渠道。秘书人员不得以任何借口积压、滞留或截留信息，以致发生"信息堵塞"或"信息梗阻"。日本政府有一条规定：对重要的信息，上至政府总理，下至普通工作人员，都必须迅速传递，不允许以任何借口扩阻或滞留。因此，日本的信息传递速度很快，依据信息作出决断的速度也快。我们有些秘书人员，对有些重要信息特别是反映工作中存在问题的信息，常常是报喜不报忧，或处理完了再报，这种做法是十分有害的。及时传输重要信息，包括"忧"（负面）信息，不仅可以避免同类问题的再次发生，也是对领导人负责的表现。

（二）经济原则

根据实际需要选择合适的信息传递工具，按不同的需要把握信息传递的对象、方式、时间，有利于提高传递的效率。要尽量以最低的费用将信息从信源传递到信宿。

（三）准确原则

指信息在传递过程中不能失真。信息传递本身具有客观可靠性，即不受传递者的主观随意

---

① 彼德・F・杜拉克，钟少光译：《有效的管理者》，广东新世纪出版社 1986 年版。

性的影响。但信息传递又是由人来操纵的，传递什么、不传递什么，受人的主观因素决定；程序操作也由人来完成。因此，稍有不慎，就会导致传递过程失误。信息的传递是为了特定的目的而进行的，在传递信息的过程中，要避免出现信息失真、畸变等现象，保证其准确性。减少传递层次，开辟多种传递渠道，是保证信息准确性的重要措施。

（四）数量原则

控制信息数量。这是提高效率和信息传递速度与质量的最有效的方式之一。无论何时，当你想发送信息时，先问一问自己是否真正有必要，如果答案是否定的，就要取消原计划。信息内容应简明扼要。因为信息越简明，处理速度越快。控制信息数量方法之一就是秘书要及时处理文书。这样既可以避免办公桌上文件的堆积，又可使信息交流更为便捷和高效。

（五）保密原则

信息通常具有保密性，如果泄密，会给使用者带来损失。各单位都有许多信息涉及该单位的秘密以及某些不宜公开的情况，所以信息传递时要求信息的传播者根据信息内容的秘密程度以及保密的有关规定，选择恰当的传递方式，采取必要的保密措施，严格控制传递范围，以确保信息传递的安全。

二、信息传递的基本程序……………………………………………………………………………

信息传递的基本程序，首先要完成信息检索，这是信息传递的前提；其次要恰当地选择信息传递工具，一般要求选择速度快、安全系数高的传递工具；最后就是接收使用信息，接收到正确的信息，就表示完成了信息的传递。

（一）确定传递信息的内容

秘书确定必须传递的内容，过滤出不需要的信息内容。

（二）确定传递信息的载体

秘书传递信息的载体常采用信件、备忘录、报告、通知、指示、新闻稿、内刊、传阅单或邮件等，要根据实际需要选择相应的传递信息载体。

（三）确定传递信息方法

秘书传递信息常见的信息传递工具是口头语言传递，此外，邮件、文件、刊物等文字传递也是当前最常见的传统信息传递工具。随着科学技术的飞速发展，信息传递工具发生了革命性的变化，以计算机技术为核心的电讯传递和可视化辅助物传递等传递方式，作为当今信息传递主要工具，已越来越普遍。这也是信息传输的趋势和方向。

（四）进行信息传递操作

秘书将需传递的信息及时、准确地传递给信息接收者。

（五）确认信息传递质量

秘书通过反馈或检查，了解接收效果，确保接收者已成功接收。

三、信息传递的目标：传递、理解、接受和行动 ··

（一）传递——最初级的目标

只要信息的发出者能够使信息到达特定的个人或组织，就可以视为达到了沟通目标，而并不追求信息一定对其他人或组织产生影响。例如，各种类型的通知、公告就属于此类。

（二）理解——较深层次的目标

它要求信息的受众能够广泛、深入明了信息的性质、含义、用途和影响。要求信息发出者在进行信息策划时，必须考虑符合信息受众接受习惯和能力的信息编码和表达方式。

（三）接受——较高层次的目标

接受的含义是信息受众不仅要理解，而且要认同、同意信息的内容。接受的核心是态度上的趋同。

（四）行动——最高层次的目标

它要求信息受众不仅能够接收、理解、接受信息的内容，而且会受到该信息的影响而采取某种行动。

第四节　信息传递的管理与有效控制

虽然信息资源本身具有潜在价值，但如果信息只是长期存储在信息库中，不及时传递给使用者，信息资源就不能发挥其作用，实现它的实用价值。有效的信息传递，既是领导在管理过程中进行计划决策的依据，又是其组织实施指挥的前提以及控制整个系统工作的基础。因此，信息传递在信息资源管理的整个过程中具有非常重要的地位，信息传递始终围绕着领导决策活动进行，它贯穿于领导决策的始终。

一、信息的输入管理 ··

（一）信息输入的途径

办公室信息的输入，主要涉及以下几类途径：

1. 上级部门下发的正式文件。这类正式文件的种类十分复杂，包括上级党政机构正式下发的各种文件；中央和地方各级行政机构正式发布的命令、指示、决定、决议、通告、布告、公告、通知、通报以及有关部门颁布的法令、规章、规则、规定、条例、章程等等。

2. 下级部门呈送的各类文件。这类文件主要包括下级机关上呈的报告、请示、报表、建议书、意见书、申请书、请愿书、群众来信等等。

3. 同级部门传递的有关文件。这类文件主要包括相互间没有隶属关系、同级部门或不属同一级部门之间的行文。

4. 本部门自行获取的有关信息。这主要涉及本部门参加各种会议获取的有关信息；从报纸、广播、电视及各种新闻媒介获取的信息；通过秘书亲自到基层采访和调查获得的第一手资料，有关部门和人民群众反映的各种情况等等。

（二）信息输入和管理

机关秘书办公室信息输入的管理，主要涉及如下两方面的工作：

1. 切实保证收文制度的有序进行。办公室的收文程序包括签收、拆封、登记、分发、传阅、拟办、承办、催办、注办、清退、归卷等内容；围绕着这一过程，应建立起各种有效的文件管理制度，主要包括文件的制作和监督制度；文件的登记制度；文件的清退制度；文件的存放保管制度以及文件的保密制度等。不少办公室由于收发文的数量繁多，内容庞杂，种类有别，往往呈现出复杂零散的状态，针对这种情况，应该按一定的原则把纷繁零散的文书材料整理成系统有序的分类案卷，以方便有关人员查找和使用，同时为有价值文书资料的存档做好准备工作。

2. 切实搞好原始信息的收集和处理工作。办公室信息的获取，除了被动地接收正规渠道的信息外，还应该积极主动地采用信息开发的方法，通过观察、发掘、试验、加工及改造等活动，利用自然、社会和思维领域资源创造出各种新的信息。信息开发成功与否，离不开机关秘书主动性、积极性和创造性的发挥。常用的收集原始信息的方法有常规性开发和创造性开发两种，具体来说包括专业实践、有偿征集、定点收集、采访阅读、信息追踪、解剖分析、捕捉机遇、推理加工等等。由于许多原始信息中包含着大量虚假的、错误的成分，必须对其进行认真的加工筛选才能获得真正有用的信息。加工处理的方法具体包括分类、比较、分析、判断、综合、统计、编制等步骤，保留有用的信息，剔除过时的部分，并对其进行归纳分析，把有用的数据资料加工成能综合反映事物总体特征的信息，做好服务工作。

二、信息的输出管理···

（一）信息输出的途径

办公室信息的输出，主要涉及以下几类途径：

1. 向下属部门发文

这类文件的种类根据办公室自身的地位及特点而定，一般包括决议、决定、通告、通知、通报、规章、规则、规定等等，主要任务是指导下属部门有效地开展各项工作。

2. 向上级部门作汇报和总结

这主要包括各类报告、总结、检查、调查报告、情况汇报、请示、报表、建议、申请等等,这些汇报和总结能保证上级部门及时了解下级部门的情况,发现问题并及时加以解决,从而对下级部门的工作进行有效监督。

3. 向同级部门发出的函电等

为了加强与同级部门的联络,办公室常常需要向有关部门发出信函,用来通报情况或解决问题,办公室也常常通过电话和传真等方式,与同级机构保持密切的联系,以保证工作的顺利进行。

4. 通过新闻媒体或其他途径输出信息

办公室常常会通过新闻媒体,向社会大众直接传达有关信息,并可能收到较为强烈的社会反应。有时,办公室也通过各种会议的方式向上级主管部门或下级部门通报情况,传达文件精神,研究和讨论问题等。目前组织大型活动,运用现代通讯手段,如互联网及以手机为代表的新媒体已成为办公室信息输出的新课题。

(二) 信息输出的管理

办公室信息输出的管理主要涉及如下几个方面的工作:

1. 机关秘书要切实做好办公室的发文工作

办公室的发文程序包括拟稿、审核、签发、缮印、校对、用印、登记、封发、注发、归卷等,这些工作是由办公室内的收发人员、秘书、打字文印部门以及办公室领导人员分工负责、共同完成的。办公室的发文工作要求做到:拟稿时根据实事求是的精神如实汇报,制止虚报瞒报的错误发生;拟好的文稿应通过严格的领导审批程序,杜绝不负责任乱发文现象;文稿的缮印和校对工作力求清晰准确、精益求精;文稿的分发工作要求耐心细致,避免遗漏。

2. 扩大信息输出途径,提高信息传送效率

针对已掌握的信息,如何使其物尽其用十分重要。机关秘书应根据行政决策需求的前后次序和轻重缓急,把有关的信息及时传递给行政领导者和决策者。对各种信息的输出,要求机关秘书做到及时、准确、真实。传递的方式可以多种多样,随着现代通信技术的进步,更先进的传递方式不断地运用到办公室信息的输出过程中,如可视电话、移动通信、计算机网络等等,这就要求机关秘书学会并熟练掌握新的信息传递方式、技术和业务,本着迅速高效的原则加以运用,从而保证信息传递的时效性和高质量。

三、有效信息传递的要求···

(一) 对于信息传递对象的要求

1. 为本级领导了解情况、正确决策、指导工作提供参照性信息。

2.为上级领导了解情况、正确决策、指导工作提供高层次信息。

3.为下级组织人员了解情况、承担责任、提高响应能力提供执行性信息。

（二）有效传递信息的要求

1.秘书机构提供信息服务需符合"四性"要求，即传递对象上的针对性，传递内容上的多样性，传递时间上的适时性，传递方式上的保密性。

2.信息提供方式有简报、传真、网络、电话、音像制品等。

四、信息传递的控制···

信息的生命在于传递。所以，要有效地控制信息沟通，必须努力做好信息传递工作。

（一）信息传递要贯彻"多、快、好、省"的原则，这是一般要求。在信息传递中，这几方面互相联系，互相制约。

（二）传递信息要区分不同的对象，选择信息传递的目标，确保信息的效用。同时，在提高信息传递的针对性时，注意信息的适用范围，考虑到信息的保密度，防止信息大面积扩散、泛滥。

（三）要适当控制信息传递的数量，但要注意信息过分保密和随意扩散的倾向。

（四）要控制越级传递和非正式渠道的沟通，尽可能地使之成为对层层传递和正式沟通渠道的补充，共同完成组织目标。

五、信息传递的主要障碍···

（一）信息策划障碍

信息策划障碍是指信息的发出者无法有效形成和表达信息。信息策划者对信息进行收集、整理、分析的过程，反映着信息发出者的逻辑思维能力的高低和信息量的多少。信息越明确、标准化程度越高，其明示程度越强，越有利于沟通。信息策划障碍包括：思维能力上的障碍、表达能力上的障碍、文化背景的障碍、个人兴趣的障碍等方面。

（二）信息接收障碍

信息接收障碍指影响信息接收者完整、准确接收信息的障碍。主要包括信息传播技术障碍和自然环境障碍。

（三）信息理解障碍

信息理解障碍指影响信息接收者完整、准确理解信息的障碍。主要包括：记忆能力、诠释能力、文化背景、思维能力和方式、个人背景、个人兴趣等方面的障碍。

（四）信息接收障碍

信息接收障碍指影响信息接收者认同、赞成所理解信息的障碍。理解和接受之间的差别也就是懂得与同意之间的差别。在很多时候,我们能够正确理解对方的观点,但却未必赞同。

六、处理信息传递障碍的技巧

在信息传输过程中,由于受各种自然和主观因素的影响,不可避免地使传输过程因受干扰而发生信息畸变或失真,致使信息的实际价值和有效性大大降低,为了保证信息传输的准确无误,就要尽量避免传输过程中的"噪声干扰"。在信息传输过程中,要想使信息一点不受干扰是不可能的,但只要方法得当,减少干扰,缩小误差,还是有可能的。抗干扰的办法很多,从秘书人员可以操作的角度讲,主要有以下几个方面:

(一)精简机构,减少信息传递的中转环节

根据信息传递链的原理,机构的层次越多,信息的失真率越大。机构庞大,层次太多,信息从高层传递到基层既容易产生信息走样,又会使信息失去时效。由于组织层次较多,不但信息传递速度慢,而且在信息传递过程中,经过层层甄别、过滤并掺杂大量的主观因素。因此,减少行政机关的机构层次,简化信息的传递渠道,才能真正做到减员增效,把办公室的信息沟通工作提高到一个新的台阶。

某市一所中学曾经做过这样一个实验:把一个班的学生分成四纵队,将内容相同的四张字条,揉成纸团后分发给各队前面的同学。这四个同学展阅纸团,将字条上的内容告诉身后的同学,这样逐个往后传,最后由每队末尾的一位同学把内容写在黑板上。奇怪的是,四个答案没有一个是准确的。其实,四个字条上写着相同的内容:"下了实验课,老师让到教室复习化学。"可有的队传成"下了实验课,老师让到教室复习物理和化学",有的传成"下了课,老师让放学"……之所以出现这样的错误,主要是中转环节太多。可见,尽量减少信息传输的中转环节,是抵御干扰,保证信息准确的方法之一。

(二)积极开发多种类型的新型传递渠道

随着现代信息沟通技术日新月异的发展,新的沟通渠道不断涌现。如移动通信和无线寻呼的普及,使人们可以在任何时间、任何地点几乎不受限制地进行信息传递。尤其是随着计算机大规模地进入办公室,使原先需要大量工作人员进行分工合作才能完成的信息收集、处理、储存、传输等工作简化为由少数机关秘书通过计算机就能轻而易举地完成。对一些特别重要或特别紧急的信息,可采用多种渠道同时传输,以便于信息的接收者印证信息的准确性,如要发一份重要的通知,就可在发出文件后,再打电话证实通知是否收到,对通知的内容是否能准确理解等。在给一些重要会议或重要领导人讲话作记录时,如果有条件,可安排两位以上秘书人员同时作记录,以便事后核对。几个人同时在一处产生错误的可能性较小。事后核对时,彼此不一致的地方往往就是可能出差错的地方。再比如,当周围噪声太大,或演讲者方言太重或音量太小,听众听不明白时,如能结合"板书"或"电子展板"这类文字信息或图像信息同时传输,效果就好得多。在口语表达中,辅之以必要的手势或体态用语,实际上也是在用两种渠道传输同一信息,也是避开噪声干扰、减少传输失误的一种方法。

(三)提高信息发送者与接收者的素质

信息不管多么重要,都是要由人来掌握的,因此提高信息掌握者的自身素质十分重要。只有当信息的发送者和接收者都具有较高的文化素养和知识水平,都掌握了现代化的信息传输技术,才能在最短的时间内以最好的质量完成信息的传输任务,有效地避免信息的失真和误导。

(四)加强人际交往,建立相互信任与合作的关系

办公室信息传递是一项涉及许多人的系统工作,它要求在整个传递过程中保持连续性和完整性,为此,努力扩大机关秘书的相互熟悉和交往,建立彼此间相互信任与合作的关系非常重要。只有相互信任,领导与下属之间才能推心置腹地交换意见,共同为完成组织的使命而献计献策;只有相互信任,同事之间才能友好交往,建立起一种融洽的关系,保证每一项工作的顺利进行。

(五)忧喜兼报,全面真实传递信息

忧喜兼报是科学决策的要求。科学决策必须建立在真实、准确、全面的信息基础上。要做到这一点,既报喜又报忧是最基本的要求。报喜信息是反映成果、正确做法的信息,可以帮助人们总结经验,树立典型,制定政策;而报忧信息则是反映工作失误,突发事件或存在问题的信息,对于问题型信息的传输,秘书应注意控制信息的传递范围,修正错误,有针对性地采取策略,将问题消灭在萌芽状态。总之,秘书要明确信息工作的职责,提供全面、真实、准确的信息。还要善于分析工作中带有倾向性的问题,完善工作方法,化忧为喜,反题正作。

第五节 信息反馈

我们在吸取历史教训时常说"吃一堑,长一智"、"前车之鉴"、"失败是成功之母"等等,这就是对以前行动效果反馈的总结。反馈,就是回音、回信,反馈是控制论的一个极其重要的概念。控制论中反馈的含义就是控制系统把信息输出去,又把其作用的结果返送回来,并对信息的再输出发生影响,起到控制的作用,以达到预定的目的。原因产生结果,结果构成新的原因,反馈在原因和结果之间架起了桥梁。美国著名数学家、控制论创始人之一的维纳把反馈说得更精彩,反馈"即一种能用过去的操作来调节未来行为的性能"。信息反馈是对信息的适用程度、信息的效益效率以及存在问题的考察阶段。完善的信息工作,没有不关心反馈环节的,它是检验信息工作的重要环节,也是掌握信息利用程度、效率水平的过程,更是新一轮信息工作的基础。

一、信息反馈的概念··

信息反馈是指把输出信息的作用结果返送回来,并对信息的再输出发生影响,起到控制和调节的作用,使整个系统得到有效控制的过程。也就是人们在实践活动中采取一定措施追踪事物发展变化情况的信息,然后再根据所获取的信息对实践活动作出调整的过程。在各项工作中,秘书要及时了解来自各方面的反映,收集公众对已推行政策、实施措施的意见,把各种指令执行情况的偏差信息反馈给决策者,以便发现问题,纠正偏差,修正或完善政策与措施,作出新的布置,发出新的信息。①

二、信息反馈的目的··

(一) 检验输出信息的真实可靠性

实践是检验真理的唯一标准。在实践中可检验信息的真实性与否,信息工作中信息反馈的作用便是如此。秘书在辅佐领导决策之前,进行了大量的信息收集和处理工作,但输出信息真实与否,一开始时并不能全部检验出来。在所收集的信息中,有的信息可能真假掺杂,可能真的成分多一些,也可能假的成分多一些。而信息反馈通过对以前信息工作的检验,从而检验以前所收集和利用的信息的可靠性。

有一次,某进出口公司秘书钟苗接待了一位有业务往来的客户。在交谈中,客人提到:他刚从 XX 国回来,XX 国人很喜欢中国陶瓷,而且对中国文化非常感兴趣。钟苗敏锐地感到,这是很有用的信息,于是钟苗向对方详细了解了有关情况。送走客人,钟苗立即收集中国陶瓷出口方面的相关信息,并将此方面可靠市场信息汇报给领导,并做出企业生产出口中国陶瓷的建议书,抓住时机到国外开辟市场。事实证明,钟苗的建议是正确的。

(二) 调整所用不当信息

事物是时时发展变化的。随着事情的发展,人们之前收集的信息,可能不符合事物的发展面貌,不能反映事物发展变化了的相关状况。对信息的收集、处理和利用,应根据事物的变化作出必要调整以适应事物的发展方向。秘书要时时监测事物的发展变化状态以及时发现新的情况,进行信息反馈。当发现信息利用效果不符合预期要求时,就要采取一定调整措施,对原来信息进行再处理、再分析、再研究、再开发,或者重新收集新的信息,使信息工作朝正确的方向发展。在此过程中,信息反馈的作用就是反馈事物变化发展信息,及时发现问题、解决问题,控制有关信息活动,从而使信息工作富有成效。信息反馈工作对整个信息工作的成败起着决定性的作用。

如微软公司在内部信息的管理与反馈上曾经存在着混乱,有些部门提供的信息是他们所不

---

① 胡伟、卢芳、赵修磊:《信息、文书与档案管理》,科学出版社 2010 年版,第 54 页。

拥有的,有些部门为了赶着将信息送到决策者手中,来不及检验信息的真实性、可靠性,这可能导致信息误导。有些部门提供陈旧信息,如果人们将过时的信息当作实时信息来用,可能导致危险的后果。微软及时进行信息反馈,分析原因,进行调整。及时设立了实时的内部网络,对内部网络加强维护,加强网络管理。通过信息反馈分析,微软公司预计到随着各国反垄断的呼声不断加强,微软通过垄断赚取高额利润的好日子不会太长,微软必将受到反垄断法的限制,原有的营销渠道恐怕将不再有效,电子商务将成为销售的最佳渠道,因此及时对电子商务做出反应,利用网络进行营销,降低成本,提高效率是必然趋势,微软再一次抓住了市场的良机,如果微软错失这次机会,就有可能优势尽失。

实际上,在我们整个工作中,当向某一目标迈进时.总是要随机观察和研究前进中不断出现的新问题、新情况,不断地调整和纠正自己的行动,不断地依据偏差情况进行调节,使执行结果与实际目标的差值量缩小,最终达到预定目标。信息反馈符合人们实践、认识、再实践的认识过程,能使决策者在执行过程中依据实际情况,依据不断反馈回来的信息来控制行动,一步步实现目标。

(三) 检验决策的可行性

信息反馈还可以检验决策的可行性,对实践中出现的新情况、新问题及产生的原因进行综合分析研究,确定问题出现的具体环节和层次,及时纠正错误,以便采取调整措施。决策的可行与否也需要通过信息反馈来检验。信息反馈可以理解决策的执行过程和执行效果,还可以及时更正执行环节和层次上可能出现的失误,通过反馈信息,可以对决策失误及时发现并予以调整。科学决策的过程就是不断修改、调整的过程。因此,通过信息工作——决策——信息反馈——修正——再反馈——再修正的多次往复循环,促进决策不断完善以保证决策内容科学而可行。

20 世纪 80 年代初,丰田公司沮丧地发现,它们生产一辆轿车只需要两天时间,而处理一位顾客的购车指令则需要 25—30 天时间。从总成本的角度衡量,处理一位顾客的购车指令要比生产一辆轿车耗费更多成本。对此反馈信息,丰田公司决定建立一个全球电子通信网络,该网络将分布在世界各地的丰田公司的计算机与位于日本丰田公司总部中心的计算机连接起来,其目标是保证任何一位顾客在库存缺货的情况下也能在 48 小时内得到所订购的轿车。结果,丰田公司在时间、成本等方面确立了竞争优势。[①] 丰田公司制定决策时,通过对顾客的购车指令时间方面的有关信息进行反馈工作,再根据这些反馈信息对计算机信息服务做出相应调整,及时采取措施,解决问题,其决策经市场检验是切实可行的。

---

① 缪惠:《信息工作与档案管理》,合肥工业大学出版社 2005 年版,第 23 页。

三、信息反馈的要求 ··

反馈是控制论中一个极重要的概念,也是行政管理系统的一个有机组成部分。信息的反馈就是信息源输出去的信息作用于被控对象后产生的结果再输送回信息源,并对信息的再输出发生影响的过程。信息反馈有重要的意义,它在"原因"和"结果"之间架起了桥梁,沟通了决策者和广大人民群众的联系。决策者通过反馈可以更精确、更清晰地认识制定的决策正确与否,从而为决策追踪或再决策提供依据。

秘书部门的信息反馈包括感受、分析和决断三个有机联系的过程。

感受要灵敏,就是要及时发现管理与变化着的客观实际之间的矛盾信息;分析就是过滤和加工感受到的各种信息,做到去粗取精、去伪存真、由此及彼、由表及里。这两个步骤在信息论中称为"信息变换过程"。决断就是把经过分析的信息,化为决策中心强有力的行动,不断修正原来的计划和措施,使之更符合实际情况,获得更大的效益。决断既要有反馈系统参与,更要控制系统自身的果敢行为。这样,决策、执行、反馈、再决策、再执行、再反馈……循环往复,螺旋上升,使行政管理不断进步和完善。信息反馈是科学决策体制的重要组成部分,是保证信息环流必不可少的一环,也是指导工作、减少失误的重要措施。当前信息管理的一个薄弱环节,就是信息反馈较差。我们在工作中的失误或失控,与信息反馈不及时、不全面、不连续有很大关系。因此,信息反馈是秘书信息管理工作中的一项重要内容。

（一）反馈要及时

及时性是信息反馈的根本要求。当前信息工作存在的薄弱环节就是反馈不及时。因此,必须加强信息反馈的及时性。除建立灵敏快速的信息反馈系统外,还应当建立健全必要的反馈制度,实行定期和不定期的反馈;对重大工作部署实行跟踪调查,连续反馈;建立领导批示的再反馈制度。例如,某省委办公厅建立了信息反馈卡片,领导批示后,就把批办的事项填入反馈卡片,由承办单位带卡落实。卡片上记载:领导批示的信息资料的基本内容;领导批示的内容及时间;交办时间;承办单位、承办人及承办时间和办理结果。承办单位必须在规定时限报告办理结果,这样,使信息从收集、加工、反馈给领导,到领导作出决定,进行追踪,再反馈回来,形成了一个连续封闭的回路,增强了反馈的及时性。

（二）反馈要全面

反馈信息的全面性包括反映正面问题的信息（正常发生的情况、经验等）和反映反面问题的信息（非正常发生的情况、缺点、问题、教训等）,只有两方面的信息都完整地提供,领导才能正确地把握事物发展变化,进行科学的决策。而在实际工作中存在报喜不报忧的问题。搞好全面反馈的关键是信息工作人员坚持实事求是的原则。对工作中发现的问题要及时反馈,例如,海尔集团的市场原则之一是"用户抱怨是最好的礼物"。海尔集团认为,用户抱怨的内容,正是他们工作改善的方向;如果能及时消除这些抱怨,就是真正增加了企业的资产。反馈信息的全面性还包括对决策对象的历史的、现实的,尤其是未来的信息(预测信息)进行全面收集等。

(三) 反馈要连续

连续性是反馈原理的又一个基本要求。信息反馈必须连续不断,特别是一项重大工作部署下去以后,必须进行追踪检查,连续反馈。只有这样,才能使领导者始终掌握基层的动态和变化情况,适时调整部署,对全局实施不间断的控制。否则,如果信息渠道不畅通,反馈时断时续,经常发生"断路"现象,领导者不能随时掌握变化了的情况,若明若暗,就会发生"失控"现象。因此,反馈的连续性十分重要。要做到这一点,除了疏通反馈渠道,建立反馈制度外,还应当加强对工作部署的"追踪反馈",保证在贯彻实施决策的过程中,能够牢牢掌握工作的主动权,实现对全局的有力控制。

四、信息反馈的工作程序

(一) 明确目标

明确信息工作和信息传递活动的具体目标和具体要求,只有明确目标,才能对信息实现情况的评估有明确的依据。

(二) 选择信息反馈的方法

根据信息工作的反馈要求,选择好信息反馈的方法,从而有效提高信息反馈的准确性。

(三) 获取反馈信息

根据目标和要求所涉及的内容,及时搜集和回收各种反馈信息。一般来讲,获取的反馈信息主要包括:有关方针、政策和重大工作部署执行情况的信息;新思想,新观点和独到见解;经验性信息;反映工作中存在问题的信息;对全局有影响的倾向性、苗头性信息;反映意见、建议的信息;反映重大事件、突发事件的信息。

(四) 加工分析反馈信息

对搜集上来的反馈信息进行管理、加工、分析,并将其结果与既定目标和要求进行比较分析,找出差距。

(五) 传递反馈信息

将反馈信息传递给相关部门和人员。

(六) 利用反馈信息

采用各种手段、方法和具体行动,使信息工作和信息传递活动的实施情况回到完成既定目标、满足原有要求的正确轨道上来,为各种工作活动顺利开展打下良好基础。

五、信息反馈的形式……………………………………………………………………………

信息反馈的形式主要有以下几种：

（一）正反馈和负反馈

1. 正反馈

正反馈即通常所说的"报喜"，在信息工作中是指返回来的信息对决策者的组织、指挥起肯定或加强的作用，使工作或生产经营按既定的方向发展。正反馈中反馈信息一般为反映决策执行中的成绩、经验等正面的信息。

2. 负反馈

负反馈即通常所说的"报忧"，在信息工作中是指返回的信息对决策者的组织、指挥起减弱、否定或部分否定的作用，改变或部分改变原来的工作或生产经营活动的方向和状态。负反馈中反馈信息一般为反映执行中的问题、失误、教训方面的信息。

（二）纵向反馈和横向反馈

1. 纵向反馈

纵向反馈是自下而上或自上而下的信息反馈，是指同一系统向上级管理部门和决策层或向下级部门反映执行指令信息情况的一种反馈形式。纵向反馈的质量和时效，决定着管理工作的效率。

2. 横向反馈

横向反馈是指企业或组织同外部系统之间的反馈、企业或组织内部同级部门之间的信息反馈。

（三）前反馈和后反馈

1. 前反馈

前反馈是在信息发出之前，信息的接受对象向信息发出者表示的要求和愿望，希望将要发出的信息能满足自己的需求。

例如，海尔集团的市场原则之一是紧盯市场的变化，甚至要在市场变化之前发现用户的需求，用最快的速度满足甚至超出用户的需求，创造美誉。

2. 后反馈

后反馈是指在信息发出后，信息接受者对信息作出的反应。

海尔集团的作风是"迅速反应，立即行动"。美国海尔贸易总裁迈克曾接到许多消费者的反映，说普通冷柜太深了，取东西很不方便。在2001年"全球海尔经理人年会"上，迈克突发奇想：能否设计一种上层为普通卧式冷柜，下面为带抽屉的冷柜，二者合一不就解决这个难题了吗？海尔冷柜产品本部在得知迈克的设想后，四位科研人员采取同步工程，连夜奋战，仅用17个小时就完成了样机。

在当晚的答谢宴会上,当这台样机披着红绸出现在会场时,引起一片惊叹,接着全场爆发出热烈的掌声,冷柜产品部部长马坚上台推介这一互动的结晶,并当场以迈克的名字为这一冷柜命名。[①]

六、信息反馈的方法

信息反馈方法与信息收集方法接近,因为信息收集与信息反馈的目标都在于获取信息。但是二者的信息性质不同,信息收集的是原始的信息,信息反馈的信息是在原始信息基础上和决策中衍生出的信息。

信息反馈的主要方法有以下几个方面。

(一) 现场观察反馈法

现场观察反馈法就是人们亲自到现场,观察了解决策执行情况,掌握各方面的反馈信息。

(二) 口头提问反馈法

口头提问反馈法是指通过口头提问,进行面对面的提问,或电话提问获取反馈信息。例如,海尔集团派人上门维修后,客户服务部门的电话访问。

(三) 书面问卷反馈法

书面问卷反馈法是指借助于书面问卷来了解反馈信息。

如海尔集团是我国著名的家电制造企业,其企业文化强调,企业存在的价值观是"一切为了客户"、"一定要设法让客户满意"。具体到实际行动中,海尔集团的售后服务是有口皆碑的。有一次,市场问卷调查信息反馈发现:在上海,一到夏天洗衣机的销量就会下降,难道人们在夏天不洗衣服了吗?经调查发现,原来夏天的衣服很薄,量又少,原有的洗衣机的水缸太大,需要很多水,造成用水的浪费,所以人们不愿意使用洗衣机。针对这个问题,海尔集团研制了海尔小神童洗衣机,用水量很少,而且操作方便,即使是小学生放学回家,也可以把衣服往小神童里一扔,自己操作。小神童经过几次改良,在市场上一直销路很好。海尔集团"让客户满意"的宗旨感动了许多客户,也为企业赢得了良好的声誉和客户群。

总之,由于客观事物的复杂多变,反映其状况的信息也会随之变化,加上信息总是滞后于事实的特点,所以,有价值的信息总是处于不断地更新、矫正、扬弃、变化的过程中。信息的生命在于传递。传递是信息工作的衔接手段,它使信息的收集、整理成为有效的劳动。信息传递的速度越快,范围越广,信息的利用就越迅速广泛,信息共享的意义也就越大。信息反馈在"原因"和"结果"之间架起了桥梁,沟通了决策者和执行者之间的联系。面对不断变化的客观实际,管理是否有效,关键在于是否有灵敏、准确、有力的反馈。灵敏、准确、有力的反馈是管理体制、管理功能是

---

① 缪惠:《信息工作与档案管理》,合肥工业大学出版社 2005 年版,第 47 页。

否有充沛生命力的标志。有效的管理就要善于传递信息,及时反馈,及时作出相应的决策。决策、执行、反馈,再决策、再执行、再反馈⋯⋯如此不断地螺旋式上升,使信息管理不断进步和完善。

思考题

1. 备忘录、电子邮件、商务信件、通知等秘书常用文本传递信息的载体是什么?结合秘书的实际工作,说说如何选用信息载体。

2. 信息传递的原则是什么?

3. 信息反馈的基本要求有哪些?

4. 信息反馈的形式有哪些?

5. 做一个多环节或多层次信息传递的实验,思考信息传递失误的原因。

案例分析

拉菲尔德与他的老板[①]

拉菲尔德面带着笑容说:"老板,我们提前两天完成了那项自我进步的培训计划。"

老板:"太好了,但是如果你按他们提出的要求做就更好了。"

拉菲尔德:"什么?我们是严格按照去年九月和他们签订的协议来做的,我可以拿出原本文件来给您看。"

老板:"或许是吧。但是肯定有些地方出错了,因为奥古斯汀刚从上级部门打过电话来说,他很不满意。他明天早上的第一件事就是想让我和你到他办公室里去一趟。"

拉菲尔德一头雾水,问题出在哪里呢?

【问题讨论】 从信息传递或反馈的角度说明该企业管理中存在的问题。

实践训练

不是谁对谁错,而是信息滞后[②]

作为企业的创始人和领导人,张总是看着这个"孩子"迅速长大的。虽然是民营企业,公司的

---

① 卢康:《学会和领导说话》,西苑出版社 2011 年版。

② 王保平等:《企业内部控制操作实务与案例分析》,中国财政经济出版社 2010 年版,第 345 页。

经营战略始终坚持走品牌之路,早在1996年公司就设立了自己的男装品牌。现在,公司的主打品牌已经成为业内和消费者心目中的知名品牌。公司年销售额8.5亿人民币,日生产能力15 000套,每年开发40多个新品种。公司的生产线全部从意大利、德国和日本引进。在销售方面,总公司在全国有70多家分公司,2 000家专卖店。管理一家这么大规模的民营企业,张总肩上的担子沉甸甸的。

某天中午休息时间,张总尽管躺在办公室沙发上闭目养神,但此时他的内心却在翻江倒海。昨天,销售经理、生产经理和分公司经理吵得面红耳赤的一幕还历历在目。

2004年12月24日,上午10时,公司会议室……会议室的人个个面红耳赤,争吵声不绝于耳。张总为了库存问题正在同销售经理、生产经理和分公司经理开会。现在企业规模大了,一个很明显的负面效应是居高不下的库存量。按照公司的经营模式,公司自己的成品仓库、分公司的仓库、代理商仓库和零售店中的成衣都是公司自己的库存。仅总公司成品仓库中就有将近40 000套,这只是总库存量中的一小部分,散布在分公司和零售店的库存总和竟然高达6亿人民币,相当于大半年的销售收入!为此,张总已经伤透了脑筋,却仍想不出解决的良方。因此,今天把销售经理、生产经理和分公司经理召集到一块商量对策,本想“三个臭皮匠抵个诸葛亮”,却没有想到会议变成了吵架会。销售经理振振有词:“我们的生产有问题,生产计划是根据每年的订货会来,从采购面料到生产、再把货运到分公司及零售店要历时两到五个月。我们在生产半年后的成衣,但半年后我们生产的成衣却不是客户所要的。例如,某款1万件成衣,只能卖出去1 000件,9 000件成了库存。现在,我们全国有2 000多家专卖店,每个专卖店都出现了不同程度的压货,这样一来,库存怎么下得去?”生产经理急了:“大家也知道生产部下面的计划科做计划是按照三种依据:根据每年三次的订货会确定年生产计划,再根据分公司的日报表和月报表调整生产计划。如果我们不按照订货会的量生产的话,分公司来提货提不到,他们又要抱怨。而且分公司信息的反馈又不准确,再加上我们靠手工计划,计划当然不可能很细化和准确。”这下矛头指向了分公司经理,华东地区分公司经理说道:“信息反馈的速度慢和不准确这是手工管理造成的必然后果。现在都是靠人工盘点,数据人工输入,而且订货的方式是通过传真、打电话等方式,确实很难控制。”

在他们的争吵中,张总意识到这已经不是哪个部门的错误了,问题的症结在于每个部门背靠背的运作,信息流通得非常慢,准确性也成问题。计划、生产和销售的矛盾,不仅造成了大量的库存,减慢了资金流的速度,还直接导致了客户服务质量不高,对客户要求的响应慢。这对于走品牌路线的服装公司来说是非常不利的。

【实训要求】

1. 请为张总分析问题,提出切实可行的信息传递与反馈的实施方案。
2. 请为该企业制定一个新媒体营销方案。

知识链接

喜讯后面的悲剧

总经理一天三次电话询问办公室信息秘书小王,了解南方市场的销售情况。小王一连打了好几次长途电话,总公司南方办事处主任都不在家,得不到答复。总经理要外出办事,临出门还叮嘱小王及时了解南方市场的情况,只要南方销售形势好,便可调整下一季度的生产任务,使企业再上一个台阶。

小王中午也没有休息,终于打通了长途电话,接电话的正好是南方办事处吴主任。

"吴主任吗? 我是总公司办公室王秘书。总经理急需了解你们的销售情况。"

"我们的销售形势大好啊! 我正忙着与港商洽谈十万套西服的出口合同呢! 面料和样式与上次一样。"

"那太好了! 能成功吗?"小王问。

"估计问题不大! 意向书已经草签,今天下午四时进一步洽谈细节,然后签订合同。"吴主任说。

"那我下午四点半等您的准确消息。"

"四点半我还有个应酬。我让办事处小李给你回个电话。"

小王刚放下电话,总经理的秘书小刘又打来电话问南方的销售情况。

"吴主任说,南方形势大好,正在与港商洽谈十万套西服的出口合同。"小王兴高采烈地说。

"成功的把握大吗?"小刘问。

"吴主任说,今天下午四点正式签约。面料和样式与上次一样。"

"那就是说,只有签约的手续了?"小刘又问。

"是的。"小王肯定地说,"我接到签约回申后马上告诉你。"

小刘接电话后,在总经理写字桌的记事本上写道:"办公室小王接到南方办事处吴主任电话,与港商洽谈出口十万套西服合同,面料和样式与上次一样。今天下午四点正式签约。3 月 25 日小刘记录。"

下午五点二十分,总经理回到办公室,急忙翻阅记事簿,看了小刘的记录后非常高兴。他拨通电话,要求采购员按上次要求购进面料,通知设计部门做好准备,维修部门抓紧维护设备,生产部门准备另外招收一批熟练技工……时间就是金钱,总经理抢在时间前面调兵遣将,一直忙到晚上七点半还没有吃饭。

下午四点半,办公室小王一连接到北方办事处、西北办事处的两个长途电话,一直打到下午五点半。刚放下电话，上海的男朋友又打来长途，商量结婚物资采购和蜜月旅行路线，一直谈了两个多钟头，柔情蜜意中连吃饭的事也给忘了。直到男朋友挂断电话，小王才想起南方办事处的重要电话还未接到。这时已快八点了，她一拨通南方办事处，小李开头一句就吼道："怎么搞的？我拨了几个钟头电话，总是占线，你的电话拨不通，总经理的电话也拨不通。"

"合同签了吗？"小王来不及解释，打断小李的话问道。

"签个屁！生意让深圳一家公司抢去了。人家更有优势，吴主任气得高血压病也犯了，住院去了。"

小王赶快拨总经理的办公室电话。总经理办公室无人接，小刘也下班了。她又把电话打到总经理家里，家里说他没回来。最后，好不容易在大富酒楼里找到了总经理。

"什么？谈判失败？"总经理一听，手里的酒杯也落地了。他知道高档面料已经购进，现在只有压在仓库里……

重大的经济损失不可避免，总经理、吴主任、小王、小刘、小李像害了一场大病。公司的前途，个人的去留，使他们忐忑不安……

这个案例说明：

1. 秘书给领导者提供信息一定要准确可靠

信息是领导决策的基础和依据，领导者决策，在很大程度上依赖于秘书提供的信息。正确的信息无疑对领导决策能够产生积极的促进作用；反之，错误的信息对领导决策会产生误导作用，造成的损失和影响也很大。本案例中，由于秘书小王把尚未形成事实的信息传递给秘书小刘，小刘又把这一信息以肯定的语气用书面形式传递给总经理，使正在渴求这一信息的总经理误认为已成事实，急切地作出了决策。结果，当这一信息变更后，领导依据这一信息作出的决策，已造成无法挽回的损失。由此可见，秘书给领导者提供信息一定要谨慎，做到准确无误，防止信息误解。

2. 秘书对重要信息的跟踪与反馈一定要连续不断

对于一些领导特别关注的重要信息及其发展趋势，秘书人员一定要连续跟踪，不能间断。一旦信息发生变化，要立即反馈给领导者，以便及时调整决策方案。本案例中，秘书小王本应对尚未签约这一重要信息跟踪反馈。但她却中断联系近八个小时。当得知签约已泡汤的信息时，一切都已晚了。这个沉痛的教训值得秘书人员认真吸取。

3. 秘书对重要信息的传输渠道，一定要保持畅通

信息的时效性与其价值成正比。传递得越及时，其价值越大，反之，则越小。因此，对于重要信息的传输，秘书人员一定要保证渠道畅通无阻，防止延误对重要信息的传递。本案例中，秘书小王在下午四点半连续接到其他办事处的几个长途电话，这是无法预计的。但小王明知南方办事处的信息最重要，完全可以用简短的时间处理完其他办事处的电话，集中时间了解南方办事处

的签约信息。但她没有这样做,从四点半一直打到五点半。这还不算,又接到男朋友的电话,两人竟然聊到八点钟,致使南方办事处方面的信息无法及时传递过来。这种办事态度和作风,是秘书人员的大忌,教训极为深刻。

垃圾里隐藏的秘密信息①

20 世纪 80 年代初,美国一家食品制造企业雪佛隆公司聘请亚利桑那大学人类学系教授威廉·雷兹为自己的企业提供一些具体的发展信息。接受委托后,威廉·雷兹教授与助手们每天从垃圾堆中采集一些垃圾,然后把垃圾的内容依原产品的名称、重量、数量、形式等予以分类。如此反复地进行了将近一年。威廉·雷兹教授说:"垃圾绝不会说谎和弄虚作假,什么样的人就会丢什么样的垃圾。查看人们所丢弃的垃圾,是一种比市场调查更有效的研究方法。"他通过对垃圾的研究,获得了当地食品消费情况的相关信息。

(1)劳动者阶层所喝的进口啤酒比高收入阶层多,并知道所喝啤酒中各种牌子的比例;(2)中等阶层人士比其他阶层消费的食物多,因为双职工都要上班太忙了,以致没有时间处理剩余的食物。依照垃圾的分类重量计算,所浪费的食物中,有 15% 是还可以食用的。

威廉教授通过对垃圾内容的分析,准确地了解到人们消费各种食物的情况,并得知减肥清凉饮料与压榨的橘子汁属于高层收入人士的消费品。

这家企业的管理者根据雷兹教授所提供的信息制定了经营的决策,组织投入生产,并迅速将产品推向市场,结果大获成功。

---

① 编选自:晓红:《世界知名公司市场调查策略》,《当代经济》,1997 年第 1 期。

第五章　信息开发与利用

信息的收集、整理、传递仅仅是信息工作的前奏，要完整地完成信息工作，还必须做好信息的开发和利用工作。信息开发与利用是指对信息材料进行技术化处理，使信息能够更好地为各级领导提供科学决策依据，从而进一步推动工作，充分发挥秘书信息工作职能。通过本章的学习能够充分了解信息开发和利用的必要性；掌握信息开发与利用的相关知识；能够掌握加工、编写信息的技巧和方法，有效提供并利用信息。

案例导入

秘书于雪在某公司任行政秘书一职，为迎接美国总部总裁的来访，公司决定将办公楼装修一下，行政主管让于雪负责收集装修公司的信息。第二天，于雪就把本市较有口碑的装修公司的资料汇总之后交给行政主管，行政主管接过资料一看，十分不满，严肃地批评了于雪。

请问：行政主管为什么要批评于雪？秘书于雪应该怎么做？

信息的主要作用就是把不确定的认识转化为确定的认识，不确定性越大，所需要的信息就越多。不过，所有决策都是建立在有限理性的基础上的，领导者在决策过程中，如果没有足够的信息量，决策就会失去依据，易导致失误。因此，现代秘书就要承担起为领导者提供前沿信息这一基础性核心工作，在秘书工作中，信息量的大小、质量优劣，直接关系到领导者的决策水平。

为提高秘书信息服务层次，秘书仍需对一般信息进行深层次加工、开发和利用。因为通过各种信息渠道收集的原始信息，丰富而庞杂，如果不进行深入开发，一揽子提供给领导，领导者的精力、时间和关注点就会被纷繁的原始信息所淹没，不利于决策和提高工作效率。这就要求秘书对大量的、零散的、随机的、个别的信息进行加工、提炼和概括，开发出全面的、系统的高层次信息。这样才能见人之所未见，想人之所未想，真正做到领导欲谋我先思。随着服务层次越高，信息所反映的问题的全局性、宏观性也越高，这样不仅能发现典型、提出问题，还能通过对事物的分析与研究，最终达到解决问题、推动工作的目的。

因此，对信息进行开发与利用，不仅能够给领导以新思路、新角度、新观念和新启示，为领导提供决策依据;而且能够有效地提高领导的办事效率,节省领导的精力和时间;同时能进一步强化秘书决策咨询的参谋职能。

第一节　信息开发

案例导入

　　秘书小张经常翻阅各种国内外经济报刊,广泛涉猎公开出版物的信息,专门从报刊上收集消费市场的信息进行分类剪贴,汇集成册,供自己或他人使用。通过对剪报的分析研究,小张发掘出有价值信息,得出了服装市场消费者需求变化情况和发展趋势。在此基础上,小张深入市场进行调查研究,取得大量第一手材料,验证了自己的判断,并向领导提供了信息调研报告,为领导把握市场行情、进行产品决策提供了依据。

　　请问:秘书小张是如何发挥参谋作用的?

一、信息开发的内涵……………………………………………………………………

　　一般物质资源经过消费就可能丧失其功效,但是信息具有共享性和可加工性,信息资源可以被多次传输利用,能够不断地补充、完善和扩散;信息资源的开发利用具有多次性,可以进行多次综合归纳,信息能够成为不断增值的资源。因此,信息开发就是对信息进行全面发掘、综合分析、概括提炼,以获得高层次信息的过程。信息开发是信息优化的重要保障,是提高信息质量的重要手段。从利用的角度看,综合性、预测性、系统性信息对科学管理、生产经营具有更直接的参考咨询价值。

　　进行信息开发首先要注重调查研究,通过各种渠道全面、及时地获得信息,扩展信息的涵盖面,增加信息容量。其次充分利用信息网络开发系统,运用信息开发技巧,加强对信息的加工、综合分析、提炼和概括,从而开发出有特色、利用价值大、可信度高的信息,使信息更好地为各级领导科学决策和推动工作服务。

二、信息开发的工作程序……………………………………………………………

　　信息开发具有多次性。从信息加工的角度出发,可以把信息开发分成一次信息开发、二次信息开发和三次信息开发。伴随信息开发程度的加深,信息的客观性、原始性逐步降低,信息加工者的主观性、能动性逐步增强,在信息编写和整合中逐步加入了自己的思想和观点。

(一)一次信息开发

　　一次信息即原始信息,如会议文件、企业单位的技术文献、产品目录、备忘录、内部报告、信件等。一次信息具有直接参考和借鉴的使用价值。对一次信息进行开发有利于把无序的原始信息转变成有序的信息,节省使用原始信息的精力和时间,提高利用率。

一次信息开发基本上是把原始信息按照一定的主题、类别、领导的信息需求整理在一起。这些原生态的信息对领导来说是鲜活的、集中的、便利的。

一次信息开发的基本程序:

1. 确定主题

角度要选准。信息开发具有很强的人为主观性,同样的信息材料不同的信息人员会选择不同的角度开发。在实际操作中,信息人员只有选择那些有新意、有价值、有效用的信息进行编报,所报信息才能进入领导的决策视野,起到以文辅政的作用;如果角度不新、立意平淡,即使再重要的信息也可能被弃用。

2. 选择信息开发的方法

(1)汇集法

把许多原始信息中的资料按一定的标准汇集在一起。这种汇集要围绕一个主题,把一定范围内的有关资料有机地汇集起来。信息资料较多,反映面宽的时候较适用这种方法。如需反映一个地区或一个部门某方面的状况时就比较适用。

(2)归纳法

将反映某一主题的原始信息资料集中在一起,加以系统综合归纳和分析,以便完整、明晰地说明某一方面的工作动态。归纳法要求分类合理、线条清楚、综合准确。

3. 确定一次信息开发的形式:剪报、简报、外文文献的编译等。

(1)剪报

剪报是目前一次信息开发的普遍方法和有效方法,具有实用性强、使用方便的特点。

剪报主要是从报纸杂志上将自己所需要的文字、图片资料剪下来,整理分类并集纳成册。20世纪八九十年代,人们平时读书看报发现自己感兴趣的文字图片时,常制作成剪报以方便日后查找。直到今天,这也不失为一种良好的习惯。

进入21世纪后,随着电子技术的飞速发展,电子文件尤其是PDF格式文件的广泛运用,使得纸质的剪报逐渐淡出了人们的视野,被更加方便、容量更大的电子资料库所取代。因此,现今的剪报表现形式更为多样化,可以用传统的纸质剪贴方式,也可以形成电子剪报。

在当今这个信息时代,来自网络或各种报纸书刊的信息数不胜数,对于企事业单位的领导来说,根本没有充裕的时间去翻阅、过滤,为此秘书人员可以根据领导或市场的需求,选择不同的专题,确定时间周期,将电子或纸质的报刊资料中有用的信息进行选取、组合、编辑制作,将繁杂的报刊资料专题化、集中化,形成一种新的信息产品提供给领导翻阅,通过剪报为领导节约时间和精力。

职场秘书以剪报的方式为领导提供信息服务的情况十分普遍。2002年出任百安居(中国区)总裁的卫哲,带领他的管理团队在5年中将百安居发展成中国最大的建材零售连锁超市,曾被评为"2004年度中国七大零售人物"和2005年度"中国零售业十大风云人物"。2006年11月正式加盟阿里巴巴,并出任集团资深副总裁兼企业电子商务(B2B)总裁。但是,据报道,年轻有为的他正是从实习"小秘",从剪报、端茶等杂活干起来的。

卫哲在大学学的是外事管理专业,也曾有过做外交家的梦想,不过他的第一份工作是做上海万国证券公司老板、"中国证券之父"管金生的秘书。做小小的实习生,怎么能让大老板认识你?采访中,卫哲如是说:"当时老板不让我干什么,就是翻译个年报,剪剪报纸,到后来就是他不看我的剪报中午就吃不下饭。中午他和我们一样吃盒饭,会问:'小卫,剪报呢?'问到这个,我就知道因善于表现自己有成效了。"①

秘书小惠刚到公司任行政秘书时,由于初来乍到,按照公司的规定需从最基础的杂活做起,如端茶倒水、整理资料等,但是小惠并不以之为苦。在整理图书杂志中,她发现历年与公司有关的报道都分散在不同时期、不同种类的期刊中,没有完整的汇编。于是她利用业余时间,通过扫描、复印、剪辑,将这些零散的记录公司历史点滴的珍贵资料汇总成册,并放在公司阅览室显眼的地方,供员工们翻阅。公司总裁在一次工作检查中偶然看到了这本小册子,让助理寻找制作者,并在召开的全公司会议中特地表扬了小惠。

(2) 简报

简报是党政机关、人民团体、企事业单位内部用于汇报工作,反映问题、沟通情况的一种简短的、具有一定新闻性质的文书材料。简报具有简、精、快、新、实、活和连续性等特点,即为简要的调查报告、简要的消息报道等。现在很多企业都有自己的工作简报,既为领导及时提供工作信息,也能丰富企业的文化氛围。

秘书将有关的信息编写成简报,是为了向领导汇报工作、反映问题、提供信息,使领导了解各种情况和问题,使他们能够根据实际情况采取措施,解决问题,表彰推广典型经验。另外,简报还可以促进单位之间的交流,与相关单位之间交换情况、互通信息、交流经验。

简报的种类很多,按时间分,有定期的简报、不定期的简报;按性质分,有工作简报、生产简报、学习简报、会议简报;按内容分,有综合反映情况的简报和反映特定情况的专题简报。

简报的种类尽管很多,但其结构却不无共同之处,一般包括报头、正文、报尾三部分组成。有些编者配加按语,成为四个组成部分。

---

① 暴剑光、卫哲:《以小人物思考大格局,当小秘书就在为十年后当总裁做准备》,《全球商业》,2007年第4期。

① 报头

报头一般占首页三分之一的上方版面,用间隔红线与正文部分隔开。内容有:

报名:"××简报"、"××××简讯",一般用大字套红,醒目大方。

期数:排在报名的正下方,有的连续出,还要注明总期数,总期数用括号括入。如若有编号可排在报头右侧的上方位置。

编发单位:排在横隔线的左上方位置。

印发日期:在横隔线的右上方位置。如若有密级,"机密"、"绝密"、"内部刊物"等可排在报头左侧上方位置。(见图 5 - 1)

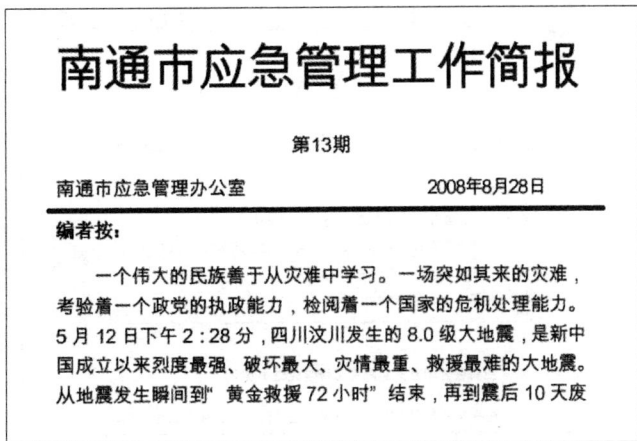

图 5 - 1　南通市应急管理工作简报　报头

有些简报为了宣传,加深读者印象,报头的设计可以生动一些,加上一些与主题有关的 logo 或图片。(见图 5 - 2)

图 5 - 2　简报　报头设计

② 正文

就是简报的文章部分。简报不是一种文章的体裁,因为一份简报可能只登一篇文章,也可能登几篇文章,所以在编排时一定要遵循以下的编排原则:

第一,各篇文章要围绕一个中心,从不同角度反映某一个问题。

第二,最突出中心的文章排在前头。

第三,每篇文章疏密间隔要恰当,标题字大小要一样。(见图5-3)

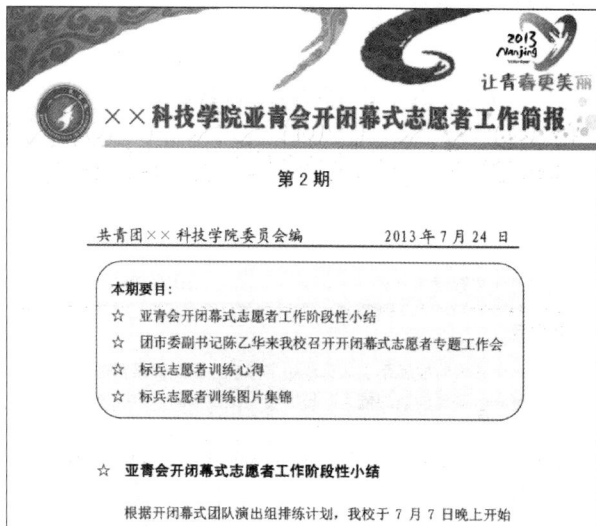

图5-3 简报 正文版面编排

③ 报尾

在末页的下方,用两条平行线框住,平行线之间写报、送、发单位的名称或个人姓名、职务,线下左侧写上责任编辑,右侧写本期印发份数。(见图5-4)

有的简报发布在网络上,起到宣传作用的,一般会省略报尾。

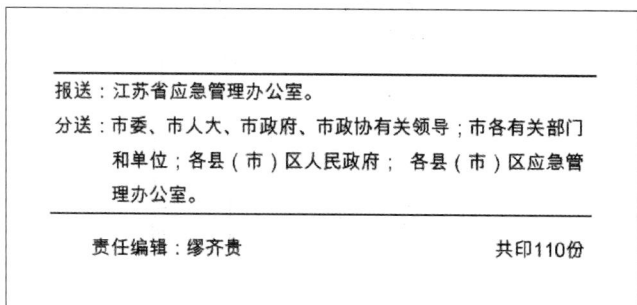

图5-4 南通市应急管理工作简报 报尾

（二）二次信息开发

二次信息开发是对一次信息进行加工整理后而形成的一类新的文献信息，专门提供信息线索，供人们查阅信息来源。二次对信息加工所得到的是高浓缩信息，其中容纳的信息量大，通过二次信息开发可以在较短的时间对较大范围内的信息相应的了解。

二次信息开发的主要方法是浓缩法。即通过压缩信息资料的文字篇幅，达到主题突出、行文简洁的目的。使用浓缩法要使主题集中，即一篇信息资料只表达一个中心思想，阐明一个观点；要压缩结构，减少段落层次；要精简语言，简明地表达含义。其主要的开发形式有索引、目录、文摘、简介。

1. 索引：

索引是查找信息题名、出处等有关事项的检索工具，通常由一系列按字顺或其他字序排列的款目组成。

如图 5－5 中，横线上方的信息即交代了《南通市应急管理工作简报（第 13 期）》的文献出处，提供了文献线索的检索途径。索引的用途就是提供内容出处或文献线索，并不直接提供事实、资料本身。主要功能是为人们准确、迅速地获得文献资料提供线索性指引。常见的索引主要有报刊论文资料索引、文集篇目索引、语词索引、文句索引、关键词索引、专名索引、主题索引等。

索 引 号:	014207264/2008-0548	**分类**:	应急动态
发布机构:	信息科	**发文日期**:	2008年09月03日
名　　称:	南通市应急管理工作简报第13期		
文　　号:	无	**主 题 词**:	
内容概述:	南通市应急管理工作简报第13期		

南通市应急管理工作简报第13期

图 5－5　南通市应急管理工作简报　索引

索引的编写可根据单位的实际情况。具体标准可以参考国家档案局发布的相关文件。

例如：

怎样编制专题索引

专题索引是指将档案馆（室）所藏档案中重要的、利用多的案卷内容简要著录下来，向利用者提供，以专题为线索的一种查找性检索工具。

专题索引以不同年代、不同卷宗的档案为著录对象，将档案中涉及的重要内容（会议记录、机构设置、干部任免、奖惩、各类统计资料等）分别编制成规范表格，排列成有关专题信息的目录，以满足利用者需求，达到查找准确、迅速的目的。

表 5 - 1　专题索引格式

序号	年代	目录号(分类号)	案卷号	备注

专题索引编写方法

① 索引内容:填写某个专题的名称。例:"会议记录"、"干部任免"等。

② 序号:填写某个专题先后顺序号。

③ 年代:填写涉及某个专题的文件形成的年度。

④ 目录号(分类号):填写涉及某个专题案卷的目录号(分类号)。

⑤ 案卷号:填写涉及某个专题案卷的案卷号。

⑥ 备注:填写须要说明的内容。

专题索引编制完后,为了便于检索每个专题,一般要求在专题索引前编制专题索引目录,将所索引专题的内容和在索引中的具体位置作说明。

表 5 - 2　专题索引目录格式

序号	索引内容	所在页号

专题索引目录编写要求

① 序号:填写专题在索引中的先后顺序号。

② 索引内容:填写每个索引专题的内容简要。

③ 所在页号:填写每个专题在索引中的具体位置。

2. 目录

目录编制是指根据信息的题名编制目录,以表格的方式系统化记载和揭示相关信息内容,供人们了解信息的主题、分类、作者、题名等,进而鉴别和选择信息资料。它的形式很灵活,完全可以根据需要设置项目,设置的项目可多可少。根据具体情况,可以编制分类目录、专题目录、行业目录、产品目录等。目录的优点在于结构清晰,查找方便。

索引与目录没有严格的界限,一般说来,目录是对信息内容和形式特征进行全面、系统的著录,项目比较完整;索引则是对信息中的某一部分特征进行著录,如文件中涉及的人名、地名等,著录项目比较简单,只有名称(人名、地名、文号)及出处(或者编号)两个项目。

3. 文摘

信息资料文摘是对信息中重要的内容进行摘录,以简明扼要的方式展示信息的方法,在工作中经常被俗称"摘要"。篇幅短小、内容准确简化、不作评论和补充解释是文摘的主要特点。信息资料文摘一方面可以直接向人们提供信息资料的要点和主题,另一方面还可以使人们据此线索找到原始资料和完整的信息。

一般来说,文摘可以分为三种:(1)指示性文摘:是一种篇幅短小的摘要,向利用者指示信息源的主题范围、使用对象为目的。此种文摘只向利用者提供信息源中涉及的内容纲要,以使利用者正确了解信息源,比较适用于信息篇幅长、内容复杂的情况。(2)报道性文摘:是原文要点较详细的摘要,向利用者提供信息的实质性内容为主要目的,是信息源的浓缩。适用于主题比较单一集中、内容新颖的信息资料。(3)报道—指示性文摘:兼具以上二者特点的文摘。

编写文摘主要采用浓缩法,对信息材料的篇幅进行压缩,突出主题,力求文字简明精炼。具体步骤如下:首先浏览信息,初步确定编写哪种文摘较合适;其次分析信息内容,将有用的信息进行分解,理清主次,选择与确定主要内容要素;再次概括综合并书写成文;最后对内容进行检查和推敲,确保准确。

写摘要,考验了对秘书人员的信息整合能力、思考能力,不仅要尽可能地忠实于原信息,又能清晰、合理地表达自己的思想观点,要持之有据,也要客观中立,这样才能保证文摘的质量,才能对领导起到真正的参谋作用。

(三) 三次信息开发

三次信息开发是在一次、二次信息的基础上,根据特定需要,经过分析研究和综合概括而形成更深层次的信息产品。其任务在于从零星无序、纷繁复杂的信息中梳理出某种与特定需求相关的联系,解释某种规律性的认识,并最终形成书面报告,从而为参谋决策服务。经过三次信息开发后的信息高度浓缩,带有评述性的、动态性的、预测性。其主要形式有简讯、综述、述评、调查报告。三次信息开发的基本程序如下:

1. 进一步分析信息材料

通过一次、二次信息开发,已经把一个个看似平常的、零散孤立的信息根据主题汇集成简报或文摘。在这基础上,仍需要进一步分析信息材料,挖掘题材,通过深入提炼和加工,从动态性中把握规律性,在苗头性中发现倾向性,从偶然性中揭示必然性,由局部性透视全局性。

2. 选择三次信息开发的方法

(1)纵深法

根据需要,把若干个具有内在联系,有一定共同点的信息,或几个不同时期的有关信息资料,从纵的方面进行比较分析,以形成一个新的信息资料。要按原始信息资料提供的某一主题层层深入;按某一活动的时间顺序或按某一事件的历史进程深入进去,以搞清问题的来龙去脉。

(2)连横法

按照某一主题的需要,把若干个不同来源的原始信息资料从横的方面连接起来,作出比较分析，形成一个新的信息资料。采用连横法应注意：来自不同方面的信息要具有一定的同质性；要选择最能说明主题的信息。

(3) 转换法

原始信息中若有数据出现，应把不易理解的数字转换为容易理解的数字。

(4) 图表法

如果原始信息资料中的数据有一定的规律性，可以将数据制成图表，使人一目了然，便于传递与利用。

3. 确定三次开发的形式：简讯、调查报告等

(1) 简讯

简讯是用简明扼要的语言报道最新动态信息。秘书一般会以简讯的形式对动态型信息进行第三次开发。动态型信息反映某项工作、活动或事件的发生、发展和变化，说明客观情况，可以使领导从大量动态现象中看到问题的本质，预测未来。

简讯作为一种信息的报道，要迅速及时，做到文字简洁、内容精练。简讯要实，篇幅不长，但时间、地点、关键数据、主要内容均不可出错，并要指明信息的来源。一份简讯的内容多以零星、分散的信息构成，以报道信息的宽度取胜。简讯通常以"××快报"、"××简报"、"××动态"、"××快讯"等冠名。

如图 5-6，围绕即将在南京举办的 2014 年第二届青年奥林匹克运动会，以简讯的方式报道相关筹备工作，便于公众了解情况，里面的内容有发行邮票、演奏会、骑行拉练、征集赞助企业的公告等等，形形色色，涉及面非常宽泛。

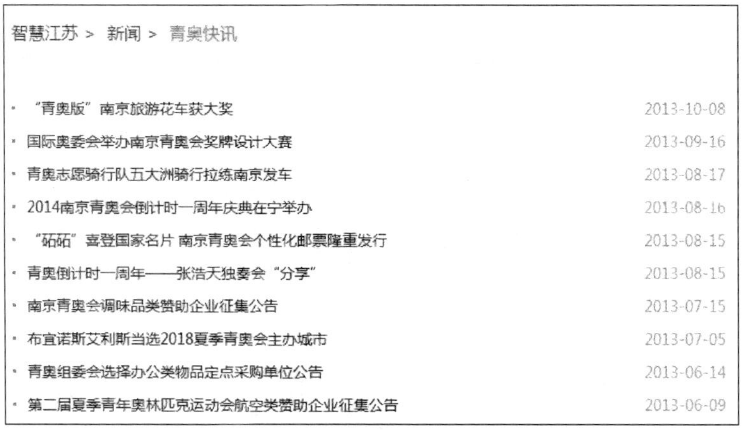
智慧江苏 > 新闻 > 青奥快讯

· "青奥版"南京旅游花车获大奖	2013-10-08
· 国际奥委会举办南京青奥会奖牌设计大赛	2013-09-16
· 青奥志愿骑行队五大洲骑行拉练南京发车	2013-08-17
· 2014南京青奥会倒计时一周年庆典在宁举办	2013-08-16
· "砳砳"喜登国家名片 南京青奥会个性化邮票隆重发行	2013-08-15
· 青奥倒计时一周年——张浩天独奏会"分享"	2013-08-15
· 南京青奥会调味品类赞助企业征集公告	2013-07-15
· 布宜诺斯艾利斯当选2018夏季青奥会主办城市	2013-07-05
· 青奥组委会选择办公类物品定点采购单位公告	2013-06-14
· 第二届夏季青年奥林匹克运动会航空类赞助企业征集公告	2013-06-09

图 5-6 智慧江苏网"青奥快讯"页面①

① 参见网址：http://www.smartjs.cn/qingao_2013/qingao_two.html。

简讯的结构包括标题、导语、主体、结语、背景五个方面,前三者是主要部分,后二者是辅助部分。

首先,简讯的标题要简明扼要,直击主题。想要拟出一个准确、简约、传神的标题,绝非易事。曾任《人民日报》社长兼总编辑的杂文家邓拓(1912—1966)曾诙谐地说过:"谁要给我想出一个好标题,我给它磕三个响头。"可见,提炼一个吸引人的简讯标题对于秘书是多么重要。提炼标题要注意以下几个原则:题文一致,突出精华;准确鲜明,言简意明;易读易懂,生动活泼。

其次,简讯的导语要能够鲜明地提示简讯的主题思想,反映最主要、最新鲜的事实,语言要简明生动。如例文 5-1 中的第一段:"10 月 6 日,在 2013 年上海旅游节花车巡游暨评比大赛上,由南京市旅游委设计制作的'南京旅游'花车荣获'灯光效果'大奖。"即为导语部分,交代了事件发生的时间、地点、人物、起因、过程、结果,简洁明了。抓住事情的核心,并具有吸引力。

再次,简讯的主体部分承接导语,进一步阐述导语所揭示的主题,或回答导语中提出的问题,对事件作具体的叙述,全面反映事件的客观过程。要注意如下几点:一是主干要突出。简讯的主体是主干,典型材料要用在主干上。要去头绪,减枝蔓,与主题无关的要舍弃,次要材料要简略。二是内容要充实,回答导语中提出的问题,其内容必须具体、充实,这样才有说服力。导语提出什么问题,主体就要回答什么问题,这样才能紧扣中心,突出重点。三是结构要严谨,层次要分明。要恰当地划分段落,有条不紊地展开叙述。安排层次有以下几种顺序:一是时间顺序,按事情的发生、发展、结束的先后顺序安排层次;二是逻辑顺序,就是根据事物的内在联系来安排层次;三是时间顺序和逻辑顺序相结合,这样写严密而有条理,活泼而不紊乱。

最后,简讯的结语和背景部分,这两个是辅助部分。结语,一般指简讯的最后一句或一段话,是简讯的结尾;背景,是事件的历史状况或存在的环境、条件,是简讯的从属部分,常插入主体部分,也插在"导语"或"结语"之中,插入合理的背景材料,能够增强简讯的价值。这两个部分可根据内容的需要,可有可无。

简讯也可采用图文式,即插入所报道事件的图片或照片,一方面使简讯更生动醒目,另一方面使简讯的内容更真实可信。

(2)调查报告

调查报告是一种在实地调查获得数据、事实的基础上,经过分析研究得出能真实反映有关事件的本质特征的三次信息开发。调查报告是秘书信息工作中经常使用的一种开发方式。组织机构的领导经常依靠秘书运用调查报告来了解外部环境的具体情况,避免决策失误。因此,调查报告的使用范围很广,使用的频率很高,是人们了解情况、分析问题、总结经验、推动工作的重要工具。

秘书通过调查报告对信息进行三次开发,不仅可以了解事实真相,总结经验教训,揭示客观规律,而且可以为领导制定方针政策、指导工作提供依据。在第一、第二次信息开发之后,第三次信息开发必须要对信息进行认真的分析研究,从中概括出共性,找出规律,提炼出最能说明问题的观点。"去粗取精,去伪存真"是前期的信息整理,"由此及彼,由表及里"是对信息进行分析研究的方法,属于三次信息开发。

"由此及彼,由表及里",是指从事物的内部联系上进行研究,也即是"综合"的过程。所谓综合,就是把分析过的各个部分的信息,按照它们的属性,联合成一个统一的整体,让人们通过事物各个部分之间的联系去认识事物的整体,进而认识它的本质和规律。综合就是从部分到整体,由具体到抽象的认识过程。"由此及彼"是把已经过一、二次开发的信息连贯起来思索,找出事件之间的互相联系。"连贯"的方法是从"纵"、"横"两个方面入手。"纵"是事物的历史发展过程,事物的前后联系。通过纵的联系研究事物本身发展变化的规律。"横"是指一事物和另一事物之间的互相联系。通过横的联系,在比较中探寻出事物的内部规律。"由表及里"就是要透过事物的表面现象去了解和认识事物的本质特征,从而抓住主流,确定主题思想,揭示出事物的本来面目。

好的调查报告,一方面离不开一次、二次信息开发,另一方面更离不开秘书的研究分析能力。只有完成信息分析和组织,才能形成经验型、建议型、问题型或预测型的调查报告,为领导提供决策依据,发挥自身辅助决策的职能,发挥参谋咨询的作用。

调查报告的结构及写法如下:

调查报告的结构没有固定的格式,形式为内容服务,不同目的、内容的调查报告,可以有不同的结构形式。但是,一般来说,还是有基本的结构形式。由标题、正文、署名和日期三部分组成。

① 标题。标题可以有两种写法。一种是规范化的标题格式,即"发文主题"加"文种",基本格式为"××关于××××的调查报告"、"关于××××的调查报告"、"××××调查"等。另一种是自由式标题,包括陈述式、提问式和正副题结合使用三种。

② 正文。正文一般分前言(导语)、主体、结尾三部分。

第一,前言,即导语。有几种写法:

第一种是写明调查的起因或目的、时间和地点、对象或范围、经过与方法,以及人员组成等调查本身的情况,从中引出中心问题或基本结论;

第二种是写明调查对象的历史背景、大致发展经过、现实状况、主要成绩、突出问题等基本情况,进而提出中心问题或主要观点来;

第三种是开门见山,直接概括出调查的结果,如肯定做法、指出问题、提示影响、说明中心内容等。前言起到画龙点睛的作用,要精练概括,直切主题。

第二,主体。这是调查报告最主要的部分,这部分详述调查研究的基本情况、做法、经验,以及分析调查研究所得材料中得出的各种具体认识、观点和基本结论。

建议型报告,主体部分一般重点为建议内容及理由,针对性强,既要反映问题,又要提出解决问题的措施办法,建议有理有据,切实可行。

经验型报告,可采用顺叙法,即先写做法和经验,后写效果;也可采用倒叙法,先写效果,再写做法和经验。经验型报告的编写内容要具体、观点明确、分析透彻、数据充分。经验典型,具有实际指导意义。

问题型报告即负面信息报告,分为已经发生、正在发生和将要发生三种。主体部分要把问题发生的时间、地点、条件、原因等表述得准确详尽,在揭示问题的同时,应提出解决问题的方法。

预测型报告的主体内容大致包括:工作情况、社会动态、经济动态、市场前景等,预测根据要充分,保证情况真实,数据准确。

第三,结尾。结尾的写法也比较多,可以提出解决问题的方法、对策或下一步改进工作的建议;或总结全文的主要观点,进一步深化主题;或提出问题,引发人们进一步思考;或展望前景,发出鼓舞和号召。

③ 具名和日期

具名和日期是落款,是调查报告的一个组成部分,不容忽略。具名是写作者的名称。是调查组要写明调查组名称,体现出权威性;是个人,也要写上姓名,必要时注明是什么人,以示负责。日期是指成文的年月日,写明日期以示时效。

三、信息开发的注意事项··

1. 拓宽信息渠道,广泛及时收集信息,重视信息的积累。

2. 加强对信息的分析综合,提高信息的广度和深度。

3. 注重概括提炼,提高信息的精度和纯度,从大量原始信息中提取高层次信息。

4. 加强调查研究,提高信息的可信度和可用性。

5. 建立人机配套的信息网络开发系统。

6. 讲究信息开发技巧,围绕中心开发、抓住热点开发、针对难点开发、找准亮点开发、超前预测开发、突出特色开发。

第二节　信息利用

利用信息是将信息的潜在价值转化为现实价值的唯一途径,也就是说信息只有在被利用过程中才能实现其社会效益和经济效益。信息的被利用是信息取得效益的必要途径。信息获取、处理的目的就是利用信息,只有实现了对信息的利用,信息的价值才能真正体现出来。

一、信息利用的概念···

信息利用就是通过各种有效的方式和方法,将收集、处理、储存的信息资源提供给利用者,发挥信息的效用。信息利用有利于实现信息的价值,促进管理水平的提高;有利于信息的增值和信息资源共享;有利于提高各级组织决策的成功率。

信息利用是秘书信息工作的核心阶段、终极目标。如果信息得不到利用或者利用价值较低,那么围绕信息的一切工作都毫无意义或事倍功半。在秘书工作中,信息的利用最重要的是将有价值的信息汇报传递给有关领导和有关管理部门。领导和有关部门利用秘书提供的信息,辅助决策,或者参考制定政策,或者了解掌握基层情况。对于秘书人员来说,提供信息利用服务是他们的常规工作。

信息利用还包括采取恰当的传输形式,及时发布、传播,有关组织及人员获取信息后,采取恰当的存储形式,将信息保存,形成信息中心、信息库,供有关组织和人员浏览查阅并加以利用。

无论信息起到什么作用,只要它对领导和有关部门"有用",秘书的信息工作就有意义,用处越大,意义越大。

二、信息利用的特点···

一般而言,信息利用具有周期性、经常性、广泛性和时效性等特点。

1. 周期性

信息利用是一种社会现象,受各项工作活动规律的影响,呈现出周期性。如工作任务重要,对信息分析的需求就大;反之,信息利用率就低。

2. 经常性

人们从事任何工作都离不开信息,这就使信息利用服务呈现出经常性的特点。

3. 广泛性

无论是决策者,还是一般员工,只要其在解决实际工作问题、从事业务工作中需要利用信息,都可成为信息的利用者。

4. 实效性

信息资源的利用能够带来一定的实效。如在文化、教育等方面发挥社会效益,在产品更新、降低成本、节约费用等方面发挥经济效益。

三、制约信息利用的因素···

信息利用是秘书信息工作的终极目标。信息经过收集、整理、开发之后,能否通过利用实现信息自身的价值,仍是一个未知数。影响信息利用这一关键环节的因素是多方面的,主要有社会环境因素、组织自身环境因素、秘书的素质、领导的素质等。

（一）社会环境因素

即为我们所处的社会政治环境、经济环境、法制环境、科技环境、文化环境等宏观因素,社会环境对信息利用有着重大影响。例如企业秘书为领导提供生产经营方面的信息,如果违反国家的法律,如种植、贩卖毒品或生产假冒伪劣产品,虽然预测盈利较高,这样的信息也是坚决不能利用的。即使一些对提高生产力极有价值的科技信息,由于某些社会历史原因,也在一定时间内无法实现信息利用。如马克思在《资本论》中曾记载,17 世纪时,反对一种织带子和花边的机器的工人暴动几乎席卷了整个欧洲。这种织带机是由德国人发明的,在同样时间内,一个人使用这种精巧的机器能够比较轻松地织出比过去几个人所织的还要多的东西,但因为但泽(编者注:现属波兰)的市议会害怕这项发明会使大批工人沦为乞丐,所以压制了这项发明,并让人将发明人秘密勒死或溺死。1621 年,在荷兰莱顿第一次采用了这种机器。花边工人的暴动迫使市政局禁止使用这种机器。后来,荷兰国会在 1623 年、1639 年等年份曾颁布几道法令限制使用它,最后,1661 年 12 月 5 日的法令准许在一定条件下使用它。1676 年,这种机器在科隆被禁止使用,同一时候它输入英国,也引起工人的骚动。1685 年 2 月 19 日,德皇颁布法令,禁止在全德国使用这种机器;在汉堡,根据市政局的命令,它被当众烧毁。1719 年 2 月 9 日,查理六世重申 1685 年的敕令,而萨克森选帝侯国到 1765 年才准许公开使用它。实际上,这种轰动世界的机器,正是纺纱机和织布机的先驱。[①] 这一事实说明,信息利用会受到宏观的社会环境影响。

（二）组织自身环境因素

社会组织结构内部的组织气候、信息网络等因素会制约信息利用的程度。如果一个组织机构内部的团体意识强,领导班子团结一致,组织上下关系和谐,全体组织成员思想和行动协调一致,那么信息的利用程度就高;反之,如果组织团体意识涣散,组织内部关系紧张,充满猜忌、矛盾,即使是有价值的信息,也会湮没在无奈的人事纠纷中。

（三）秘书信息素质

提供信息者的素质影响信息利用的可能性及价值实现程度。如果秘书素质较高,能够善于从全局出发,为着组织的整体利益,提供有价值的信息,信息被利用的效率就较高,领导对信息的提供者更为信任,更愿意与其讨论问题,而秘书就能更多地理解领导的意图和思路,就能更有效地提供信息服务,形成良性互动;反之,如果秘书素质较低,或私心较重,总是从自己个人角度思考问题,或只善空谈,不着实际,提供的信息利用价值不大,就很难实现信息工作的最终价值。

---

① 马克思:《资本论》(第一卷),人民出版社 2004 年版,第 492—493 页。

(四) 领导的信息利用能力

信息利用能力是指为了某种需要或特定目的,将获取、处理的信息应用于实践,以实现预定目标,使信息价值得以实现的能力。在信息获取、分析、筛选、加工的所有阶段,批判性地处理和利用信息是检验信息能力的最重要特征。要学会有效地利用科学的信息检索方法和检索工具,利用所掌握的信息技术和所获取的信息,解决工作和生活中面对的各种问题。如果领导缺乏必要的信息素质,意识不到要为决策的可行性论证搜集相关的信息,决策时就可能过多地依赖于实践经验,无法积极、主动地要求秘书去查找信息和整合利用信息。

四、信息利用服务的途径

(一) 信息检索服务

在基本不改变信息资源形态的情况下,有选择地为信息的利用者提供信息服务,如信息复制。通过索引、目录和计算机检索系统直接利用信息或信息复制品为利用者提供服务。

信息是工作经验的积累,是知识的存储。做任何工作都不能单纯地依靠个人经验,而必须利用全面、充分、准确、有用的信息。如公司研究开发新的产品,需要做计划,秘书应检索、提供有关科学技术论文、专利调查、生产技术转让服务、国内外同行业同类产品的生产和发展趋势材料,有关国内外市场变化、顾客消费习惯、购买力水平资料,有关本行业同类产品的品种、质量、专业化协作程度、经营管理状况、职工技术水平、原材料自给率资料,有关国内竞争对手的社会信誉、产品开发的标准文件、技术进步等资料。只有在掌握全面信息资料的基础上进行决策,才能保障决策的可行性。

信息利用中可使用跟踪卡、文档日志记录信息借阅情况。

1. 跟踪卡

当信息资料被借出后,应建立跟踪卡,放置在信息资料原存放处,使其他利用者能知道该信息资料去向。(见表5-3)信息资料归还时,填好跟踪卡。应定期检查跟踪卡,如果信息资料已借出一段时间,要与对方及时联系。

表 5-3 跟踪卡

借出日期	信息标题	借阅人	部门	归还日期	签名

2. 文档日志

跟踪信息资料还可用文档日志。当信息资料借出时,在日志簿上签名;归还时再签名以示归还。如果找不到某信息资料,要查看日志簿,了解去向,知晓信息利用情况。

（二）信息加工服务

通过对信息内容进行分析研究、选择、加工、编辑后，形成信息成果，并将信息成果提供给需要者。

（三）定题查询利用服务

即针对特定的主题和内容向利用者提供所需信息的服务方式。日常工作中，领导、内部机构经常提出一些需要查询的问题，涉及各方面的内容，如查找报刊文献资料，核查具体数据，了解国内外某些重大事件等。查询、解答这些问题，必须记录、存储足够的信息资料，通过查找信息资料，回答问题的全部或部分。

（四）信息咨询服务

改变所收集或储存信息的形态而产生的新信息服务。其表现形式有：问题解答、书目服务、报刊索引服务、信息线索咨询服务；数据、事实、统计资料的咨询服务等。

（五）网络信息服务

建立在现代信息技术的基础上，以计算机硬件和通信设备为依托，以应用软件为手段，以数据库信息资源为对象开展利用服务。可将信息提供服务和信息咨询服务统一起来，有助于最大限度地实现个别化服务。主要表现形式有：电子信息的发布、电子函件、电子公告板服务、联机公共目录查询（OPAC）服务、光盘远程检索服务、远程电话会议服务、用户定题服务等。

五、信息利用服务的程序及要求

（一）信息利用服务的程序

1. 了解收藏信息的内容和成分，熟悉各种信息检索工具的使用方法，建立专题信息产品资料库，提供所需的信息及信息加工，供领导随时查询；

2. 建议领导举行专题会议，秘书进行专题信息汇报，分析和预测信息的需求特点，把握信息利用需求的发展规律，提供开发的信息；

3. 建立领导专用的信息查询网络，向利用者介绍相关的信息线索，开展信息咨询服务。

（二）信息利用的要求

1. 严格遵守信息法规。秘书在利用信息时要遵循知识产权保护法、版权法、数据保护法等各种法律法规，否则会给工作造成不利影响。

案例：

我在党委办公室信息科工作。前不久，市委统战部发来市政协委员、九三学社湘潭市专职副主委、湖南科技大学教育学硕士生导师张××关于教育的一则建议信息，我把它编进了市委信息刊物《要情汇报》的"献计献策"栏目版块，小标题为：市政协委员、湖南科技大学教育学硕士生导师张××建议教育的均衡发展要着力在"五个更加"上。

　　不料,第二天一早,市委统战部的一位工作人员打电话给我说:"请问《要情汇报》是你们这儿出的吗? 这期有一个很严重的错误。市委常委、统战部长把我们的信息员给批评了。我现在来找你讲一下。"我顿时丈二和尚摸不着头脑了:以我的知识范围来讲,确实没发现什么错误啊。平时出现个别错别字的现象也还是有的,但也不至于出现"很严重的错误"吧?

　　忐忑中,统战部的同志来到了我们办公室。

　　"你就是编者吧,这里张副主委的职务怎么没有写全呢?"

　　"他的职务太长了,我们版面有限,因为内容和教育有关,所以就把他的党派任职给省掉了。"我辩解道。

　　"中央规定民主党派领导干部的党派任职一定要体现,这可是硬性规定啊! 所以这三个职务你其他两个不写都可以,唯独这个要保留,知道吗?"

　　听了这番话,我真是懊悔不已。由于自己平时不注重加强学习,政治敏锐性不强,竟然导致了这种错误的出现,真是太不应该了。我向统战部的同志表示了歉意和感谢。

　　事后,我就"党外领导干部职务注明"问题专门请教了统战部的同志,得知:对于民主党派领导干部的职务说明,中央有关部门的文件中都有明确规定。这主要是出于扩大我国多党合作与政治协商制度影响的考虑。往大里讲,这是讲政治的表现,是落不落实政策的表现;往小的说,也是体现对民主党派成员的尊重。[①]

　　以上案例说明,一个秘书如果对国家的方针政策都不熟悉,是无法做好信息工作,无法通过信息工作为党政工作的大局提供服务。唯有加强学习、不断学习,才能防止类似错误的发生。

　　2. 严格注意信息安全保密,维护信息安全。秘书人员要有保密意识,严格遵守国家保密法及企事业单位的保密规章制度,管好自己的口头信息、文字信息、电子信息,确保信息安全。

　　案例:

　　前国家统计局办公室局长秘书室副主任孙振于2009年6月至2011年1月,先后多次将尚未对外公布的涉密统计数据(包括国内生产总值、居民消费价格指数、工业增加值、工业产品产量、固定资产投资等统计数据)共27项泄露。经鉴定,其中14项为机密级,13项为秘密级。经法院审理,孙振构成故意泄露国家秘密罪,并判处有期徒刑5年。孙振的数据来源于国家统计局的"进度数据表"。孙振常以领导要资料为由来要数据表,然后通过MSN聊天工具透露给证券从业人员,或者帮助证券公司有关人员证实一些传闻数据。虽然在检方指控和在审理判决中,未体现出背后的利益交换,但是泄密者出于炫耀心理泄露重要信息,法律意识淡薄,最后损害了社会公众的利益。

---

　　① 马小鸽:《一次信息事故带给我的启示》,《秘书工作》,2010年第7期。

思考题

1. 试述信息开发的意义。

2. 简述提供信息利用服务的途径。

3. 公司经理准备对员工进行一次商业文化的讲座,需要制作出一组 PPT 辅助教学,请你协助查找资料,并完成 PPT 的制作。

4. 集中收集某阶段社会招聘秘书的相关信息,并将这些信息整理加工,形成《用人单位对秘书人才的要求分析报告》。

案例分析

一张纸条

　　某年七月,洪峰多次袭击 C 市,该市从领导到群众都处于高度紧张,高度戒备状态。某日,防汛总指挥部的电话铃响了:长生桥附近的"巴耳垸"决口! 接到报警,指挥部立即调兵遣将,奔赴现场。

　　来到现场,只见大堤内的"子堤"被河水撕开一丈多宽的口子,决口处洪水垂直落差近三米。见到这种情形,指挥长焦急万分,赶紧指挥抢险队伍用草袋灌土堵口。但是装满土的草袋一丢进决口,就被湍急的洪水冲走了;后来指挥长采纳一位老同志的建议,将装满大米的麻袋投入决口,想通过大米膨胀来堵住决口,但是也未奏效。眼看着一包包雪白的大米扔进水里,秘书小胡悄悄地塞给指挥长一张纸条,上面写着"该'巴耳垸'面积十五亩,去年早稻总产量八千四百多斤;该段大堤通过整治已达五十年一遇防洪工程标准"。看完这个纸条,指挥长立即下令:"停止堵口"。听到命令,大家愕然。指挥长才慢慢道出原委,原来,投入水中用来堵口的大米已远远超过该垸去年的早稻产量,而且"巴耳垸"的决口并不会影响大堤的安危。事后,在抗洪抢险表彰大会上,胡秘书因参谋有方,得到了重奖。

　　【问题讨论】　从信息利用服务的角度,说说这个案例给你什么启示?

例文 5-1

"青奥版"南京旅游花车获大奖[①]

　　10 月 6 日,在 2013 年上海旅游节花车巡游暨评比大赛上,由南京市旅游委设计制作的"南京

---

① 《"青奥版"南京旅游花车获大奖》,2013 年 10 月 8 日,http://www.nanjing2014.org/a/20131008/013733.htm。

旅游"花车荣获"灯光效果"大奖。

为了抓住这次在上海宣传南京旅游和南京青奥会的良机,南京市旅游委旅游促进处精心筹备并得到了青奥组委会新闻宣传部的大力支持,用南京 2014 青奥会吉祥物"砳砳"的卡通形象作为花车主题形象,取得了令人瞩目的实体视觉效果。本次共有 21 辆花车参与评比,经过专家评审、现场投票和网上评选,最终选出 7 辆获奖花车。

在为期 20 多天的花车展示巡游中,"南京旅游"花车受到了上海 10 个区县近百万市民的广泛关注和热情欢迎,为南京青奥会进行了一次成功的形象宣传。

例文 5-2

中国商人生存环境调查报告①

近年来,国有企业携政策、法律、资金、资源等优势,强力扩张,挤压民营经济的生存空间,让许多民营企业家倍感压力。不仅在国企垄断的传统领域,甚至在部分竞争程度较高的领域也听到了国资挺进的号角。人们担心,新一轮"国进民退"的旋风将席卷更多非传统国资涉足的领域,从而进一步挤压民营企业的发展空间。2010 年 8 月,中国工商联调查发布了一个简单的不等式:500 强民营企业的利润总和比不上两家央企巨头。这一数据让人们看到民营企业和国有企业的差距,令人不禁想问,民营企业到底路在何方?

2011 年 2 月 17 日,在亚布力中国企业家论坛第十一届年会上发布的《2010 年中国企业家生存环境调查报告》指出:尽管民营企业家总体看好中国经济发展,但大多数企业家表示,在与国企和外企竞争中倍感压力,认为政策环境是当前民营企业面临的最大挑战,而政策的公平性和稳定性是企业家最为普遍关注的问题。

民营企业在竞争中倍感空间受挤压

调查显示,近七成(66.7%)民营企业的老总称在与国企和外企的竞争中,感觉到压力大,其中近两成(18.9%)的老总表示"压力非常大"。其中,中小企业,尤其是二线城市和中西部地区的中小型民营企业压力更大。

调查进一步发现,造成其压力的原因既有来自市场的因素,也有来自非市场的因素。在非市场因素方面,政府政策倾斜度是一个重要因素。在所有表示"有压力"的企业家中,34.2%的人认为政府对民营企业与国有企业和外资企业的政策倾斜力度不一样,15.7%的人认为政府给民营企业的优惠政策远不如给国有企业和外资企业的力度。可见国有企业的先天政策优势和外资企

---

① 该报告原题为《2010 年中国企业家生存环境调查报告》,由亚布力(中国)企业家论坛发展研究基金会、泰康人寿保险股份有限公司和零点研究咨询集团联合编制发布。《中国商人》2011 年第 5 期刊发时内容有部分删减,标题改为《中国商人生存环境调查报告》。

业的超国民待遇是让民营企业倍感压力的重要原因。

附表 您所在行业中的民营企业受其他类型企业(外企和国企)的竞争压力有多大?

	总体(%)	大型企业	中小型企业
完全没有压力	4.3	2.9	4.5
不太有压力	28.6	32.4	27.8
压力比较大	48.1	52.9	47.2
压力非常大	18.6	8.8	20.5
说不清	0.5	2.9	0.0
总计	100.0	100.0	100.0

数据来源:《2010年中国企业家生存环境调查报告》。

此外,调查还显示,半数(50.5%)企业家表示政府对国有企业和民营企业政策上有失公平,其中认为"非常不公平"的比例为11%。进一步分析发现,服务业、中小型企业对政策有失公允感受更强烈。

其次,在市场因素方面,日益激烈的市场竞争是民营企业家感到压力的另一重要因素。数据显示,35.7%的企业家表示其压力源于在与国企和外企竞争中,企业运营成本的增加。此外,有22.9%的企业家表示其企业与国企和外企在争夺优秀人才上竞争激烈。此外,与国企和外企在市场价格(20%)、品牌知名度(20%)和技术革新(15.7%)等方面的较量比拼也是企业家感到压力的另一些因素。

政策变动令民营企业疲于应对

近年来政府各个部门对经济活动的调控越来越频繁。政府对市场的干预,提高了未来不确定性,这让很多民营企业家们疲于应对,甚至感到不安。本次调查显示,近八成(77.6%)企业家认为国家政策变动对其企业的影响程度较大,其中有24.3%的企业家认为"非常大"。

附表 您觉得国家政策变动性对您企业的影响程度如何?

	总体(%)	大型企业	中小型企业
没有影响	3.3	2.9	3.4
不太大	18.6	20.6	18.2
比较大	53.3	64.7	51.1
非常大	24.3	11.8	26.7
说不清	0.5	0.0	0.6
总计	100.0	100.0	100.0

数据来源:《2010年中国企业家生存环境调查报告》。

而对于国家大力调控的房地产行业,其受政策影响的程度更大。此次调查的21位房地产企业老总中,有19位表示政策变动对其企业影响大,比例高达90.4%。其中10位认为"影响非常大"。

分析还发现,对于不同规模的企业,政策变动对其影响程度有所不同。26.7%的中小企业的企业家认为影响"非常大",这一比例比大型企业的企业家(11.8%)高出15个百分点。

此次调查访问的很多企业家认为,目前民营企业在中国面临的最大的挑战还是政策方面的问题,其中政策公平性和稳定性问题最受关注。多数企业家认为,在中国,要想企业发展得好,跟紧政策和跟对政策是民营企业家的必修功课。为了做好功课,企业家们往往会在研究政策、与政府官员打交道和如何获得话语权上花费更多时间和精力,以应对政策不确定性带来的影响。实际上,民企空间的萎缩感也正体现了当前公权力与市场此消彼长的关系。

逾四成企业家称媒体报道不客观

一直以来,媒体对"问题富豪"、"不良企业"等的报道,加强了公众对企业家群体的负面认识。其实,对于社会上的很多大企业,公众是有期待的,希望这些企业能够承担起更多的社会责任,希望能够诞生一批国际品牌,做强做大。然而"毒奶粉事件"、无良煤老板、昔日首富先后身陷囹圄、企业家炒作股市楼市等现象让不少公众感觉很激愤。而媒体往往将这些新闻点夸大,以迎合民众情绪。

附表　总体来看,您觉得当前媒体对企业家群体的报道客观吗?

	总体(%)		总体(%)
完全扭曲	1.4	相对客观	30.5
不确定	25.3	总计	100.0
不太客观	42.9		

数据来源:《2010年中国企业家生存环境调查报告》。

那么,作为这些新闻事件的主角,企业家如何看待媒体的报道,又有多数人受到舆论讨伐的影响呢?《2010年中国企业家生存环境调查报告》指出:企业家自认在与媒体关系上是弱势群体,逾四成企业家认为媒体对企业家群体的报道不客观,三成企业家受到舆论道德"讨伐"的负面影响。

当前,媒体报道常常提及"问题富豪",把富豪和问题连在一块,觉得民营企业家官商勾结、假冒伪劣等等。然而此次调查显示,逾四成(42.9%)企业家认为,媒体的报道往往并不是事物的全貌,有时候有欠客观。另外三成(30.5%)企业家则认为媒体对企业家群体的报道还是相对客观的,被曝光的企业或企业家属于本身"案底"不够清白。

调查还显示,对于企业家群体与媒体之间的关系状态,近三成(28.6%)企业家认为,企业家在媒体面前基本没有话语权。而另外近七成(68.1%)企业家则持更加理性态度,认为"企业家在不同事情上的话语权和影响力不一样"。只有2.4%的企业家认为企业家群体比较强势,可以影响媒体舆论方向。

公众的道德讨伐让逾三成企业家受影响

对于社会公众曾经掀起的对企业家"原罪"问题的讨伐,以及公众普遍对企业家"为富不仁"的认识,有逾三成企业家表示受到了负面影响。其中19%的企业家承认社会舆论环境已经对其产生了一定的道德压力,另外15.7%企业家认为这有损其本人和企业家群体的形象。此外,2.9%的企业家表示社会舆论环境已经对其平时工作和生活造成影响。总体来看,公众的道德"讨伐"对37.6%的企业家产生了负面影响。

附表　社会公众掀起过企业家"原罪"、"为富不仁"等问题的大讨论,对您有什么影响?

	总体(%)		总体(%)
让我感到有一定的道德压力	19.0	对我本人没有实际影响	68.1
有损我本人和企业家群体形象	15.7	说不清	1.4
已经对我平时的工作和生活造成影响	2.9	总计	107.1

注:部分自填问卷的受访者选择了两项。
数据来源:《2010年中国企业家生存环境调查报告》。

对于媒体的报道和公众的认识,此次受访的企业家们表示感到颇为尴尬和无奈。他们觉得,一方面公众没有看到作为富人阶层的民营企业家是用其冒险、创新和努力换来的回报,没有看到企业家为社会做出的贡献;另一方面,确实有些民营企业家有暴发户心态、不顾道德法律、官商勾结、生活腐化,在社会上树立了不良形象。但是,他们认为公众和媒体应该辩证看待。

企业家财产和人身安全感缺失

调查发现企业家安全感较低。对于当前法律环境是否能够保障其财产安全,28.6%企业家认为"不安全",其中认为"不太安全"的企业家占23.8%,认为"非常不安全"的占4.8%。此外,当问及平时是否担心自己和家人的人身安全时,竟有近四成(38.1%)企业家表示担心,其中28.1%的人表示"比较担心",而10%的人表示"非常担心"。

附表　您觉得在目前的法律环境下,您的财产安全是否有保障

	总体(%)
非常不安全	4.8
不太安全	23.8
比较安全	63.8
非常安全	6.7
说不清	1.0
总计	100.0

数据来源:《2010年中国企业家生存环境调查报告》。

附表　平时您担心您个人或者是家人的人身安全问题吗?

	总体(%)
一点不担心	7.6
不太担心	54.3
比较担心	28.1
非常担心	10.0
总计	100.0

数据来源:《2010年中国企业家生存环境调查报告》。

企业家群体是伴随中国市场经济的发展而诞生的,他们分享着市场经济的财富成果,获得市场创新带来的成就感,得到社会的尊重。然而公众多相信中国的富人都是有"原罪"的,公众中也有一定的仇富心态,加之对制度和政策不确定性的担忧,这让不少企业家缺乏社会安全感。此外,企业家在市场经济中的作用也没有被人们充分认识,作为纳税人也没有享受相应权力,加之相关话语权的缺失,这些让企业家又缺乏相应的社会认同感。"两感"的缺失反映了表面光鲜的企业家背后矛盾和纠结的心态,这也是促使他们纷纷选择"逃离"、移民海外的理由之一。

技术说明:此次调查于 2010 年 11—12 月针对北京、上海、广州、深圳、重庆、西安、广东、四川、江苏、山西等 19 个城市和省份的 210 位中国民营企业董事长、董事、总裁、副总裁和 CEO 进行。调查涉及制造业、建筑业、房地产业、金融业、信息传输业、计算机服务及软件业、商务及科技服务业等各行业的民营企业,其中大型企业占 16.2%,中小型企业占 83.8%。

知识链接

秘书信息服务的六个转变[①]

在现实工作中,一方面领导需要秘书"解围",使领导获得一种超脱,解决信息"多"的问题;另一方面,领导又急需秘书提供与决策问题直接相关的高质量的"对路信息",能以最快捷的方式提供服务,解决信息"少"的问题。因此,秘书必须在两难处境之中巧妙地发挥自己的职能。要解决这样的处境,秘书不但要学会运用信息收集、处理、利用及其反馈的知识,更重要的还要学会发挥组织的作用,要有宏观的思考、统筹能力和信息管理的能力。由此,我们不难看出,21 世纪,随着领导信息需求的变化,秘书素质的培养将进入一个新的层次,秘书知识与能力结构将发生很大的变化,秘书的信息服务也将从指导思想上、服务方式上以及途径、方法的选择上实现其根本的转变。

一、从被动性服务向主动性服务转变

我们在研究秘书工作规律的时候,一个重要的前提是需要把握好秘书职业在社会职业结构中的位置。如果我们较多强调"秘书是领导的助手","对领导活动起到辅助作用",这对了解秘书工作的性质、把握秘书服务的"度",的确起着非常重要作用。但一味地强调这一点,势必使秘书的服务陷于被动性服务的领域,这种固定、封闭的思维模式束缚了秘书开拓性、创新性服务的积极性和主动性。随着办公自动化的日益普及,机器越来越多地代替了原来需由秘书完成的琐碎的工作,秘书智商性的服务将成为秘书职业的主要内涵。信息社会领导决策需求的主要是秘书

---

① 陈亚菲:《秘书信息服务的六个转变》,《江汉大学学报》,2000 年第 2 期。

的"智力投资"。认识到时代需求的这种变化,是秘书人员排解被动性服务羁绊的突破口。秘书是领导活动不断发展中的产物。秘书人员作为管理人员中特殊的一个群体,它的一个显著职能是为领导工作服务。因此,秘书信息服务的主动性首先表现在要主动认识领导活动的全过程,了解领导环境、领导体制、领导行为、领导风格,把握领导工作的规律。其次,表现在秘书人员主动熟悉计划、组织、指挥、协调与控制等管理职能,从更广阔的领域、更深的层面上理解如何在办文、办会、机关管理事务中提供优质信息服务。这种转变,涉及指导思想的转变,观念的转变。

二、从一般性服务向职业性服务转变

秘书是一种社会职业,21 世纪将有更大的市场需求。秘书信息服务与其他人员、机构的信息服务不同。就内部信息服务而言,其一,秘书信息服务与专职信息机构不同。专职信息机构,虽然它的专业性较强,但提供的信息具有广泛性,而秘书的信息服务突出的特点是它的专一性(即领导司职权限和工作范围),它是专门直接为本部门领导或间接为上级领导决策服务的;其二,秘书信息服务与职能机构信息服务不同。职能部门的信息服务,只反映本专业、本系统、本领域的问题并提供有关决策方案,而秘书信息服务涉及领导决策较为广泛的区域;其三,秘书信息服务与各级领导对上、下级的信息服务不同。秘书的信息服务,只有建议权,没有决策权。另外,它贴近高层领导,比下一级领导更容易了解主管人员的决策动态。若与外部信息服务相比较,差异就更加明显。社会上的信息服务机构,参与市场竞争,以赢利为目的,这与秘书无偿地、无条件地为领导决策服务有着本质区别。由此可见,秘书信息服务在信息服务总系统中,居于重要的独特的地位,起着不可代替的作用。同时也表明,秘书信息服务必须突出自己的特性。只有看清秘书信息服务与其他信息服务的边界,才能更好地探求秘书信息服务的规律,体现秘书服务真正的价值。

三、从盲目性向目标性转变

信息社会,信息既是财富,又是"杀手"。秘书提供信息的目的是辅助领导者决策。盲目的提供信息,不仅不容易引起领导的重视,不被领导采纳,而且增加了领导者的负担,转移了领导者的注意力,"帮了倒忙"。从管理效率的高度来看,这非但不是在进行信息服务,而是在制造"信息垃圾",造成了人力、物力、财力以及时间上的浪费。造成盲目性信息服务的一个重要原因,是秘书缺乏对领导决策信息需求的全面分析。领导决策信息需求分析,是秘书信息服务的起点。秘书既要从宏观上了解本年代、本行业领导决策需求变化的总趋势,又要从微观上掌握本单位领导决策需求的特点。我们总是讲要为领导提供"对路信息",能否"对路",这就需要秘书做到:其一,争取从领导那里准确得到信息需求,或由领导授意,或由秘书主动与领导沟通,了解领导"决策的问题是什么?""现在遇到什么困难?""需要了解哪方面的信息?"等。其二,主动从办会、办文中,在对上级与下级信息的综合中,揣摩领导应决策的项目以及决策棘手之处,把握领导的信息需求范围、深度及其特点。其三,密切注视环境的变化,了解社会以及本部门的发展趋势,预测哪些问题将成为以后领导决策主要问题以及解决该问题所需要的信息支持。秘书不仅本人、本部门需要掌握领导决策的信息需求,还应用各种形式,在领导许可的前提下,将此信息传递到各个内部或相关的外部信息机构,使其能针对领导的需求,有效地进行信息供给。如果秘书能在领导决策的"需"与"求"之间筑起这样的一座桥梁,就从根本上减少了信息干扰,增加了信息服务的效能,起到了对领导工作的辅助作用。

四、从单一性向综合性、协调性转变

首先,秘书人员要会做综合信息的工作,有能力把握单个信息在整体信息中的地位和作用,当更多的信息通过各个系统,被逐渐汇集之后,要能从这些大量的信息中准确判断哪些是重要的、哪些是紧急的、哪些虽然是紧急的但并不是重要的等等,以决定选择与其相适应的向领导传递的方式。其次,秘书人员应充当各信息系统之间的枢纽,并有效地加强各个系统之间的联系,发挥网络效应。会协调各系统的工作,将是现代秘书信息服务中一项重要的工作内容。秘书必须对本单位以及社会各信息系统有一个整体上的把握。一旦明确了领导决策所需要的信息,就能敏锐地反应出:该信息应由哪个系统运作更快捷;各个系统可以从哪些不同的角度快速索取信息;它们各自能承担的任务是什么等。这时,秘书既可以建议领导统一安排,又可以经授权由秘书部门或秘书本人来承担信息管理的统筹工作。这种有效地运用组织、利用秘书职位的特点,做好信息协调的工作方式,避免了领导急于"需要的信息上不来",而各信息系统又抱怨"领导需要什么信息搞不清"相互脱节的现象,使每次对领导决策的信息服务,进入一个良性循环。

五、从缓慢性向快捷性转变

快捷性包含着两层含义,一是要讲究信息服务的时效性,要"快";二是要力求选择最短的搜索和利用信息的途径,要找"捷"径。秘书人员要做到快捷的信息服务,可从以下两个方面努力。第一,了解信息检索的快速发展、准确地选择信息渠道。秘书人员在平时的办文、办会中要注意本人或本部门信息检索的建立,不为查找信息占据不必要的时间。另外,秘书要对本单位、国内乃至国外的信息检索、信息渠道、信息机构有基本的了解,以便在领导决策需要某项信息的时候,快捷地搜集和利用信息。第二,要了解本系统或社会信息系统的便利服务。信息社会,信息机构蓬勃发展,信息服务越来越好,服务的优惠也越来越多,秘书人员要学会利用这些现成的条件,解决本单位设备不足引起的信息服务缓慢,并在信息服务中体现"多头操作"、"快出结果",以适应领导决策千头万绪的要求。

六、从常规性向创新性转变

秘书的创新性信息服务表现在:首先,秘书人员应关注层出不穷的新技术、新设备,及早地了解其用途,为快捷、周到的信息服务提前做好知识上和技术上的准备。其次,秘书人员在掌握专

业理论的基础上,应广泛地涉猎现代管理各个学科的知识,对信息管理程序、方法、手段提出新的建议,促其革新;对领导决策的问题能提供新的角度、新的思维、新的方案,辅助决策。最后,秘书应在信息服务的规律上勇于做出创新性的探索。

时代的发展,决定了领导决策需求的变化,也决定了秘书信息服务的变化。信息服务的这种动态的发展,使秘书素质的提高迫在眉睫。信息时代需要智能型的信息服务,只有复合型秘书人才,才能适合 21 世纪的需求。

第六章　信息存储

信息存储是秘书人员信息处理的重要环节。信息存储强调的是存储的思路,即为什么要存储这些资料或数据,以什么方式存储这些资料或数据,存储在什么介质上,将来有什么用处,对决策可能产生的效果是什么等。作为秘书人员,既要了解信息存储的价值性,注重信息对决策的参谋作用,还要掌握信息存储的程序、方式及管理系统,也要了解各种存储介质的特点,进行科学的信息存储,并熟练使用不同的信息存储装具与设备来完成信息存储工作。

第一节　信息存储及其作用

案例导入

王晓在南京瑞金贸易有限公司担任办公室秘书,他平时很注意信息的收集,日积月累,他收集的信息资料堆积如山。有一天市场部经理找到他,要他找一份某产品在南京的市场调查报告,他翻遍了抽屉、橱柜也没找到。经理对他说:"你平时很注意信息的收集,这是很好的,但是也要注意有价值的信息才保存,没有保存价值的信息,就应该处理掉。"事后,秘书王晓对抽屉与橱柜的信息资料进行了全面清理和分类,并进行了有序存储。

请问:王晓应该如何对信息资料进行分类? 一般采用哪些方法存储?

一、信息存储及其特性

信息存储是指秘书、秘书部门将经过加工整理序化后的信息,按照一定的格式和顺序存储在特定的载体中的一种信息活动。信息可以沿空间传递,这时我们可以称之为通信、传输等;但同时它也需要沿时间传递,这时我们又称之为记忆、存储。所以,信息存储的本质就是"跨越时间进行信息传递的过程"[1]。信息存储就是信息跨越时空的传播,如果没有存储,信息无法传递。信息存储一般包含三层含义:一是将所采集的信息按照一定规则记录在相应的信息载体上;二是将这

---

[1]　王良荣:《数字时代背景下的信息存储技术变迁》,《光盘技术》,2009 年第 11 期。

些载体按照一定的特征和内容组织成系统有序的、可供检索的集合体;三是应用计算机等先进的技术和手段,提高信息存储的效率和利用水平。

信息存储具有价值性、时效性、科学性、方便性、安全性等特性。秘书人员在信息存储过程中,既要选择对企事业单位发展有使用价值的信息存储,使之能对利用者起到参谋、咨询、顾问作用,也要做到及时存储,按信息内容确定存储期,对过期的信息要及时进行调整和清理。还要分类科学存储,选择质量好的存储介质。同时,还要注意其检索、利用的方便性,便于查找和利用。加强存储介质的日常保管,更要有保密意识,防止所存储信息受到损坏、失密,以保证信息的原始性。

二、信息存储的作用

在现代经济社会中,信息是重要的战略资源,信息存储使信息的价值得以实现。信息存储在信息传递中有着不可或缺的作用,它对人类文明的传承起着巨大的作用。信息存储能够积累丰富信息资源,记录历史的脉络与痕迹;信息存储有利于集中管理信息,使信息的查找方便、迅速,减少信息的无序存放和丢失,实现社会信息资源共享。同时,信息存储可以提高信息的利用率,有助于开发高层次信息。信息存储不是一个孤立的环节,它始终贯穿于信息处理工作的全过程,是档案工作得以顺利进行的重要前提与保证。有了信息存储,就可以实现随用随取,为企事业单位利用信息创造了条件,从而大大降低了成本。

第二节 信息存储技术及主流介质

一、信息存储技术的产生与发展

信息存储伴随着人类历史的发展而产生与发展起来,并随着信息技术的革命而发生着不同的变化。从远古之人的结绳记事、雕刻记事或者作画记事,到印制存储;从缩微存储、磁介质存储、激光存储、电子纸与电子书存储到信息存储技术等,存储的方式随着科技的产生而不断变化着。当今处于信息爆炸的时代,信息存储方式也发生了翻天覆地的变化。历史学家发现,每当存储技术有一个划时代的发明,在这之后的三百年内,社会就会有一个大的进步和繁荣高峰。

早在远古时期,古人在逃避自然灾害、凶猛动物的攻击或劳作过程中,逐渐学会并掌握了信息的有效利用。遇到危险时,他们会吆喝、呼唤或用形体语言来召集群体作出有效反应以维护生存或获取食物,但那时的信息存储介质不具有信息的保存功能,也就是不具有时间上的延续性,信息只能实时传播和接收。

随着人类的进化,古人逐渐意识到,许多重要的信息需要通过一些外部事物保存下来。为此,在生存经验的传承中,逐渐学会了通过结绳、刻契、语言、图符、钟鼓、烟火、竹简等形式进行记忆、交流思想、传递信息、处理事务,古代人的烽火狼烟、飞鸽传信、驿马邮递就是传递信息的使者。这时的信息存储介质大都取自大自然的原始材料。那时人类活动群落较小,古人在使用信息时受各种条件的限制,这些原始的信息存储介质也大体能够适应当时生存环境的最低需要。尽管当时人们所采用的信息存储介质是最原始、最初级的,但却将人类从传递信息时只能实时、近距离进行的限制中解放了出来。更重要的还在于从此它可以将古人的各种生产、生活、生存知识与经验传承给后人。

有研究者指出,"人类在与大自然的搏斗中日益意识到信息交流对其生存与发展带来了各种好处,同时也伴随着人类掌握和应用信息能力的加强,人类生活、生存的群体越来越大,社会活动中产生的信息和需要交流信息也就迅速增多。在这种情况下,仅仅依靠那些最原始的信息存储介质已无法满足社会需求"[1],于是大约 4 800 多年前,文字的发明和应用,使信息的存储与传递取得了重大突破,突破了时间和空间的限制。人类早期存储信息的载体有石头、兽骨、陶器、青铜器、石刻、简牍、简帛等。公元 105 年东汉蔡伦发明造纸术,使用树皮、破布、废麻等作原料,制作出质量较好的纸,纸张的发明为人类进步作出了巨大的贡献。公元 600 年毕升发明印刷术,对信息的存储与交流带来了深刻的影响,提高了信息存储的质量,扩大了信息交流的范围。时至今日,基于蔡伦造纸术所发明的纸张仍然是人们最普遍、最主要的信息记录及存储方式,它是使用量最大、存储信息最为方便、价格最为低廉的一种信息存储介质。即使在今天的信息社会,许多信息都采用计算机进行处理,并通过网络进行传播,但在最终输出信息时,选用的信息存储介质仍然是纸。但是毋庸讳言,随着科学技术的发展,社会信息量剧增,用纸张存储信息的局限性也越来越明显地暴露出来,如纸张体积大、查阅速度慢和维护不方便等。

20 世纪 40 年代,光学仪器的发展和照相术的进步开启了用光学方法存储信息的时代,照相术通过光诱导乳胶中物质的光化学反应,改变乳胶局部透过率,从而实现信息的存储。这一技术的应用使缩微胶卷在信息存储中的位置得到确立。由光学照相术发展而来的缩微技术能在按动一次快门之际捕获大量详尽的资料信息,把它们记录在非常小的面积上(一页文字记录在 1mm^2—2mm^2 范围内)。由于该技术的优点是成本低、复制方便、寿命长和易于保存,特别是能够高保真度地存储高分辨率图像,其保持文物、古籍等物品原貌的作用无可替代。此后,图书馆等情报资料部门广泛采用此技术来保存资料。在今天的海量信息存储领域,这一技术仍然占有重要的位置。但是这种存储技术需要进行复杂费时的湿法后处理,即胶卷需要显(定)影处理,难以

---

① 顾泉佩:《信息载体的演变与分析》,《学报编辑论丛》,2004 年第 10 期。

做到实时存取和随机存取;胶卷上的疵点和划痕极易产生错码,作为一种"离线"读写方式,不易存储二进制数据,难于像磁盘、光盘一样与现代通信设备以及计算机联机,因而在扩大信息交流方面受到限制或存在局限。

自 1946 年 2 月 14 日第一台电子计算机"埃尼阿克"(ENIAC)在美国宾夕法尼亚大学诞生,到 20 世纪 60 年代电子计算机的普及应用,信息的处理和传递速度惊人提高,人类存储与利用信息的能力得到空前发展,由此也促进了各种存储技术的发展。

1952 年,IBM 推出了第一台磁带机 726。它使人类正式告别了使用打孔机存储数据的方式。20 世纪 50 年代中期,出现了水银柱延迟线存储器。水银柱延迟线存储器是利用水印槽内超声波传播的存储器。此后不久,又研制出了阴极射线管存储器和磁鼓。但是,阴极射线管存储器只能作为廉价的主存储器。这种存储器逐渐地由磁芯存储器所取代。

1962 年激光二极管的发明,奠定了光读写的基础。20 世纪 70 年代末出现了光盘存储技术。光盘存储技术是采用磁盘以来最重要的新型数据存储技术,它综合了高密度磁带巨大的存储容量和磁盘能快速随机取数的优点,存储容量比磁盘高 1—2 个数量级,并具有使用寿命长、信息可保存 10 年以上、系统可靠、光头与记录介质不接触等一系列独特的特性。

20 世纪 80 年代末,具有非易失性和抗辐射性的铁电薄膜重新引起科学界的重视。1988 年铁电薄膜半导体随机存储器研制成功。由于铁电存储器具有高速、抗辐射、非易失、高密度等特点,成为 20 世纪 90 年代存储技术的研究热点。[①]

20 世纪 90 年代,存储技术的研究主要集中在磁、光和铁电三种存储技术上。目前,磁存储技术已经非常成熟,并已成为使用广泛的存储技术,光存储也成为重要的存储载体。未来的存储不仅具有更高的容量、速度和性能价格比,而且还将具有自恢复和自管理功能,同时具有高度的开放性和互操作性。

进入 21 世纪以来,通过开发新材料、改善材料存储性能,采用高性能软磁材料做磁头、缩小记录光斑尺寸,使用多层膜耦合及超分辨率读出等新技术手段,磁性和磁光记录存储密度得到了大幅度提高。在光盘的存储方面,人们通过研发新型有机光学材料,采用短波长激光读写,提高道密度和线密度,开发多数据层光盘,提高盘面转速等技术,显著提高了光盘的存储密度和传输速度。

当前磁盘和光盘存储仍然是数据存储技术的主流,但信息社会的飞速发展,现代计算机技术的迅速提高,对高密度信息存储的需求更加迫切。两院院士王大珩曾指出:"20 世纪是微电子的世纪,21 世纪将是光的世纪。"光学将成为穿越宏观世界和深入微观世界的重要工具。不过,作为

---

① 张玉林、逢玉台:《浅谈信息存储技术的演进》,《现代通信》,2003 年第 3 期。

信息存储介质,它自身要满足人类在信息需求方面的多种条件。由于各种信息存储介质都有它各自的特点,因此,尽管不断有各种新型的信息存储介质出现,但纸质存储介质不可能消失,多元存储介质的并存与使用仍然是信息传承的基本态势与需要。

二、信息存储技术的主流介质

随着现代科学技术的应用,档案信息的形成方式不断发生变化,存储方式多种多样,存储介质种类越来越多,现代信息存储技术大大超越了纸张记录的含义,并呈现出数字化、海量化和网络化的特点。信息存储技术的迅速发展,这不仅使信息存储高密度化,而且使信息存储与快速检索结合起来,提高了信息存储与检索的效果。

(一)信息的纸质存储

纸质存储是指采用纸张作为存储介质的存储方式。用纸张记录档案信息,是人类文明与历史进步的明显标志。长期以来,世界各国的图书馆、档案馆、文献信息中心、资料室等公益性的文献存储机构,以及各国的企业等组织机构,也正是一直以纸质印刷文献为保存对象,以达到信息存储、交流、利用和共享的目的。其主要特点是,信息与载体的依附性。纸质档案有着悠久的历史,它承载着信息也随其载体经历了历史的变迁,它是以一定的物质形式(纸张)而存在的,构成了信息与载体的统一,由此形成了其特有的属性——原始记录性。这种原始记录性,不仅体现在档案信息内容的原始真实性,也表现在档案存储介质的原始依附性;同时,它还具有原始凭证性。纸质档案具有原生信息的特点,这种特点与其载体构成了纸质档案特有的作用——凭证作用,它客观记录了以往的历史情况,能保持信息原貌,信息真实可靠。这一优势是电子档案无法比拟的优势所在;信息存储介质具有耐久性,保存时间长。美国国家档案局曾对30亿页处于危险状况的纸质档案进行研究,并确定其保护措施时,数十位专家对5种常用存储介质(磁性材料、光盘、电子文档、纸张、胶片)进行论证,最后结论是纸张、胶片是最适合于档案文献的长期保存。纸张的主要制成材料是纤维素,它具有较强的耐久性,尽管纤维素在一定条件下(如高温、高湿、酸、酶、氧化剂等)可能发生水解和氧化反应,但只要注意排除发生化学反应所需的条件,就可以使纸质档案的寿命延长到上百年甚至更长时间。特别是随着档案纸张研究的深入,近年来研制出一种专门为档案用纸的耐久纸张,它采用优良纤维原料,应用中性施胶和碳酸钙加填抄写工艺,为纸张存储介质的长久使用开辟了广阔的空间。另外,纸质存储介质也具有直观可读性。纸质存储介质的缺点是存储量小,占用空间大。

(二)电子存储介质

电子存储是指用磁盘、光盘、缩微品等存储介质进行信息存储的方式。它是利用电子计算机进行档案管理的产物,也是档案现代化的显著标志。现阶段,在档案信息存储、处理、输出等方面,具有纸质档案无法比拟的优势。其一,档案信息存储的丰富性。电子档案信息的存储介质主要是磁存储、光存储和缩微存储,特别是光存储,由于其存储的高密度性,使档案信息存储量极为丰富,有"海量存储"之称。这既节省了纸质档案保存所占用的空间,又简化了各种档案管理环节。随着电子存储介质的密度继续加大,信息存储量更为丰富。其二,多媒体信息相结合。多媒体电子计算机的应用,改变了纸质存储介质记录信息单一的问题,通过音频、视频信号或数字代码形式存储事物信息的原来形态,实现了人类社会活动的概貌全息化再现。其三,信息存储与利用迅速而准确。电子计算机通过数字或代码,对信息的数字编码进行存储、传递、编辑加工处理,由计算机转换成可视、可听的信息,从而提高了信息存储、处理和输出的能力。不过,电子存储介质抵御外部侵害的能力较弱,一旦遇到病毒,信息丢失的可能性很大。电子存储主要分为以下几种:

1. 信息的磁存储

信息的存贮至今仍离不开印刷存贮,并且印刷存贮也仍然是信息存贮的主要方式,但是,人们正越来越多地采用其他更为先进的信息存贮技术,而且新的信息存贮技术也将会逐渐替代传统的印刷存贮。

在现代信息存储技术中,磁存贮是信息存贮的主要手段,磁存贮信息系统,尤其是硬磁盘存贮系统,是当今各类计算机系统的最主要存贮设备。

(1) 磁存储的特点

磁能存储一切可以转换成电信号的信息,如声音、图像等。它具有以下特点:

① 信息能长久保存在磁介质中,并可重复使用,而一旦所录信息无用时,又可随时抹去,再重新记录新信息;

② 能同时进行多路信息的存储,而且当采用多路频率调制方式进行存储时,能保证这些信息之间的时间和相位关系;

③ 存储频带宽广,可存储直流2兆赫以上的信号。

(2) 几种磁存储介质

① 软磁盘

软磁盘又称"软盘",是在柔性塑料圆盘上涂有磁性记录的载体,是计算机中最早使用的可移动存储介质,成本低、体积小、重量轻,可脱机存放,适用于小文件的移动存储。1972年IBM推出了第1张8英寸软磁盘,20世纪90年代,软磁盘的应用到达了最高纪录。随着闪存盘等移动存储设备的出现,如今软磁盘的应用已经属于淘汰产品,不仅容量小,存取速度与数据传输率都较低,且使用或保管都容易产生物理损坏,难以长期保存,数据容易丢失,国家档案局《磁性载体档案管理与保护规范》(DA/T 15—1995)中明确指出,禁止使用软磁盘作为归档电子文件长期保存的载体。

② 硬磁盘

硬磁盘又称"硬盘",是在铝合金圆盘上涂有磁表面记录层的磁记录载体,是计算机系统中最常用的存储设备,是典型的磁表面存储器。1956年,IBM推出的RAMAC是硬盘的雏形,其存储容量只是5 MB,当今,320 G以上的大容量硬盘已经开始普及,并成为最主要的外部存储设备,具有大容量、存储速度快、传输率高、工作稳定性好等特点。硬磁盘一般作为快速读写存储,存放常用数据并作为系统的数据处理及中转设备。但内置式硬磁盘不易拆卸,不易脱机保存,不适于保存期限过长的文件。

移动存储磁盘可用于存储任何数据文件,并能够方便电脑间文件的随时交换。因而这是近年来较为常用的信息存储介质。移动存储磁盘包括移动硬盘、MP3、U盘。它的主要特点是即插即用,容量大、体积小、兼容性好、性能稳定等优点给人们带来了极大方便,并迅速取代软盘而成为人们在电脑间传递数据的最佳工具。但随之带来了数据保护的隐患,一是在移动使用或直接插拔的过程中容易造成数据损失,另外就是病毒感染,随着这些移动存储设备的流行,专门针对移动存储设备的病毒越来越多,导致移动存储设备成为病毒扩散的主要途径,不仅会对计算机系统造成影响,还有可能造成盘上的文件丢失甚至是重要信息的失密,所以移动硬盘、U盘等设备只可以作为暂时的转移数据存储。

③ 磁带存储

磁带是一种磁性带状存储介质,一般绕于轴上放入盒中,它是最早出现的磁存储载体之一,它始于录音介质,主要用来记录模拟信号。自1952年第一台磁带机在IBM公司问世以来,磁带一直在发展。20世纪90年代末,盒式磁带容量的增长速度超过了磁盘驱动器。随着磁带技术的不断提高,更高性价比的产品不断涌现。

磁带存储系统主要包括磁带机和磁带库。磁带机通常由磁带驱动器和磁带构成,磁带库是一种机柜式的将多台磁带机整合到一个封闭系统中的存储设备。磁带库按照容量大小分成初级、中级和高级等三个级别。在进行大容量数据的存储与备份时,磁带因其成本低、可靠性高、容量大、占用空间小、可移动及容量扩展方便等诸多优势而成为最佳的设备,可以作为磁盘的扩充,在离线存储系统和大容量数据备份等应用中发挥着重大作用。但磁带存储也有一些问题,一是磁带保管不善会发霉、易磨损,靠近其他磁体易使数据丢失,存储信息需要配置相应的磁带机;二是只适合于顺序存取,而且存取速度有一定限制。此外就是不同的公司生产的磁带格式不统一,不能相互兼容,这会给档案管理中的数据维护、升迁、数据交换带来不便。磁带机作为线性存储设备,不能进行快速数据检索,只能承担数据备份工作。

2. 信息的光存储

光存储是继磁记录之后兴起的重要信息存储技术。光存储以激光为光源,以薄膜作为信息存储材料。光存储经历了只读存储器 CD‑ROM、可刻录存储器 CD‑RW、DVD‑ROM、DVD 刻录等阶段，是全球使用较广泛的一种存储载体。1972 年，首先由 Philips 公司推出了激光视盘 LD（Laser Disc），十年之后，CD（Compact Disc）问世并迅速普及，光盘从此走上快速发展的轨道。按功能分类，光盘可以分成只读式（ROM）、可记录式（R）和可擦写式（RW）。可擦写光盘，又分为磁光盘（MOD）和相变盘（PCD）两种。信息的光存储具有以下特点：

① 数据存储密度高、容量大、盘片可更换、携带方便。目前规模生产的光盘比特字长约为 0.4 μm（DVD 光盘）。光盘容量很大，现市场销售的直径 120 mm 的 DVD 光盘，面容量已达到 4.7 GB。

② 存储寿命长、功能多样化。光存储利用精细聚焦能量密集的激光束，在厚度为 0.6 或 1.2 mm 的盘基上，通过被密封在保护层之间的记录介质的相互作用来实现数据的写入、读取与删除。盘基及记录介质均由性能稳定的材料制成，在常温环境下数据保存寿命在 100 年以上，而且可根据不同用途挑选不同的介质制成只读、一次写入、可直接重写等不同功能的光盘。

③ 生产成本低廉、数据复制工艺简单、效率高。目前光盘盘片和光盘机的生产技术都已成熟。盘基用有机高分子材料注塑而成。只读盘上的信息是在注塑过程中模压在盘基上的。复制过程中盘片所需的加工周期仅 2 秒左右。按现有设备工艺材料水平计算，只读光盘每兆字节的生产成本低于 0.1 分人民币，一次写入光盘每兆字节的成本也仅 0.2 分人民币，是最廉价的信息记录载体。

需要注意的是，只读式光盘多用于游戏、软件、产品发布和电子出版领域；可记录式光盘允许用户一次性写入信息，无限次读出，适用于办公、个人资料保存、档案管理等。但是光盘存储载体的保护期是 30 至 100 年（光盘厂商产品宣传上标注时间），而光盘作为存储载体在我国档案部门的实际存储期还没有 30 年，难以验证，因此如果作为唯一永久存储设备，还需要谨慎对待。

依据《电子文件归档与管理规范》（中华人民共和国国家标准 GB/T 18894—2002）第 7.5.2.3 条，使用存储介质一般按优先顺序依次为：只读光盘、一次写光盘、磁带、可擦写光盘、硬磁盘等，不允许用软磁盘作为归档电子文件长期保存的载体。

3. 信息的缩微存储

缩微技术是缩微摄影技术的简称。缩微技术以胶片作为介质，采用感光摄影原理，并逐步与计算机、微电子、静电复印与传真等现代先进技术相结合，成为迄今最成熟的文献资料全文本真迹存储和检索技术。信息的缩微存储是用缩微摄影机将文件资料缩小拍摄在感光胶片上，经加工处理后作为信息载体保存起来，供以后拷贝、发行、检索与阅读使用。

英国人约输·丹塞于 1939 年成功地将 20 英寸的文件缩微成 0.13 英寸。但缩微技术真正广泛用来存储和传递信息是从 20 世纪 30 年代开始的，它以独特的形象逐步在信息存储与交流中发挥作用，尤其是 20 世纪 70 年代以后，缩微技术先后与计算机技术、光盘技术相结合，组成了完美的信息存储与检索系统。缩微存储技术的主要特点：

（1）体积小、重量轻、存储容量大、存储密度高；

（2）存储介质占用的空间小，可节省大量空间；

（3）存储反映原貌、记录准确，拷贝与还原简便，利于保护信息原件，不易出差错；

（4）保存时间长，在通常环境下缩微品可以保护50年，如果在适当环境温度和湿度下可以保存100年以上；

（5）便于存储和管理，更便于计算机检索，查找迅速，传递方便。

缩微存储技术也存在一些缺点，它在检索与阅读时需要专门的缩微阅读器，长时间阅读缩微品易于疲劳，不能像在纸印刷品上那样进行批注，修改困难。

当下，我国档案管理处于传统档案与现代化档案共存的时代，二者优势互补，为信息存储提供了更多的便利。长期以来，秘书人员一直从事着以纸质为存储介质的档案管理工作，习惯于传统的管理模式和管理办法，面对现代化技术而产生的新型介质，要努力提高业务素质。在具体的信息存储过程中，秘书人员要了解不同存储介质的特点，特别是新产生的存储介质更要及时了解，掌握其信息存储方式及其保管要求，以便采用相应的管理和保护措施。

三、信息存储介质选择原则

目前，在具有永久保存或长期保存价值的档案中，除了纸质存储以外，有相当一部分是电子存储。如何能很好地保存信息，便于以后利用，便成为秘书人员必须面对的问题。其中电子档案存储介质的选择将是一项基础工作。

（一）数据的不可更改性

档案属于需要长期保全的数据，对数据的真实性、完整性要求很高，为防止非法变更数据，档案数据应采用一次写入、不可追加数据的存储介质。一次写入、可追加数据的介质，存在允许非法增加数据的不安全因素，是不可采用的。可擦除介质的数据易于被变更，同时也难以从法律上证明或从技术上鉴定数据是否被更改，因而不可选用。一般说来，档案最好选用纸质介质，如果选用其他形式，应选用WORM技术写入，WORM技术写入的数据具有文件数据不可更改、不可追加数据的特点，能满足法律要求，因此它在国际上被认为是电子档案长期保存的首选载体。缩微技术已经有160多年的历史，在设备、操作标准方面已经稳步成熟，缩微品在特定的保管条件下可以长期保存。

（二）存储介质具有保全数据能力

信息存储对存储介质的数据保全能力要求比较高，对那些外界环境敏感，很容易由于存储环境、外力等因素影响而丢失数据的存储介质，一般不选用。档案数据存储更注重介质的耐久性，有效寿命短暂的存储介质不可使用。比如，软盘、硬盘与CD－R这类为大家所熟悉的介质，属于保全数据能力弱的存储介质,因而软盘已经禁止使用,使用硬盘存储必须要进行数据备份,以防随时发生的不测风险。

(三) 存储介质的物理稳定性

存储介质的物理稳定性指存储介质对外界环境的敏感度,凡是不易受外界环境影响的存储介质才是具有物理稳定性的。档案是国家或企事业单位建立历史记忆、传承文明的重要载体,一旦数据丢失,将会对企事业单位乃至于人类社会的未来造成无法估量的损失。因此,凡是对外界敏感,容易因存储环境、外力等因素而丢失数据的存储介质是不可用的;物理寿命短暂的存储介质也是不可以使用的,比如软盘等。

(四) 存储介质的技术寿命

存储介质的技术寿命是指与介质相关的技术存在的时间长短。技术寿命短暂的存储介质,其技术过时后数据可能无法读出。因而,技术寿命越短的存储介质,数据迁移频率越高。跨平台迁移数据有丢失数据的风险,为了长期安全地保存数据,存储介质的技术寿命越长越好。可以通过存储介质是否有稳定市场与跟踪服务来考查存储介质的技术寿命。

(五) 有稳定的市场支持

当前,新存储介质不断涌现,它们许诺比已有的存储介质具有更低的费用、更大的容量等。不过,这些刚出现的存储介质是不稳定的,它们存在着共同的问题:或者得不到广泛用户的支持,有可能会被淘汰;即使新介质占有了市场并得到了许多用户的支持,但新技术还存在着质量控制与需要稳定的时间。一般说来,档案存储介质应选择具有稳定市场支持,最好能满足工业标准的存储介质。这类存储介质在技术过时后,其数据一般可以无损地转换到新一代的存储介质上。

(六) 应使用离线存储介质

离线存储介质一般指磁带与光盘。需要长期保管的电子档案,由于安全性要求较高,这类档案数据存储介质应脱机保存在档案馆库内或其他安全环境中,因而必须使用离线存储介质。[①]

(七) 关注信息存储的性质

不同性质的信息存储方式及其处理需求对存储介质的要求是不同的。如利用型数据对存储系统的数据传输率要求较高,故应该采用硬盘或磁盘阵列设备存储数据;而备份型数据对数据的传输速度要求则低一些,但对数据容量和安全的要求较高,故可以考虑磁带和光盘系统;信息价值很高的,在可能的前提下可以考虑直接转化为缩微胶片。

此外,不同的电子档案对保存时间有不同要求,选用存储介质时要注意考虑这一因素。比如永久保存的电子档案应首先考虑选用存储介质的耐久性而非价格等其他因素。

---

① 刘家真:《档案数据存储介质选择原则》,《档案通讯》,2004 年第 3 期。

(八) 存储介质的价格

存储介质的价格总是和其本身的性能(寿命、容量、存取速度)成正比的,从理论上来说,秘书人员应当选择容量大、寿命长、技术含量高的存储介质,但是企事业单位往往有总体预算,选取存储介质时,要根据总体预算在价格和性能之间进行权衡,综合加以考虑。[①]

第三节 信息存储程序

一、信息存储的程序

信息存储的程序主要由登记、编码、存放排列、保管等工作环节构成。在信息存储的工作中要注意严格按照规范化、科学化的过程进行。

(一) 登记

登记即建立信息的完整记录,系统地反映信息存储情况。秘书人员在获得各种形式和内容的信息资料后,首先要进行登记,以建立所存入的信息资料的完整记录。只有对信息的各个特征进行详细记录,后期利用信息时才便于查找和利用。

信息登记有总括登记和个别登记两种类型。总括登记反映存储信息的全貌,一般登记是将每批存入信息的种数、册数、种类及总量等登入总括登记账。个别登记是按照每条存储信息的顺序逐一详细登记,一般以册、条、份为单位,每册占一个登记号。总括登记便于掌握各类信息的整体情况,个别登记则便于掌握各类信息的具体情况。

(二) 编码

编码是为方便已登记的信息的存储、检索和使用,在进行信息处理时赋予信息元素以代码的过程,即用预先规定的方法将文字、数字或其他对象编成数码,或将信息数据转换成规定的电脉冲信号。信息编码必须标准、系统化,以实现信息的有序管理。换言之,就是将已经登记的信息按照排序时所确定的结构体系分别归类,并在信息载体上标明序列号。档案管理的件号都属于编码。编码在计算机信息管理阶段非常重要。

1. 信息资料编码的一般步骤

(1) 分析所有预编码的信息资料

(2) 选择最佳的编码方法

(3) 确定数码的位数,以保证代码能包含较多的内容,为扩展信息资料提供余地,并使代码的含义直观明确。在信息存储实践中,人们创造了信息资料编码的多种方法。

---

① 张晶晶:《数字档案存储介质及格式研究》,苏州大学硕士学位论文,2009 年。

2. 信息资料编码的方法

信息资料的编码应表示出信息资料的组成方式及其相互关系,一般由字符(26 个英文字母或 0—9 数字)组成基本数码,再由基本数码结合成组合数据。秘书人员在对信息进行编码时,首先要对所需编码的信息进行分析,总结归纳不同的属性特点,从而选择最佳的编码方法并确定数码的位置。

信息资料编码的方法一般有顺序编码法和分组编码法。顺序编码法就是只规定一个统一的标准对信息进行分类,并按照一定的顺序用连续数字"1、2、3……"或是"A、B、C……"进行编码的方式,常用于存储不很重要或无需分类的信息的存储。

分组编号法是利用十进位阿拉伯数字,按后续数字来分别信息的大、小类,进行单独的编码。运用这种方法,所有项目都要有同样多的数码个数,左边数码表示大类,而向右排列的每一个数码则标志着更细的小类。例如:

1000——市场信息资料

1100——市场纺织品信息资料

1110——市场化纤品信息资料

1111——市场涤纶销售信息

(三) 存放排列

经过编码的信息资料还需有序存放排列。常用的排列方法有四种:

1. 时间排列法

按时间排列操作十分简单,就是按照接收信息的时间先后顺序存放排列,即按照信息登记号的先后顺序排列。按时间排列的方法通常用于同类资料和分立于不同年度资料的排列。例如,同一主题的资料就可以按时间顺序编排上架。秘书可以把资料盒从上到下、从左到右依次摆放在资料柜里,注意不要和档案混在一个文件柜里。可以专设几个文件柜存放资料,或者用专用的资料柜[①]。这类排序方法适合信息资料不多,服务对象比较单一的企业采用,尤其适合处于创业阶段或是成长初期的企业使用。

2. 字顺排列法

(1) 主题分类法的资料排列

最重要的主题名称作为排序的首要因素,次要的主题作为第二个因素,以此类推,这可以直接体现在类目表中。用最基本的分类导片标示出各类资料的主题,各主题之间可以根据字母顺

---

① 陈祖芬:《职业秘书资料与档案管理教程》,清华大学出版社 2008 年版,第 73—78 页。

序进行排列。按主题分类的优点是所有相关资料都集中存放,可以迅速、简便地查阅。比如公司的广告、管理、运输、客户等资料用字母排序,其结果是:

1　广(Guang)告资料

2　管(Guan)理资料

3　客(Ke)户资料

3-1　艾(Ai)里肯公司

3-1-1　概况

3-1-2　经营范围

3-1-3　市场占有率

3-1-4　……

3-2　毕(Bi)萱萱公司

3-2-1　概况

3-2-2　经营范围

3-2-3　市场占有率

3-2-4　……

3-3　财(Cai)灵公司

……

4　运(Yun)输资料

（2）"内部机构——岗位(业务内容)"分类法的资料排列

这种排列法是先按公司内部所设的机构分出资料的大类,然后按该机构中不同的岗位(业务内容)设小类。排列的基本原理与按主题分类的基本原理相同。比如,某实业公司内部机构资料的大类如果用字母排列法,其排列顺序就应当是:

1. 办公室

2. 财务部

3. 董事管理部

4. 企管发展部

5. 总经理室

6. 审计部

7. 人力资源部

（3）按地区分类法的资料排列

在按地区分类法中，档案是按其产生的省、市、地、县等分类的，其基本原理与按主题分类的基本原理是相同的，只是在这种方法中，文件是按国名、省份、城市等名称的字母顺序排列的。这样可以使有关地区的所有文件集中存放，然后再按其他问题分别立卷。运输和出口业务部门、计划部门和销售部门最适合用这种方法保存文件。例如，某全国连锁超市公司收集了全国内地省会城市与其实力相当的几家大超市的西瓜价格，其排列顺序就可以是：

1　北京超市西瓜价格

2　长春超市西瓜价格

3　长沙超市西瓜价格

4　成都超市西瓜价格

5　重庆超市西瓜价格

6　福州超市西瓜价格

7　广州超市西瓜价格

8　贵阳超市西瓜价格

9　哈尔滨超市西瓜价格

10　海口超市西瓜价格

11　杭州超市西瓜价格

12　合肥超市西瓜价格

13　呼和浩特超市西瓜价格

14　济南超市西瓜价格

15　昆明超市西瓜价格

16　拉萨超市西瓜价格

17　兰州超市西瓜价格

18　南昌超市西瓜价格

……………………

32　郑州超市西瓜价格[1]

---

[1] 王琦、冯小梅、程萍：《秘书信息工作与档案管理》，中国人民大学出版社 2011 年版。

3. 数字编排法

信息资料以数字排列,每一份资料给定一个数字。用索引卡或索引条可以查出某一数码所代表的名字。所有索引卡按所标名字的字母顺序排列,集中放在索引卡抽屉里。当需要查找某份文件时,先从索引卡抽屉中相应的字头下找出与文件相关的信息,从而得知该案卷的数字代码,然后可以在适当的档案柜中找到标有该数码的案卷。

数字编排法常用的是按十进位制数字编排分类法。这种编排法经常与按主题分类的编排法相结合,操作起来比较简单,主要专题分别用某个整数表示。当该系统中需要新增立案卷时,通常把它归入已立档的某一项目,插在适当的位置,然后编上小数。这样就可以不需要对已经建立的系统进行大的变动。使用十进位制数字排列法立卷,能较容易地根据文件上所编的案卷号得知该信件所属区域和该案卷在档案柜中的位置。例如,企业的宣传部门可以使用下列数字表示其常用资料:

50. 广告

120. 宣传品

200. 展览

250. 材料

还可以用小数点以后的数字表示该项目的分目,如要在广告下设几个分目,可以这样表示:

50. 1.直接邮寄

50. 2.报刊

50. 3.电视

50. 4.电影院

50. 5.展览厅

如果要在报刊分目下进一步分目,还可以这样表示:

50. 21.《中国青年报》

50. 22.《新民晚报》

50. 23.《环球时报》

50. 24.《北京青年报》①

---

① 王琦、冯小梅、程萍:《秘书信息工作与档案管理》,中国人民大学出版社 2011 年版。

按字母顺序排列和按数字排列对档案进行分类,各有其优点和缺点,我们可以把这两种方法结合起来运用。在字母顺序排列法中套编上数字索引,用数字分别表示每一个字母或字母的一部分,在立卷时,每个案卷再分别编号。在这种方法中,案卷是按字母顺序排列的,数字编号只起辅助作用,只作为查文编号以供通讯时引用。

4. 来源排列法,按信息来源的地区或部门,结合时间顺序,依次排列。

5. 内容排列法,按信息所反映的内容分类排列。

秘书人员在存储信息时所采用的方法可能各有重点和特点,所以,可以根据自己单位的情况、信息利用的习惯,设定符合自己的方式方法。

(四) 保管

有序化保存的信息要进行保管,信息保管工作的主要责任一是对信息进行有效的保护,防止泄密给公司带来损失;二是对信息进行有效管理,做到防火、防潮、防高温、防虫害,防失密,盗窃,定期或不定期进行清点,及时剔除失去保存价值的信息,及时存储更新,不断扩充新的信息,建立借/查阅、保管制度,实施科学保管,以保证信息的原始性、准确性与真实性。

电子档案保管除应具有纸质档案一般要求外,还应该注意:

1. 归档介质应做防写处理。不得擦、划、触摸记录涂层。

2. 光盘存放时应选择一个合适的保护盒,可以是光盘保护套,也可以是光盘册或者光盘盒。存储介质应直立存放,做到防尘、勿折、勿摸磁表面,防止存储介质变形,影响数据的读取。

3. 磁带录毕,应重新卷绕几次再存放,长期保存时应定期卷绕一次,以减少复印效应。

4. 使用磁带存储备份设备,要定期使用清洗带清洗磁头,减少磁头和磁带的磨损,延长使用寿命,确保保存在磁带中数据的准确性。

5. 注意调节存储场所的温度与湿度。温度选定范围:14℃—24℃,相对湿度选定范围:45%—60%;温度选定范围:17℃—20℃,相对湿度选定范围:35%—45%。

6. 磁性介质应存放于防磁柜中,远离强磁场,并与有害气体隔离。

7. 在进行归档电子文件存储工作前,应进行软硬件环境有效性及有无病毒感染的检测。

8. 注意制作备份,重要信息应制作书面备份;不使用外来的电子存储介质,以防病毒侵入。

9. 定期对离线存储介质进行抽样机读检验,每年进行一次抽检,抽检率不低于20%,如发现问题应及时采取恢复措施;对于离线存储的信息,应每5年转存一次。

10. 对于在线存储的设备,系统设备更新必须制定严格的数据转换办法,确保电子文件归档数据准确无误并能在新系统中运行。

二、信息存储的装具与设备··

信息储存装具与设备有多种。信息存储装具与设备有：文件夹、文件盒、文件袋、文件柜与文件架（如：直式文件柜、横式文件柜、敞开式资料架、卡片式储存柜、显露式文件柜）。应根据需要和客观条件进行选择，以便于保管和利用。

（一）文件夹

文件夹是专门对纸质文件的存储、保护和规范管理而使用的工具。文件夹为折叠式的，在它的脊背及封面可写上信息资料的名称及类别。文件夹绝大多数公司用来保存文件资料。它是最常见的信息储存装具。文件夹也有不同的类型，秘书人员应该熟悉每种类型文件夹的特点，以便在工作中合理选用。

1. 扁平方型文件夹。

优点：使用方便，费用低。

缺点：纸页不固定，不能保持一定的顺序。

适用范围：存储临时使用的几页纸。

2. 普通文件夹。

优点：存储纸张，文档的规格不固定，易于使用。

缺点：纸张松散，容易变得没有秩序。

适用范围：可存储散页、传单、各种规格纸张、不同厚度的文档，临时使用的文件。

3. 扁平文件夹。

带有金属叉形物和压缩条，采用不同类型的金属固定方式。纸先穿孔，然后放置在金属叉中，压缩条放置在纸上面保持纸张固定。

优点：保持纸张按正确的顺序排列、固定，易储存厚度较薄的文档。

缺点：储存费事；储存文件不易太厚，取出纸页不方便。

适用范围：储存不太厚的文档。

4. 展示文件夹。

展示文件夹，往往预先在文件夹上印制机构的标志和信息，这样有利于宣传机构的形象。

优点：高质量展示信息，体现部门或机构的良好形象。

缺点：费用高，文件不固定，容易无序，不适宜日常信息的储存。

适用范围：企业内部会议上用于展示信息材料，或向客户展示信息材料等。

5. 环形文件夹。

带有圆环的文件夹可储存穿孔的文件。

优点：文件固定，能保持文档的顺序，单个文件容易取出。

缺点:储存前纸张要打孔。

适用范围:储存常用的文档。

6. 拉杆拱形文件夹。

带有金属拱形物和夹子。

优点:结实,储存量大,信息固定。

缺点:体积大,占空间。

适用范围:储存量大的文档,如订购单等。

(二) 文件盒

优点:结实,可保持信息材料的清洁。

缺点:体积大,占用空间,不易储存传单手册等

适用范围:储存须长期保存的信息材料。

(三) 文件袋

优点:能保持信息材料的清洁,信息材料可以在以后转移到文件和文件夹中。

缺点:信息容易无序。

适用范围:用于当前使用的文档。

(四) 文件柜、架

1. 直式文件柜

直式文件柜由一至多个抽屉组成。每个抽屉要贴标签,指示其中文件的内容;要有目录卡,以利于迅速查阅。有的单位在直式文件柜中,使用悬挂式文件夹。悬挂式文件夹有较大的伸展性,有突出的指引卡,可以容纳更多数量的文件。悬挂式文件夹的两侧有挂钩,可以挂在文件柜上,指引卡一般放在方便且明显的地方。

2. 横式文件柜

横式文件柜一般抽屉较少,规格较大,其性质和功能与直式文件柜相同。它长的一边沿墙排,抽屉能向操作者伸出大约25厘米。放在横式文件柜里的文件夹,其正面朝着抽屉的左侧,侧面正对着使用者。横式文件柜的后架,可以向前向后移动,操作灵活方便。

3. 敞开式资料架

用敞开式资料架存放信息,能够节省储存空间,便于迅速查阅信息,但敞口大,案卷容易堆积灰尘,查找放在高处的案卷不太方便,但这种储存方式适用于有空调、空气过滤器的办公场所,要加强对温湿度的控制,保持清洁,防止灰尘堆积,以保证开架储存设备的正常使用。

4. 卡片式储存柜

有些文件信息可以保存在各种尺寸的卡片式储存柜内。卡片式储存柜可以放置各种规格的

卡片,也可隔成不同的宽度,存放若干排卡片。新式的卡片式存储柜装有自动检索装置,能进行信息的自动检索。

5. 显露式文件柜

显露式文件柜配有小抽屉,用以放置打印得十分详细的资料目录卡,目录卡仅露出每张卡片的识别端,这些文件柜通常叠层放置,每个抽屉由一个金属盖盖住一部分,这个金属盖有助于使资料平置。通过查阅每一张卡片,人们可以很容易地找到所需要的资料。这种文件柜可以用作索引存储器,用于指明其他资料的存放位置①。

6. 光、磁档案介质的装具

针对光、磁载体材料的特殊保存要求,国内各厂家陆续开发了各种类型的存放装具,比较有代表的有三大类:

(1)有温湿度控制柜类产品

① 可同时进行温湿度调控存储,它采用压缩机制冷系统,最大特点是解决了对柜内温湿度的同时调控。有两种规格,调控范围为:温度 13℃—20℃、湿度 30%—45% 和温度 16℃—22℃、湿度 40%—55%,基本可以达到《电子文件归档与管理规范》规定的保存要求(温度 17℃—20℃、湿度 35%—45%),同时也较好地实现了防尘、防光等性能,是一种功能较全的保存设备。不过,设备售价相应比较高。

② 单项进行湿度调控的存储柜。这类产品种类较多,一般都采用电子除湿器做控湿元件,可满足光、磁盘的湿度保存环境要求。

(2)其他专项控制柜类产品

① 电脑控制光盘存储柜。该存储柜储存容量大,采用辐射式存放和旋转传送方式,与电脑联机并配以条形码识别技术进行存取,可实现对存储光盘的快速检索和动态管理,存取便捷。其主要特点是解决光盘存放容器和快速检索、存取等方面特色较突出。

② 磁带柜。这类存储柜在国内使用较广。柜内磁场强度不大于 5GS,远低于磁性材料产生破坏的磁场强度要求。此外,由于这种柜子的结构特点,使其在防尘、防光和防碰撞等方面一般也能有较好的保护作用。

③ 防火防磁文件柜。近年来人们对防火防磁越发重视,以避免光磁载体的珍贵文件损坏、遗失,防火防磁文件柜的开发与使用也开始多起来。

(3)密集架存储方式。现代信息存储装具最重要的变化之一是档案密集架的出现及普及。自 1989 年我国第一套信息存储密集架研制出后,信息存储密集架产品不断推陈出新,出现了侧拉

---

① 余红平、胡红霞:《秘书信息与档案管理实务》,外语教学与研究出版社 2009 年版,第 93—99 页。

式密集架、电动密集架、智能密集架等。在结构上，主要采用在密集架的架体上安装抽屉，或直接在隔板上安装存放磁带、光盘等物体的分隔架。这一形式特点解决了高效、低廉的存储空间问题，光磁介质存储量大，设备投资少，但存放架本身不再具有特定的保存措施，对这些存储介质的保护则需要档案室或库房环境调控能力来解决[①]。

依据《电子文件归档与管理规范》第 7.5.2.4 条，电子文件信息存储时的介质或装具上应贴有标签，标签上应注明载体的序号、全宗号、类别号、密级、保管期限、存入日期等。

三、信息储存管理模式

随着时代的发展，信息工作已经涉及企业经营发展的方方面面，任何一项工作的顺利完成，都离不开信息的作用，企业必须建立起适合自己工作特性的信息管理系统，以更好地发挥信息的作用，对于企业信息，既可以分散管理，也可以集中管理，还可以依托计算机技术，研发信息管理软件，但无论采用何种管理方式，企业在建立信息管理系统时，要尽量实现方便查询利用，方便保存管理，以及适合企业实际。

（一）信息集中管理模式

信息集中管理就是将所有类型的信息都集中在一起存放管理，在公司或企业中建立一个完整的、标准的信息资料库，建立高效率的信息资料服务。例如，许多企业建立信息档案室，用于存放各类档案、图书、信息资料，并安排专人管理。

1. 优点

（1）便于实现科学化现代化管理，使用起来具有整体性。

（2）能有效利用储存空间。

（3）有专人负责和检索。可以减少各部门内信息的重复储存。

2. 缺点

（1）具有庞大的分类和编目系统。在归档和查阅时，会带来一定的麻烦，利用信息不如在自己办公室里方便。

（2）标准化的分类体系，不便于满足各部门的特殊需求。

（二）信息分散管理模式

信息分散管理模式是指所有信息都由单位内各个部门自行保管，分散管理使得各部门信息管理方式有了很大的灵活性，可根据实际情况，采用最适合本部门信息特点的储存分类方式。

---

① 王云：《光盘、磁带存储的装具解决方案研究》，《档案研究》，2005 年第 5 期。

1. 优点

(1) 部门信息可自行分类编目。

(2) 内容相对单一,使用起来简洁方便。

(3) 规模不太大,易于管理。

(4) 适于保管机密文件。

(5) 能根据各部门的名称,建立一套字母编号,供各部门在来往文件和案卷标题中使用。

2. 缺点

(1) 不利于建立统一的分类体系。

(2) 不利于信息的综合管理与利用。①

(三) 信息分级存储管理

所谓分级存储管理(Hierarchical Storage Management,HSM),是一种比较特殊的数据存储管理的实现方式,如计算机硬盘——磁带库两级模式,但最常见的是计算机硬盘——光盘库——磁带库三级模式,又称为在线存储(OnStore)、近线存储(NearStore)、离线存储(OffStore)三级模式,如图 6-1 所示。

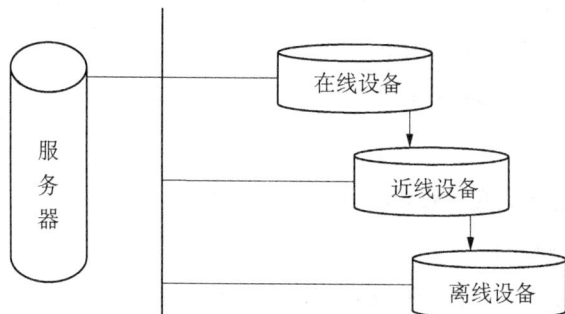

图 6-1　分级存储管理三级模式

一般在线存储设备为磁盘和磁盘阵列等磁盘设备。其优点在于速度快、性能好,可以随时"在线",可以随意、随时提供读写,满足对高利用率的数据的频繁、高速操作要求。因此,一般将要求传输速度快或经常访问的电子文件存放在在线存储的设备上。

离线存储又称备份级的存储,主要是用于数据备份,可作为在线设备因其在线特性带来的读写错误、病毒破坏、黑客入侵等数据灾难的防范保护。离线存储的典型产品主要是磁带或磁带库,价格相对低廉,访问速度慢、效率低,但是因其可以随时更换存储介质,所以可以认为其存储

---

① 余红平、胡红霞:《秘书信息与档案管理实务》,外语教学与研究出版社 2009 年版,第 101—104 页。

容量没有实际限制,可以实现最大限度的数据备份。因此,一般将不经常访问的电子文件存放在离线存储的设备上,比如磁带库、光盘、移动硬盘等。

近线存储介乎在线存储与离线存储之间,主要将那些利用率不高、访问量不大的数据存放在性能较低,但容量较大的存储设备上,并且要求能够满足一定的传输速率。近线存储通常由光盘库、光盘塔或光盘网络镜像服务器及相应的存储管理软件构成。它是把电子文件存放在另外一套主机的文件系统直接管理的磁盘存储设备中。这个方式通常是借助于一定的软件和网络来实现不同系统间的电子文件的异地存放,以及需要时的电子文件回迁,其优点是电子文件同样存放在正在运行的系统里,能够保证电子文件存放和回迁的传输性能。

分级存储管理对于档案这类长期保存的数据而言,可保证数据完整,并提供最佳的利用效果,还有相互补充、相互备份的作用,一份电子文件可以有多种介质形式存在,对于珍贵的电子文件还要考虑使用电子翻拍设备存储到缩微胶片中以进一步确保其安全。

分级存储管理需要注意的是:1. 禁止将软盘作为数据的存储设备;2. 慎用 USB 移动硬盘、U 盘等移动存储设备;3. 重视数字存储设备的保管环境保障,在温度、湿度、磁场等方面要格外注意,对新型的数字存储设备还应多与其生产商沟通,了解其保管条件;4. 加强对秘书数字档案管理人员的技术培训。[①]

(四) 信息计算机辅助管理模式

在手工管理的基础上,用计算机对信息编目、整理、检索、利用和保管等工作进行辅助管理,用计算机进行数据处理。计算机辅助管理模式的功能有信息扫描、信息录入、信息加工处理及存储、信息目录或全文检索、信息传递等。

第四节　信息存储的方法

一、信息存储的形式··

1. 手工存储

通过手工将纸面记录的信息保存在信息存储装具中,手工存储一般指案卷存储,比较适用于纸质资料的存储。手工存储便于利用信息,一旦找到信息就能直接阅读,存储设备便宜,但存储设备诸如文件夹、文件柜占用空间大,文件夹可能受到火、潮湿、蛀虫的破坏,而造成信息的损失与破坏,如果信息存放排列有误,将会影响信息的查找效率。

手工存储要注意针对不同类型资料的特点,选择不同的存储装具和设备。手工存储的装具

---

① 侯明昌、吕榜珍:《浅谈数字档案管理的分级存储管理》,《档案学通讯》,2007 年第 5 期。

主要有文件夹、文件袋、文件盒、文件柜。

2. 计算机存储

以数据库、电子表格、文字处理或其他应用程序的形式形成的信息能以计算机存储保存。计算机存储的信息量大,节省存储空间,容易编辑或更新。保存于网络系统的信息,能迅速查找,但设备昂贵,信息可能被病毒破坏,也容易丢失。因此要注意对信息进行定期备份。所谓备份是指用一定的方式形成电子文件拷贝,并将备份另行存放,重要信息要制作书面备份,以在源电子文件遭到破坏的情况下可以恢复电子文件。备份有近线备份和离线备份两种形式,其区别主要在于备份设备是磁盘设备还是磁带设备。根据不同的规模和不同的存储模式,备份有单机备份、网络备份、Sever Free 和 LAN Free 备份等几种形式。

(1) 优点

① 计算机存储的信息量大

② 可以节约存储空间

③ 信息容易编辑或更新

④ 保存在网络系统中的信息能迅速找到

(2) 缺点

① 要懂得计算机操作

② 需要昂贵的设备

③ 信息可能被病毒破坏

④ 由于软件和系统的提高和升级,长期存储可能成为问题

3. 电子化存储

利用电子文档管理系统存储信息。文档存储在 CD - ROM(光盘,一次写入,多次读出)盘上,纸质的文档被扫描,而且计算机文档保存在 CD - ROM 盘上。电子化存储节省空间,容易制作备份,信息查找容易,保存在网络系统上的信息能直接由用户从他们的计算机上访问,但设备昂贵,查找信息的质量和使用程度取决于系统初始设置。

(1) 优点

① 电子化储存节约空间

② 容易制作备份

③ 保存在计算机系统上的信息能直接由用户从自己的计算机上访问

④ 查找文件更容易

(2) 缺点

① 设备昂贵

② 查找的质量和使用的程度取决于系统初始设置

4. 缩微胶片存储

利用照像方法,将信息记录保存在缩微胶片上。缩微胶片存储节省空间,节省存储设备费用,但照像和阅读胶片需要昂贵的设备,缩微胶片图像的质量会随时间的推移而下降。

(1) 优点

① 节约空间

② 减少对纸面文档的需求,节约存储设备费用

③ 没有必要保留书面备份

(2) 缺点

① 照相和阅读胶片需要昂贵的设备

② 缩微照片需要加标签,制作索引并排序

③ 缩微胶片图像的质量会随时间的推移而下降

二、信息存储的方法···

文字存储是最重要的使用最多的存储媒介,秘书在信息工作中,以文字为媒介,存储其所采集的信息,通常的方法有:笔记法、简报法和卡片法。

(一) 笔记法

笔记法就是秘书在工作中随时将有用的信息记在工作笔记本上的方法。秘书工作内容决定了秘书需要经常做记录,例如,领导交待的工作,或某一次谈话的记录,重要文件的主要内容,会议发言等。笔记法是秘书最常用的信息存储方法,但这种方法要求秘书有一定的技术技巧以及记录速度。

秘书在实际工作中采用笔记法也会遇到一些问题,有些秘书习惯于把不同的信息记录在同一笔记本上,但在信息存储时,笔记本又不能拆开,不便于分类,最终导致本子记录多了之后就记不清楚需要的信息记在哪个本子里了,不便于查找利用。要分类记录,就势必要同时携带好几个笔记本,也不符合秘书工作实际,因此,秘书人员应该经常整理个人的工作记录本,对其中的重要信息进行整理。

(二) 剪报法

剪报法是指对报纸杂志上与工作相关的信息资料进行圈选、阅读,把有用的信息资料剪下来或是复印,然后粘贴在专用的记录本上。要注意的是,用来粘贴剪报的笔记本纸张要略微厚实点,同时还要记录剪报日期及其来源,以免日后使用时无法了解其出处。

完成剪报后,秘书人员还应按其价值大小和保存期长短进行鉴定。对于具有长期存放价值

的,秘书人员可按主题法进行标目、分类分级存放,做到"相同属性的不可分散,不同属性的不可混淆",以保证其时间上的连续性和内容上的完整性。

剪报法相对于笔记法而言,更便于分类,方便查找利用,但在实际工作中,任何一家企业所订购的报刊数量都是有限的,而且秘书工作相对繁忙,阅读的时间也相对有限,所以在实际操作中,也有一定的局限性。

(三)卡片法

卡片法就是将有价值的信息记录在专门的信息卡片上的一种存储方法,卡片是单张独立分开的,方便秘书人员对所记录的信息进行分类保管。

卡片法能够有效地弥补笔记法的不足,秘书可以把笔记中的信息重新记录在卡片上,也可以把报刊上剪取的信息粘贴在卡片上。要注意的是一定要在卡片上记录清楚信息的来源和时间。

用于记录信息的卡片,可根据不同的使用目的,分为索引卡、摘录卡、提要卡以及专题卡。①其内容和使用方法详见表6-1。

表6-1　卡片的种类及其内容和使用范围

卡片名	卡片内容	卡片使用范围
索引卡	文献内容,作者,出版者,出版时间。	1. 标题反映了采集者对该文献的需求。 2. 无法用摘录卡、提要卡存储的文献。
摘录卡	摘录内容,标题,作者,出版者,出版时间。	1. 文献中的某段原文是采集者需要的。 2. 某些常用的名言名句,以备引用。
提要卡	提要内容,出处(文献标题,作者,出版事项,信息发生的时间、地点)	1. 文献中某段论述对采集者有用,但该文标题反映不了该用处。 2. 现场的第一手信息。
专题卡	专题内容	公知公用的符号

第五节　信息存储的格式

信息存储的格式是保证信息存储标准统一的基础,在信息存储时,要特别注意制定统一的格式标准。现行的档案文件存储的格式分为国家与地方两种。

一、国家信息存储格式规范

国家对于文件存储格式有《电子文件归档与管理规范》、《公务员电子邮件归档与管理规则》、

---

① 吴良勤、雷鸣:《信息工作与档案管理》,华中科技大学出版社2011年版,第39—40页。

《纸质档案数字化技术规范》等三份规范文件。

（一）《电子文件归档与管理规范》

《电子文件归档与管理规范》中对各种类型的电子文件可采用的文件格式均作了规定。具体如下：

1. 对用文字处理技术形成的文本电子文件，收集时应注明文件存储格式、文字处理工具等，必要时同时保留文字处理工具软件。文字型电子文件以 xml、rtf、txt 为通用格式。

2. 对用扫描仪等设备获得的采用非通用文件格式的图像电子文件，收集时应将其转换成通用格式，如无法转换，则应将相关软件一并收集。扫描型电子文件以 JPEG、TIFF 为通用格式。

3. 对用计算机辅助设计或绘图等设备获得的图形电子文件，收集时应注明其软硬件环境和相关数据。

4. 对用视频或多媒体设备获得的文件以及用超媒体链接技术制作的文件，应同时收集其非通用格式的压缩算法和相关软件。视频和多媒体电子文件以 MPEG、AVI 为通用格式。

5. 对用音频设备获得的声音文件，应同时收集其属性标识、参数和非通用格式的相关软件。音频电子文件以 wav、mp3 为通用格式。

（二）《公务员电子邮件归档与管理规则》

2005 年，国家档案局发布《公务员电子邮件归档与管理规则》（DA/T 32—2005），在这一规则中的附录 B，以表格形式对公务电子邮件存储格式做了详细的规定（见表 6-2）：

表 6-2 公务电子邮件存储格式

数据类型	推荐数据格式	可参考的数据格式	存储格式	传输格式
文本	PDF、XML、TXT、RTF	DOC、WPS PPT 等其他字处理格式	TXT XML	PDF XML
图像、照片	TIFF、GIFB、PDF	BMP、XBM JPEG 及其他格式	TIFF、JPEG SVG	JPEG、SVG 格式，近期可采用
音频	MP3、WAV	WMA、AU RAM/RM MIDI/MODS	MP3、WAV WMA	MP3、WAV WMA、ASF RM、RA
视频	MPEG-2、MPEG-4、AVI	Quick Time Real Video	AVIMPEG SWVF	ASF、MPEG、RA、RMT
数据库与光盘数据表	DBF、XML	XLS、MDB Excel	DBF	DBF
图形	DXF、SVG、DWF	DWG DGN	DWF、SVG DWG	DWF、SVG DWG
网页	HTML、XML	SGML	HTML	

（三）《纸质档案数字化技术规范》

2005 年 4 月 30 日国家档案局发布，2005 年 9 月 1 日起实施的《纸质档案数字化技术规范》，其中明确指出，对纸质档案进行扫描时，要采用黑白二值模式扫描的图像文件，一般采用 TIFF（G4）格式存储；采用灰度模式和彩色模式扫描的文件，一般采用 JPEG 格式存储。存储时的压缩率的选择，应在保证扫描的图像清晰可读的前提下，尽量减少存储容量为准则。提供网络查询的扫描图像，也可存储为 CEB、PDF 或其他格式。

我国大多数地方档案部门，都相继制定并出台了本地方的《电子文件归档和管理的办法》，但大多都沿用了国家规范，也有一些地方与国家规范稍有区别。

二、信息存储格式选择原则

（一）选择占用空间小的存储格式

电子信息存储中有很大一部分是纸质信息存储的数字化存储，实现高密度存储始终是信息存储数字化追求的目标。为了减少存储容量的压力，在选择信息存储格式时，应将信息存储所占空间的大小作为一个重要因素予以考虑。例如，在扫描图像分辨率和文件尺寸相同的情况下，最大存储容量是最小存储容量的 92 倍。

（二）选择具有较强通用性和可移植性的存储格式

通用性是指某种数字文件格式被用户和业界广泛使用、支持的程度，它是选择数字信息格式的一个重要考虑因素。文件格式的通用性往往与其技术开放性有关，技术公开的文件格式，便于众多应用系统的开发者实现对该种文件格式的兼容或支持，从而增加其流行度，同时要具有良好的可移植性，即在不同机器、不同软件平台下保持良好的可读性，而不受软硬件平台的限制。比如，文本数字档案（DOC）格式保密，不开放源代码，其他公司的字处理程序无法识别 DOC 文档，且文件版本向下不兼容，因此拥有巨大市场的 DOC 文档格式迄今未能成为世界性的文档标准。

（三）选择标准化的存储格式

信息存储格式采用标准或规范化程度较高的文件的格式，便于信息资源的共享与整合。一是出于所选格式的通用性、技术开放性考虑，二是标准格式或规范化程度较高的文件格式通常在技术上更为科学合理。

（四）选择保真度高的存储格式

信息存储的数字化过程就是信息转移的过程，由于信息表达方式的变化而极易造成档案信息的失真。因此选择电子文件格式时，必须考虑保真程度。这是信息存储数字化过程的基本要求，任何格式的信息数字化存储都存在不同程度的失真，要将失真度控制在可允许的范围内，可允许保真程度需要根据信息数字化存储目的的不同而适当调整。一般来说,无论是数字化采集还是直接形成的数字信息,均应保存未压缩或无损压缩的格式。但对音频和视频数字信息,在尽可能保持信息保真的前提下,采用有损压缩。保真的原则在于,在其允许的最大失真度内选定信息存储格式及相关技术参数,追求存储空间的最小化。

三、信息存储常见格式

(一) 数字化文本信息存储的常见格式

文本文件存储是通过特定的编辑软件生成的,由字、词、数字或符号表达的,记录和存储文本数据的信息。

1. XML 格式

XML 格式是一个国际标准,可以方便不同系统之间的交流。XML 与大多数的高级语言完全兼容,并且完全可以移植到任何平台上,任何可以处理 XML 的应用程序都可以对所有的 XML 文档进行处理。同时由于 XML 文件的内容和外观设计是完全分开的,外观变动时,XML 文件本身不受影响。[①]

2. PDF 格式

PDF 是由 Adobe 公司开发的一种通用信息存储格式,能够保持任何源文档所有字体、格式、颜色和图形,忠实地再现文件的每一个字符、颜色以及图像,而不管创建该文档所使用的应用程序和平台。PDF 文件比源文件小,在 Web 上下载的同时可以快速地显示页面,而不会降低网络速度。利用者只要得到第一部分数据,可以按需继续下载其他页面。从这个意义上说,PDF 非常适合网上传输。[②]

3. CAJ 格式

CAJ 格式是清华大学开发的。CAJ 格式封装文字和插图信息在单一文件中,完整保留原来文件的版式信息,打印效果与原版的效果一致。

4. CEB 格式

CEB 是北大方正开发的完全高保真的中文电子文档格式。CEB 可以很好地保持文件原版样式,能够保留原文件的字符、字体、版式和色彩,包括图片、数学公式、化学公式、表格与文件中的圈注、批注、划线等一切信息。

CEB 格式支持汉语、少数民族语言、英语等多种语系,可以进行自动分类、自动摘要、图片检

① 张晶晶:《数字档案存储介质及格式研究》,苏州大学硕士学位论文,2009 年。
② 刘家真:《文件保存格式与 PDF 文档》,《档案学研究》,2002 年第 2 期。

索等操作,可极大地减轻信息存储人员的工作负担。CEB 具有的数字签名、数据加密功能,可以使信息存储人员在保护档案知识产权的基础上,有权限地为用户提供利用。CEB 格式得到了国家电子政务标准化总体组的肯定,国家有关部门已把 CEB 格式作为电子公文传递的标准格式。[①]

(二) 数字图形图像信息存储常见格式

图形图像格式是指计算机图形图像信息的存储格式。同一幅图像可以用不同的格式存储,但不同格式之间所包含的图像信息并不完全相同,其图像质量也不尽相同。

1. TIFF 格式

TIFF 格式是 Tag Image File Format 的缩写,其扩展名为"tif"。该格式的图像文件具有如下特点:其一,支持从单色模式到 32b 真彩色模式的所有图像;其二,不针对某一个特定的操作平台,可用于多种操作平台和应用软件;其三,数据结构可变,文件具有可改写性,但对 TIFF 文件解压缩非常困难。

2. JPEG 格式

JPEG 格式是 Joint Photographic Experts Group 的缩写。该格式适用性广泛,大多数图像类型都可以进行 JPEG 编码;对于数字化照片和表达自然景观的色彩丰富的图片,JPEG 编码方式具有非常好的处理效果;使用 JPEG 格式的图像文件时,需要解压缩过程。也就是说,它用有损压缩方式去除冗余的图像数据,可以用最少的磁盘空间得到较好的图像品质。但对于使用计算机绘制的具有明显边界的图形,JPEG 编码方式的处理效果不佳。

(三) 音视频存储格式

1. WAV 格式

WAV 是音频文件格式中最基础格式,采样频率高、采样精度长,保真度非常高,但是 WAV 格式通常对数字信号不加压缩,因而数据量很大。因此一般用于永久性保存的音频信息存储。

2. MP3 格式

MP3 格式属于有损压缩,因此,同样长度的声音文件,用这一格式存储一般只有 WAV 格式的 1/10,当然,音质也就次于 WAV 格式。

3. MPEG 格式

MPEG 格式是常见的数字视频格式之一。它具有良好的兼容性和通用性;能够比其他压缩法提供更好的压缩比,且在提供压缩比的同时,对数据损坏小。

4. RM 格式

RM 格式属于流式视频格式,它是目前主流的网络视频格式。"流媒体"传输格式是指"边传

---

① 李俊仁、朱晓钟:《电子档案存储方式的选择》,《硅谷》,2010 年第 9 期。

边播"。该格式一般作为在线存储格式,适宜网络发布及下载。企业一般可以将这一格式作为对内外交流网站的存储格式,方便用户下载和利用。[①]

思考题

1. 简述信息存储的含义及作用。
2. 信息存储的主要介质有哪些? 分别谈谈它们的优劣。
3. 自己确定主题,采用剪报法存储信息。
4. 到当地企业开展调研活动,了解企业办公室信息存储的装具的使用情况。

案例分析

小李是华美有限公司的秘书,在一次信息存储中,她发现有几份关于该公司已撤销的一个内部机构的管理性文件,她当时想,那个机构已经撤销了,这几份文件自然没必要保存了,于是,她就把那几份文件用碎纸机销毁了。过了一段时间,公司领导想找出这几份文件作为参考,而小李再也无法找回来了。

【问题讨论】　小李这样做对吗? 请你谈谈信息存储工作应注意哪些方面。

实践训练

任务:

教师提供文件、新闻稿、信函、合同、广告稿等相关信息资料,要求学生按照登记、分类、编目、排列等程序,完成信息存储,并将这些信息资料进行电子化存储。

任务要求:

1. 以书面形式交给教师批改;
2. 电子化储存的结果储存在计算机上,供教师批改。

任务评价:

自我评价:

---

① 项文新、张照余:《视频电子文件的归档格式研究》,《档案学研究》,2006 年第 4 期。

_____

_____

_____

_____

学生互评：

_____

_____

_____

_____

教师评价：

_____

_____

_____

_____

知识链接

小技法：信息存储的保密技术①

在通讯技术日益发达的今天，保密工作对于秘书来说显得尤为重要，保密范围包括文件保密、涉外保密、出版保密、计算机设备保密等。就电子文档信息保密而言，有如下方法可以利用。

1. 防泄密滤镜和安全智能卡：防泄密滤镜是暗色塑料屏幕，可以粘贴在显示屏上，这样只有电脑正前方的人才能看到内容，电脑旁边的人只能看到黑屏。安全智能卡先要进行相应的软件安装，它可以对文件乃至硬盘加密，使用时插入安全智能卡，电脑数据才完全对用户开放。

2. 加密软件使用：如 E-diamond 加密大师是专为拥有大量商业秘密和个人隐私的用户订制的。可以加密任意的文件和文件夹，并且支持驱动器，采用三种原创加密技术多线程加密，支持三种加密方式：本机加密、移动加密和隐藏加密。支持临时加密、浏览解密的功能，并且它不受系统影响，即使重装、Ghost 还原，也依然可以照样使用。

_____

① 参见 http://www.doc88.com/p-9753794135460.html.

3. Office2003 办公软件自带的加密功能：打开 word 文档，选择工具、输入文档时的密码，点击确定，文档就需解密打开了。选项、安全性，或者选择文件、另存为、工具、安全措施选项，分别输入打开和保存。

第七章 信息与决策

决策普遍存在于人们的各种活动当中。每个人、每个组织都要作出许多决策,也都希望每次决策是正确的,但光靠经验决策难以实现。科学决策是现代社会发展的必然要求。任何一项决策,都离不开具体的信息。从信息的角度来看,管理活动实际上是一种获取信息、筛选信息和利用信息来实现组织目标的信息活动。决策信息是在决策过程中使用的并能对决策结果产生影响的信息,是决策活动的基础和灵魂。科学决策要求我们正确掌握信息的特征,遵循基本的原则。决策的关键是信息的创造性整合。决策信息应可靠、完整、精确、及时,这就要求信息工作人员具备良好的素质。企业决策和党政决策一样,都需要我们重视信息工作。我们还需要把握信息时代中企业决策呈现的新特点。

第一节 决策科学概述

案例导入

某城市繁华地段有一个食品厂,因经营不善长期亏损,该市政府领导拟将其改造成一个副食品批发市场,这样既可以解决企业破产后下岗职工的安置问题,又可以方便附近居民。市政府为此进行了一系列前期准备,包括项目审批、征地拆迁、建筑规划设计等。不曾想,外地一开发商已在离此地不远的地方率先投资兴建了一个综合市场,而综合市场中就有一个相当规模的副食品批发场区,足以满足附近居民和零售商的需求。面对这种情况,市政府领导陷入了两难境地:如果继续进行副食品批发市场建设,必然亏损;如果就此停建,则前期投入将全部泡汤。在这种情况下,该市政府作出决定,将该食品厂厂房所在地建成一居民小区,由开发商进行开发,但对原食品厂职工没能作出有效的赔偿,使该厂职工陷入困境,该厂职工长期上访不能解决赔偿问题,对该市的稳定造成了隐患。

请问:该市政府前后两次决策存在什么问题?

一、科学决策 ···

（一）科学决策的概念

决策普遍存在于人们的生产和生活当中。究竟何为决策，可谓见仁见智。目前对决策虽无统一定义，但基本上有狭义与广义两种理解。狭义派代表、中国经济学家于光远提出"决策就是作决定"。广义派代表、著名经济学家、诺贝尔奖获得者赫·阿·西蒙（H. Simon）提出"管理就是决策"，认为决策贯穿于整个管理过程。①

人类的决策行为随着知识的增加与实践的丰富而不断发展。决策有经验决策与科学决策之分。经验决策自古有之，主要凭借决策者个人的知识、经验、智慧和胆略来进行，其特点是对客观事物进行直观判断，然而缺乏科学的理论指导。"眉头一皱，计上心来"就是对经验决策的生动描述。科学决策是现代社会发展的必然结果，也是现代社会发展对决策活动的必然要求。

所谓科学决策就是决策者为了实现特定目标，根据客观可能性，以已有的信息为基础，借助一定的理论、方法、工具和技巧，对实现目标的诸因素进行分析、计算和判断，从而对未来行动优选出合理方案的过程。②

科学决策的基本内涵主要有以下五点：1.决策是为了达到一个预定目标；2.决策需要一定的信息；3.决策是在若干个方案中进行比较和选优；4.决策活动是复杂的思维过程；5.决策要付诸实施。

（二）科学决策的特点

科学决策是以科学理论为指导，遵循科学的决策程序，运用科学的决策技术和方法、选择或决定未来行动方案的活动过程。同经验决策相比，科学决策具有以下特点：1.决策民主化。区别于经验决策那样依靠决策者的经历和经验，科学决策要求建立完整的决策体制，依靠集体的智慧进行决策。2.决策程序化。区别于经验决策的简单过程，科学决策的程序分为发现问题、确立目标、拟定方案、选择方案、实施与反馈方案等步骤。3.决策科学化。区别于经验决策那样依靠决策者个人的胆识和智慧，科学决策要求决策者必须运用科学的决策理论和科学的决策思维方法进行优化决断。③

现代社会活动中，科学决策显得日益重要，但在一定条件下，经验决策仍然是必要的。科学决策既不能排斥经验，但又必须是对经验的超越和升华。

二、决策的地位与类型 ···

（一）决策的地位

决策是管理工作的核心。决策是顺利进行现代化建设的依据。每一个单位都必须经常对未

---

① 秦铁辉、王延飞：《信息分析与决策》，北京大学出版社 2001 年版，第 2—3 页。
② 肖筱南：《现代信息决策方法》，北京大学出版社 2006 年版，第 1—2 页。
③ 卢斌、刘永成：《信息工作与调查研究》，高等教育出版社 2001 年版，第 123—124 页。

来的和当前的大小问题作出决定,也就是必须经常进行各种决策。随着时代的发展,政府、企业等组织所面临的问题越来越复杂,而且变量多,因而决策越来越重要。一个国家,一个地区,一个企事业单位要发展,就必须在多变的形势下随时作出决策。目前我国不但国务院有决策机构、智囊团,而且各省、市都设立了相应的决策组织。①

(二)决策的类型

按照不同的标准和角度进行分类,决策主要有以下类型:②

1. 按决策主体可分为集体决策和个体决策。

2. 按决策范围和规模可分为宏观决策、中观决策和微观决策。

宏观决策主要决策国家、民族的大事,如长江流域发展战略,或涉及某一项影响深远、牵涉面广的事情,如能源、环保、经济、外交等。微观决策主要决策某个具体事项或某个部门、企业的事项。中观决策则介于宏观决策与微观决策之间,如某个行业的决策。

3. 按思维过程可分为程序化决策与非程序化决策。

程序化决策是指可以制定出固定程序进行处理的决策,也称重复性决策。非程序化决策,是指没有固定程序,只能采用"现裁现做"的方式进行处理的决策,也称一次性决策。程序化决策解决的是经常出现的问题,如城市交通管理、人口控制等。非程序化决策解决的是无经验可依据的新问题(该问题之后也很少重复出现)。

4. 按决策问题能否用数量来表示,可分为数量决策和非数量决策。

5. 按决策问题所处的条件不同,可分为确定型决策、不确定型决策和风险型决策。

确定型决策主要是指决策者所面临的客观发展情况是唯一确定的,根据已掌握的科学知识与技术手段,对于行动方案能够作出完全科学的、正确的判断。确定型决策方案只有一种结果,因此,决策过程并不复杂,只要比较备选的各个方案孰优孰劣,从中挑选出最优的方案即可。这类决策较为常见。

不确定型决策和风险型决策都是由于存在不可控制的因素,一个方案有可能出现几种不同的结果,包括好、中、差等结果。不确定型决策则是在各种结果出现的概率不明的情况下作出的决策,例如某种产品的销售,未来市场上可能出现畅销、平销、滞销三种情况。风险型决策是在对各种结果可能出现的概率有了认识以后所作的决策,不管决策者选择哪个行动方案,都要承担一定的风险。

6. 按决策的多少及其相互关系,可分为单项决策和序贯决策。

单项决策也称静态决策,它所处理的问题是某个时点的状态或某个时期总的结果,其行动方

---

① 秦铁辉、王延飞:《信息分析与决策》,北京大学出版社 2001 年版,第 29 页。

② 同上书,第 9—11 页。

案只有一个。序贯决策也称动态决策,它要作出一系列相互关联的决策,前一项决策直接影响后一项决策。

7. 按决策的作用分类,可分为突破性决策与跟踪性决策。

所谓突破性决策是指促使事物发生方向性或质变的决策,也称发展性决策。跟踪性决策是指在决策的实施过程中,根据反馈对出现的偏差进行调整,以及由于情况的变化或原决策有失误而重新确定的决策。实际工作中跟踪性决策是普遍采用的。比如我国国民经济计划的实施过程,往往采用滚动式计划,就是一种跟踪性决策。

8. 按管理职能,可分为人事决策、生产决策、经营决策、财务决策、技术决策等。

三、决策的原则……………………………………………………………………………………

决策是否具有科学性,要看其是否符合决策对象的实际,是否符合决策自身的规律。科学的决策必须遵循以下基本原则。[①]

1. 系统性原则

决策对象不论是军事问题、经济问题还是管理问题,它们都处在社会大系统中,而且它们本身又构成了一个子系统。决策离不开系统,因此决策必须遵循系统性原则。系统性原则要求决策要达到整体化、综合化、最优化。决策的目的虽然在于获得最大的效益,但是进行决策不能只看到眼前利益,而不看到未来的、长远的、潜在的利益。决策方案既要考虑是否有助于建立本单位的良好形象和声誉,提高本部门的知名度和美誉度,又要考虑是否有助于满足公众的要求,维护公众的利益等。

2. 可行性原则

决策要获得成功,必须建立在科学的基础上,必须具备可行性。所谓可行性,是指决策能够实施的程度及其效果。决策者应充分、慎重地论证方案,即对决策的主客观条件如人力、物力、财力、技术能力、环境因素以及决策实施的后果等进行科学分析和评估。凡是不具备决策实施条件的,或实施后可能产生许多恶果的方案,都是不可行的。科学决策的可行性原则要求人们着重考虑两个问题:一是决策能否顺利实施;二是决策实施以后是否会带来负面效应。前些年,一些领导决策只考虑当时效益,很少考虑长远利益和决策的副作用。如滥伐林木造成水土流失、洪水泛滥,围湖造田、围海造田使生态环境受到破坏,草原开荒种粮破坏植被,使大片草原变成了沙漠,等等。这些教训是极其深刻的。

3. 时效性原则

客观世界不断地在发展变化,任何决策都是在一定时期针对某一问题作出的。因此,决策具

① 秦铁辉、王延飞:《信息分析与决策》,北京大学出版社 2001 年版,第 45—52 页。

有很强的时效性,即所谓的"机不可失,时不再来"。对于确定型决策,当决策者对未来状况有较大把握时,就要敢于拍板定案,大胆决策。能否及时地抓住决策的时机是衡量领导者决策水平高低的重要标志。

决策的时效性要求决策者在发现问题后,要及时收集信息,及时分析研究,及时确定决策方案。决策的时效性还要求领导者既要保持决策实施期间的相对稳定性,又要正确把握决策方案的周期性。如果决策方案已经过时,就要根据新情况及时进行新决策。决策的时效性原则在军事、商业上尤其重要,时机稍纵即逝。

4. 创新性原则

决策是决策者的一种创造性劳动。决策贵在创新。墨守成规很难作出具有时代性和科学性的决策。一个好的决策绝不是旧事情的简单重复,而是充分吸收符合时代潮流的新鲜因素的产物。领导者决策时只有不断创新,锐意进取,才能开创工作的新格局。创新原则要求决策者在决策的内容、步骤和方法上,要敢于提出独到的见解,敢于采用新的科学方法。

在决策中创新,决策前就应多设想一些决策方案,多吸收一些新科研成果,多征求他人对决策方案的改进意见。创新说起来很容易,做起来却很难,因为要承担很大风险。因此,创新原则还要求决策者要有一定的胆量。创新并不是胡思乱想,为所欲为,而是建立在求实的基础上,以客观条件和科学的数据和方法为前提。

四、决策的程序··

决策程序也叫决策的步骤。目前,决策程序有"三段"说、"八段"说等。

"三段"说认为一项科学决策主要有三个步骤:1. 找出问题,提出决策的目标;2. 探索和拟定各种可能的行动方案;3. 从各种可能方案中选择最合适的方案。这种三大步骤的分法可以追溯到美国实用主义哲学家 J·杜威。他在《如何思考》一书中把解题过程分成三个步骤:1. 问题是什么? 2. 有哪些可能答案? 3. 哪个答案最好? 西蒙认为科学合理的决策程序应包括参谋活动、设计活动和选择活动三个基本阶段,即:1. 找到问题的症结,确定决策的目标;2. 拟定各种可能的行动方案供选择;3. 比较各种可能方案并从中选出最合适的方案。[①]

"八段"说的决策程序:

1. 发现问题——即发现矛盾,确认问题,这是决策的起点;

2. 确定目标——即决策在预测基础上希望达到的结果;

3. 价值准则——即落实决策的目标;

---

① 肖筱南:《现代信息决策方法》,北京大学出版社 2006 年版,第 22 页。

4. 拟制方案——即利用智囊技术草拟出决策的方案；

5. 分析评估——即对决策方案进行估计评价；

6. 方案择优——即对多种方案权衡利弊，择优而取；

7. 试验实证——即通常说的先行"试点"；

8. 普遍实施——即全面推行，这是决策程序的最终阶段。①

第二节　信息与决策

一、决策信息

（一）决策信息的概念

从管理科学的发展来看，真正把信息作为研究对象的是现代管理理论，它认为管理活动就是一种获取信息、筛选信息和利用信息来实现组织目标的信息活动。在决策过程中，信息联系是一种双向过程，包括从组织的各个部分向决策中心的传递，也包括从决策中心向各个部分的传递。

在决策过程中使用的并能对决策结果产生影响的信息，我们称之为决策信息。② 并不是所有的信息都是决策信息。信息有三个不同层次：自在信息、积存信息和自为信息。决策信息位于信息的第三个层次，也是最高层次。自在信息是客观存在的信息，它并不以是否被接收被认识而改变。积存信息是决策人已有的知识、经验，是对自在信息的解释系统，即辨别选择自在信息的能力。自为信息是决策人依据特定目的和实际能力所得到的信息，它能够提高决策人的认识能力和处理能力。从自在信息中获取更多有用的自为信息，就是信息资源的开发过程，它是情报活动的主要内容，其结果就是产生决策信息。如果说信息资源是资源的资源，那么决策信息就是信息的信息，是凝聚了信息人员知识、智力和经验的整合了的信息。决策信息是决策活动的前提和基础。没有用以支持决策的信息，决策便是无源之水、无本之木，缺乏决策信息的决策行为无疑是盲目的行为。

中外历史表明，一切高明的政治家、领导者，之所以能够运筹帷幄，决胜千里，除了有审时度势的雄才大略之外，关键的一环，就是他们能做到知己知彼，因而百战百胜。所谓"知己知彼"就是善于捕捉信息，知人善任，集思广益，为我所用。西汉的刘邦，三国的诸葛亮，唐朝的李世民，美国的林肯，他们能完成统一大业或鼎立一方，开创一代盛世，同他们广泛利用信息，广采众才之智，有着极大的关系。如《三国演义》中的诸葛亮，他之所以能作出隆中决策，主要是由于他未出

---

① 刘咸岳：《信息与决策知识讲座》，广西人民出版社 1988 年版，第 40 页。
② 王卫：《决策中的信息问题》，《情报资料工作》，2006 年第 2 期。

茅庐之前,就从刘备、曹操、孙权三方的实力出发,通过各种决策信息,对天下大势发展作出了正确的分析和判断,为刘备制定了"联吴抗曹"的战略决策,最终争得了"三国鼎立"的局面。①

(二)决策信息的来源

决策信息包括的范围很广,它除了决策对象本身的情况外,还包括那些制约和影响各项决策活动的社会因素、自然因素等,主要有:

1. 党和国家的路线、方针、政策,法律、法令及相关规定。

2. 媒体信息,如报纸、广播、电视、互联网、杂志等信息。

3. 参观、访问、学习、经验交流等信息。

4. 来自信息咨询机构的信息。

5. 各领导决策部门的决策、计划、控制等信息。

6. 现有物质方面的信息。

7. 所辖人员的人数、素质、情绪、决策能力等信息。

8. 自然信息如天气状况、地理环境等。

9. 决策后的反馈信息。②

二、信息在决策中的作用 ···

决策,本质上是对信息进行收集、传输、加工、处理、变换最后输出的过程。任何一项决策,都离不开信息,信息是决策的灵魂。及时、准确、全面掌握信息,深入、系统开展信息工作,是决策成功的重要保障。

(一)信息是决策活动的基础

决策活动是一个由信息体系、智囊系统、决策系统和监督系统组成的科学决策组织体系,在这个决策组织体系中,每个子系统具有不同的功能,承担不同的职责。要完成一个科学决策,每个子系统都要完成一定的信息工作。决策前,领导要发现问题、分析问题,确定决策目标,就要借助于各种信息渠道,对信息进行搜集、分析、综合、抽象、概括、归纳等整理加工,以达到去伪存真、去粗取精、由表及里的目的,确定决策目标是否与事实发展规律相符。决策活动是在信息渗透到当代社会各个领域和环境中所进行的,所以说信息是决策活动的基础。③

(二)信息为决策的每一阶段提供支持

决策的过程就是信息利用的过程。决策的前、中、后过程都需要信息。信息工作贯穿决策的

---

① 刘咸岳:《信息与决策知识讲座》,高等教育出版社 2001 年版,第 32 页。
② 卢斌、刘永成:《信息工作与调查研究》,高等教育出版社 2001 年版,第 129 页。
③ 万丽芳:《浅议领导决策中信息工作的作用》,《山西科技》,2001 年第 6 期。

每一阶段。

1. 确定目标与信息获取活动。

开展深入、全面的调查研究,系统、准确、及时地搜集、整理有关信息,预测未来事态发展趋势,这样才能有效地发现和提出问题,才能准确地确定决策目标。所谓发现问题就是发现了显示问题的信息,被决策对象存在的问题是信息源,显示问题的情况、数据等就是信息。例如一个企业要依据市场需求变化调整产品结构,就必须作市场调查,了解市场有关商品供求信息,结果发现有的产品十分畅销,有的产品已严重积压。这畅销、积压情况,就为企业进行产品结构调整提供了信息。如果企业不作市场调查,就发现不了问题,就不会产生调整产品结构的动议。显然离开了信息,就发现不了问题,也提不出问题,因而决策就无法开始。

决策前的信息要做到超前服务。超前服务有两层含义:一是信息提供的内容要超前,是该领域里处于领先地位的最新知识和成果;二是时间上的超前,信息工作要做在决策者提出需求的前头。

2. 拟定方案与信息设计活动。对搜集的信息进行充分的分析、比较、鉴别、筛选,提出正确的、符合客观实际的方案。

3. 方案优选与信息决策活动。在掌握充分信息的基础上,对各种信息进行对比、鉴别和判断,优选出最佳方案。

4. 方案实施与信息交流活动。

信息是实施决策方案的手段。每个省、每个部门,都是一个复杂的系统,都是由多层次、多部门、多单位组成的,这些系统、层次、部门、单位之间相互依赖、密切联系。贯彻落实某项决策,有关的部门、单位都要围绕实施决策的总目标,协作配合、共同行动,形成整体的力量。如何才能实现这一点,就要借助于信息这一神经系统来下达指令,组织、沟通、协调。这不仅有纵的信息联系,也有横的信息交流。例如省级政府决策的实施,从纵向来看,要把决策的内容通过文件、电话、会议等信息传播形式,向省属各级政府层层传递下去,并把各单位、部门的实施情况反馈给省级政府部门;从横向来看,省属各级政府之间,也要互通情报,交流实施经验。这样就通过信息交流,把各个层次、部门、单位的实施活动,协调于全省宏观整体系统之中。只有这样,才能保证决策的顺利实施。[①]

(三) 信息是领导决策成功的重要保证

领导决策往往是关系到一个组织发展全局的大事。尤其是随着现代社会的快速发展,大大小小的决策都依赖于信息,大量事实表明,谁对信息掌握多,掌握快,掌握准,谁就能赢得工作的

---

① 田洪斌:《信息与决策的科学化民主化》,《图书与情报》,1989 年第 4 期。

主动权,就能在工作中取得突破性进展,所以领导必须保持耳聪目明,"眼观六路、耳听八方",才能在纷繁复杂的社会中,审时度势,实现正确决策。

可行性分析是避免决策发生失误的重要保证,是决策程序中必不可少的环节,可行性分析的所有途径,都是围绕占有信息而展开的,只有掌握了大量的可靠信息,对内外源信息进行具体分析,了解最需解决的问题以及优势因素、制约因素等,针对目标去拟订切实有效的决策方案。因而,对信息占有的准确与全面是领导决策最终取得成功的根本保证。领导者应通过各种渠道,运用各种手段去认识信息,进而准确判断、及时利用信息。在信息瞬息万变的今天,对于领导者最重要的就是要在占有大量信息的基础上,分析其准确性、合理性、可行性,不失时机地作出正确的决策。

信息的处理和反馈是决策成功的保证。整个领导决策方案的实施过程,就是信息从输入到输出,经过反馈重新输入的过程,这一循环过程的每一个阶段都离不开信息的处理和反馈。因而当发现决策方案在实施过程中与客观情况不相符时,决策者根据反馈信息作出新的分析判断,随时调整决策,把失误消灭在最初阶段,起到控制执行和达到预定决策目标的作用。①

(四) 信息是决策民主化的实现手段

现代社会纷繁复杂,特别是我国市场经济取代计划经济后迅速发展,已成为经济的主体。因此,不可测因素、变化因素日渐增多,许多事情的透明度较差。在瞬息万变的世界里,一个再高明的决策者,闭目塞听,不收集信息,不听从群众意见,不搞决策民主化,就难免会盲目和主观,导致决策失误。因此,坚持决策的民主化,是时代发展的迫切要求,是经济、社会长期稳定协调发展的迫切要求,也是决策科学化的必经途径。要使决策民主化,就要大力挖掘信息资源,充分分析加工运用信息,尽量发挥信息在决策中的作用,处理好决策民主化与信息之间的关系。

决策民主化就要深入群众,广泛听取各个方面的意见,即收集各方的有关信息。对于要决策事物的情况,决策者一开始往往不太了解,而天天与实践打交道的广大群众却掌握了大量的有关信息。群众实际上是各种信息的载体,听取群众的意见、反映的情况,实际上就是在搜集各个方面的信息。要深入群众进行调查,一定要注意调查方法,要运用现代科学理论、科学方法,把民主化与科学化有机结合起来,以收集到及时、准确、可靠的决策信息。

决策民主化还要听取有关专业人员的意见。专业人员是各种专业知识信息的载体,他们掌握的信息在决策中可以起到五个方面的作用:一是提供被决策事物的一般情况及历史情况,充实决策内容,丰富决策信息,使决策建立在更为广泛的信息基础上;二是提供专业知识信息,从而提高决策的专业化水平;三是提供有关的经验与教训;四是可以进行专业论证,或进行模型分析,使

---

① 万丽芳:《浅议领导决策中信息工作的作用》,《山西科技》,2001 年第 6 期。

决策进一步科学化；五是可以进行决策实施的后果预测，从而使决策者更好地把握决策的正确性。

决策民主化也要收集与决策者主观愿望不一致的信息。事物都具有两面性，与决策者主观愿望不一致的信息有时可能不对，但真理有时掌握在少数人手里。[①]

三、信息的特征及其对决策的影响……………………………………………………………

科学的决策不仅需要完整可靠的信息和合理有效的分析方法，它还需要有对信息及其特征实质的正确认识和把握。这就要求我们用辩证的眼光去看待问题、分析问题，全面准确地把握信息的特征与实质，有效提高决策质量。[②]

（一）信息是长期性与短期性的统一

信息的时效性指的是在一定的时间范围内，信息是有价值的，但超出了这个时限，信息的价值就可能失去。通常信息的时效性能引起人们的重视，但辩证地看，信息还具有长期性（延续性），这一点有时会被忽视。可以说，有些信息时效性很强，过长的时间可能导致其价值的衰竭；有些信息则表现出较强的延续性，其价值并不会随着时间的延长而衰竭。决策时，延续性信息与时效性信息相辅相成。没有大量延续性信息的积淀作基础，时效性信息再完备，人们也只能进行简单的分析与判断，它对于决策的影响依然有限。

人的大脑可以将大量的延续性信息储存、积淀下来，形成经验、技能和知识。人们可以通过它们对各种各样的当前信息进行周详、理智地分析与综合，从而得出较为科学合理的结果。一个阅历丰富、知识渊博的人和一个没有多少经验、知识的人在感受到同样的信息时会作出不同的判断与决策，前者往往比后者高明，其道理也在此。因此，我们在强调信息时效性的同时，也应不断积累大量延续性信息（主要是知识、经验、阅历等），从而有效提高决策质量。

1791 年深秋，拿破仑的统帅皮舍格柳率领法国军队进攻荷兰。荷兰人掘开运河，用运河水阻拦法军。法军无法前进，面临着是否撤退的决策。这时，皮舍格柳意外地发现树上的蜘蛛正在大量吐丝结网。得到这个信息，他毅然决定暂不撤军。因为他知道，蜘蛛大量吐丝结网预示着这里将有干冷天气，天气干冷则河水就要结冰，法国军队就可以踏冰而过。事实证明，皮舍格柳的判断与决策是完全正确的。本来，蜘蛛吐丝结网这一当前信息似乎与战争决策毫无关联，但由于皮舍格柳了解与此相关的延续性知识信息（蜘蛛结网是干冷天气到来的前兆），经过分析和推理，他把这一信息的价值发掘了出来，从而有力地进行战争决策。如果皮舍格柳不具有这个延续性知

[①] 田洪斌：《信息与决策的科学化民主化》，《图书与情报》，1989 年第 4 期。
[②] 黄建奎：《信息的特征及其对决策的影响》，《系统辩证学学报》，1998 年第 1 期。

识信息,那么这个时效性信息将毫无利用价值。

(二) 信息是主观与客观的统一

信息是主观与客观的有机统一,过分强调任何一个方面都有失偏颇。信息是客观存在的,才有可能被主体所感知;同时信息又是不同于物质和能量的另一种存在,它总是和人的意识反应活动紧密联系在一起,离开了人的意识反应,信息同样无法被感知。

对于信息人员和决策者来说,了解信息是主观与客观的有机统一这一点非常重要。信息的发送、传递一般要经过许多不同的人。每个接收到信息的人会自觉不自觉地把自己的见解和感受加入到信息中传递给下一个接收者,使源信息在传递过程中不断发生变异。因此,一般说来,信息在传递中经历的人越少,其保真性、可靠性就越高。我们应尽可能去掉所接收信息中的主观因素,避免信息被人为地改变,以科学合理地决策。

(三) 信息是共享性与非共享性的统一

信息的共享性有两层含义:第一,信息的占有是平权的;第二,信息在传输过程中的共享意味着信息的发送者和接收者所理解的信息意义是一致的。关于信息的共享性含义确有一定的道理。否则,人和人之间就根本无法交流、沟通,人类也无法认识外在世界了。我们发现,信息在传播过程中不仅有共享性,而且同时具有非共享性。所谓信息的非共享性,就是指:第一,信息的占有是非平权的;第二,信息在传输过程中的非共享意味着信息的发送者和接收者所理解的信息意义是不一致的。

在信息传播过程中,传播者和接收者之间的知识结构、认识角度、认识水平的差异,会造成信息的非共享性。例如一个饱经沧桑的老人对一个涉世未深的少年谈论关于爱情婚姻的意见,少年也许只能听懂老人的小部分意见。孟子、韩愈、朱熹、南怀瑾、于丹解读《论语》,各不相同,谁又能符合孔子本义呢?而诗歌、绘画和音乐等艺术形式,读者、观者和听者都能与作者达到信息的共享吗?其间都存在着信息传递上的非共享性。

信息的非共享性和观察者的参与程度密切相关,因此不同媒介对信息的非共享性的影响也不同。例如,同一信息当由只涉及视觉的书刊报纸和由涉及视觉、听觉的电视传播时,我们的感受就会不同。由于书刊报纸提供的信息较少,需要人的想象力参与,而不同的人阅历、知识甚至情感不同,所以想象力的能力、内容都有差别,于是,面对同样的文字,人和人的感受不同,接收的信息也就不同。

不同利益的个人或集团在信息资源的占有上存在着非共享性。历史上,信息资源的占有主要就是有产和有闲阶级的事情。在某种意义上说,信息资源占有的非共享性是历史保守和落后的标志。相反,信息资源占有的共享程度反而是历史进步的尺度。例如,当科学技术进步到产生报纸、无线电、网络等传播媒介时,大众对知识成果的享用就比以前要多,而且了解事实真相的机会也大大增多。这表明,信息资源共享是社会进步的基本内容之一。

知识产权制度中的信息资源是共享性和非共享性的统一。知识产权实际的作用就是:第一,保护知识和发明的创造者的利益不受侵犯;第二,促使知识即信息资源的社会共享。科学技术是第一生产力,经济的竞争归根到底是科学技术的竞争。但是,许多人却未进一步认识到科学技术的竞争的前提是知识产权的竞争。在现代社会中,各国越来越重视知识产权。因为具有高度市场竞争力的科技成果,需要投入大量人力、物力和财力进行研发,任何一个国家或地区都不会白白将其作为"人类的共同财富",只有那些没有取得或已经失去知识产权保护的科技成果才有可能成为人类的共同财富。信息资源应该是共享与非共享的统一。知识产权则在市场体制下较好地起到了统一两者、协调两者的积极作用。

企业在进行产品、技术的研发决策时,必须了解国内外相关知识产权情况,避免重复的工作或侵权行为。当产品、技术的研发成本高于购买相关知识产权时,就没必要进行研发,可直接购买由知识产权保护的产品或技术,以节约成本,节省时间。在实际的社会生产、生活中,对信息的占有通常不是平权的,因为信息具有价值,对信息的垄断意味着一种优势,可以给占有它的人带来好处和收益。企业的技术秘密、工艺流程、专利设计等知识性信息对于企业的发展有着极为重要的意义,管理者对于诸如此类的信息就应注意保守秘密,保证安全,防止信息未经授权的扩散和流失。[①]

(四) 信息是成本与收益的统一

从信息接收者的角度看,决策信息一部分是被动接收的,更大一部分则需要主动地、有目标地去搜集。搜集信息的目的是减少决策的盲目性和不确定性,以提高决策质量,收到更大的效益。但我们也应认识到,搜集信息是需要付出代价的,这种代价可能是经济上的,也可能是时间、精力等。搜集的信息越多,所需要付出的代价就越高,当这种代价超过一定的程度时,信息的边际收益就会下降,甚至因等待的时间过长而坐失良机。另一方面,不管我们愿意付出多大的努力和代价,我们永远不可能把事物未来发展的不确定性减小到零。因此,如果搜集信息的费用超过了消除信息不确定性所带来的收益,那么对于组织决策来说,显然不合算。在另外一种情况下,事情可能过于紧急或者对于组织无关紧要,收集充足的信息要么是时间不允许,要么是成本太高而收益又太小,在这样的情况下,人们往往也并不拘泥于先掌握充足的信息而后才作决策。

四、决策对信息的基本要求······································

信息是决策的基础,信息的质量决定着决策的质量。在决策时,始终存在如何判断信息、筛

---

① 吴彤、王平:《论信息的非共享性及其意义》,《系统辩证学学报》,1996 年第 4 期。

选信息、利用信息等问题。决策对信息的基本要求主要体现在可靠性、完整性、精确性、及时性四个方面①。

(一) 可靠性

可靠性亦称可信度，是指信息的真实性和准确性。信息的可靠性包括两个方面：一是信息人员收集到的原始信息是真实准确的；二是信息人员为决策者所提供的加工过的信息是真实准确的。为决策提供的信息，一定要实事求是地反映客观情况。只有真实准确的信息才能使决策建立在科学的基础上。信息如果失真，就会导致决策失误，酿成严重后果。因此，在决策信息的收集、加工上，应抱着高度负责的精神，坚持实事求是的态度，决不能为迎合个别领导的好恶，而将情况任意夸大或缩小，人为地造成信息失真。

现实中，人们所得到的信息不一定真实可靠。有的信息可能虚假，有的信息可能真假掺杂，其原因可能是主观或客观的。有些信息虚假是因为信源示人以假，是有意识地进行欺骗，如"明修栈道，暗度陈仓"。有些信息虚假则是由于它在传递过程中受到了污染，发生了变异和失真，如各种被添油加醋的谣传，它们显然都不能反映事物发展的客观真实。还有一种信息其本身就是概率性的，究竟是真是假难以确定。比如天气预报说明天有雨，这只是表明一种较大的可能性，并不说明明天肯定会下雨。如果明天真的下了雨，那么这个信息就是真实的，否则它就是假的。为了避免这类信息的误导而使决策失误，决策者在进行信息处理时要保持警觉，对接收到的信息进行甄别、校验和分析，并将可能性概率考虑在内，以防上当受骗。这就要求我们提高识别能力，善于判断信息的真伪。

确定信息的可信度，最重要的是考察信息的来源。一般地说，直接从原始信息源取得的信息可信度高。在识别信息时，还要考虑到信息源的性质。比如自然信息是从自然事物中获取的，通常比较真实可靠。如某地有山脉、森林、河流之类的信息，是比较真实的。社会信息识别比自然信息困难一些，因为社会信息具有较多的不确定性。比如，"某单位人员的素质好"的社会信息和"某地有森林"的自然信息相比，前者没有后者确定。无论自然信息还是社会信息，即使都是直接从信息源得来的，也还存在一个获取信息的方法问题，比如用直接观察方法获取的信息与通过科学技术手段获取的信息，其可靠性也有所不同。因此，在识别信息时，还需要鉴别获取信息的手段。此外，运用同样的手段从同一信息源获取信息，还受到获取信息时的主客观条件的影响。比如，不同的人在不同时间从不同角度观察同一对象，取得的结果也会不同。因此，识别信息时还应考虑到条件因素。

许多决策信息只能从间接渠道取得。这时，就应查清间接的程度。一般地说，转换次数越少，可信度越高；转换次数越多，信息失真的可能性越大，因而可信度也就越低。还有一种识别方法

---

① 希铁辉、工延飞：《信息分析与决策》，北京大学出版社 2001 年版，第 74—78 页。

是看同一信息出现的频率,频率越高的信息,其真实性也就越大。但要注意可能出现的假象,比如对同一件事,具有同样说法的人很多,但实际上这些人是从同一人那里听来的,这时说的人多并不等于可信度就高。

(二) 完整性

信息即使是可靠的,但不完备,决策也难于制定。尽管在现实中人们难于完全做到这两条,但作为科学决策,却应力求在信息可靠和完备的条件下作出决策。

信息的完整性亦称完全度,是指包括决策对象全部的信息,包括范围、种类、时间等多方面的含义。决策信息的完整性,要求我们兼顾正面信息和反面信息。领导者在决策过程中既需要正常情况、成绩、经验等正面信息,又需要反映非正常情况、缺点、问题、教训等反面信息,才能正确把握事物的发展变化,进行科学决策。二者若有偏废,只报喜不报忧,或者只报忧不报喜,都不可能制定出正确的决策。前者会使领导只看到成绩,看不到缺点,过高地估计有利因素,作出盲目、冒进的决策;后者会使领导沉沦于消极之处,贻误战机,作出被动的决策。

考虑到现代环境的复杂性、多变性、多学科相互影响等因素,我们要广开思路,进行多源头、多通道的信息收集,直至获得较为完整的信息。现实中常有这种情况,一项决策最后失败了,原因是当时没有考虑到需要某方面的信息,而这些信息其实很容易获得。因此我们在作某项决策时,必须考虑信息的完整性,明确需要哪些信息。

判断信息的完整性,一般暂不涉及个别对象的具体情况。比如,在工程施工上,了解建筑材料的情况方面,完整性就是指需要哪些材料,如水泥、钢材、石料、机械等。对于需要某种材料搞不清楚,属于信息不完全;至于需要什么型号的水泥,什么类型的机械等信息,则不属于信息完整性的问题,而是属于信息精确性的问题。

(三) 精确性

精确性亦称精确度,是指信息所反映的事物的细微化程度。有的决策,对信息精确度要求很高,如果提供信息时尺度过宽,就可能导致"差之毫厘,失之千里"。有的决策,对信息精确度的要求不那么高,如果信息收集尺度过严,就可能导致为取得不必要的精确度而浪费人力、物力、财力、时间等。

(四) 及时性

信息作为一种特殊的载体,其运动和更新时间都非常快。这就要求我们时刻掌握最新的信息,不断增强信息工作的时间观念。

五、决策对信息人员的素质要求

管理工作的成败,取决于能否作出有效的决策,而决策的质量则取决于信息的质量。正确及时的信息是减少不确定因素的根本原因。决策信息流动方向为：信息生产者→信息人员→决策者。可见，信息工作人员的素质与提供给决策者的信息质量是密切相关的。即使在方案选择的决断阶段和方案的实施阶段，也离不开信息分析专家的参与。因此，信息工作人员应具备良好的素质，具体包括以下几个方面[①]。

（一）热爱本职工作

信息工作是一种服务性的工作，成名困难，而且没有敬业精神难出成绩。信息工作难做是事实，但做得好意义重大，这也是事实。信息工作人员只有热爱本职工作，才能在信息工作中逐步培养安心本职工作，刻苦钻研业务的精神。

（二）实事求是的工作态度

尊重科学、坚持实事求是乃是信息工作人员的基本职业道德，也是保证信息质量和决策成功的关键。要提供可靠的信息，信息人员应怀着对国家和人民高度负责的精神，在收集、加工、决策信息的过程中，坚持实事求是，不迎合领导的好恶而夸大或缩小情况。在提供信息的完整性方面，信息人员应该提供问题正反两个方面的信息，以便领导科学决策。

（三）较强的信息意识

信息分析是对信息进行收集、整理和再加工的工作，具有明显的积累性质。因此，信息工作人员应有很强的信息意识，对本部门、本行业和专业的信息具有超强的敏感。这种素质是敬业精神和专业知识的有机结合。只有具备敬业精神，才会关注所从事的专业或技术领域的新动向，才能捕捉稍纵即逝的信息；只有具备专业知识，才能准确判断，知道什么是有用信息，什么是核心信息。可见，信息分析人员只有及时了解各级决策者正在或将要决策的目标，并且了解国内外社会经济和科学技术发展的状况，才能使自己的工作具有较强的针对性和实用性。

（四）熟练运用信息技术的能力

信息技术增强了人们对信息收集和利用的能力。信息系统能快速、准确地检索和使用信息，因此信息系统在很多部门都有应用。只有掌握各种信息技术的人，才能有效地利用这些系统。

（五）对问题具有多路思维的素质

多路思维就是对原来思考的方法、得出的结论大胆地提出怀疑，然后变换思路重新研究。信息分析通常是探究问题产生的原因或探讨事物的发展方向，带有一定的推测性，因此信息人员就有必要进行自我质疑、换位思考。通过变换角度，颠倒矛盾的主次关系，从不同的关系中重新寻找解决同一问题的答案，也许这些方法均不可用，但对提高研究结果的科学性是大有裨益的。

---

① 牛振恒：《试论信息决策过程中对人的素质要求》，《科技文献信息管理》，2006 年第 2 期。

（六）自信而不自负的素养

信息工作是富于创造性的，没有自信，就容易长期淹没于海量的原始素材当中而没有自己的看法。自信来源于高度的责任心、广博的知识和丰富的实践经验。但自信往往容易产生自负而使自己的成果偏离实际。因此，信息工作人员应自信而不自负，保持谦虚谨慎，使自己的成果科学化。

六、决策信息的创造性整合

（一）决策信息创造性整合的概念

决策信息的创造性整合就是指：在有大量冗余信息干扰的情况下区分出有用信息，并将这些有用信息整合成为一个有创造性的行动方案。决策信息的创造性整合是决策思维过程的核心。

我们可以从信息的角度将决策理解为"组织或个人在特定目标指引下通过对有关信息进行加工整合而创造性地提出解决问题方案并最后作出决定的思维过程"。[①] 决策可以看成是一个创造性地解决问题的过程。这个过程具有以下特点：第一，决策是一个目标定向的思维过程。整个决策过程都是在一个特定目标的指引下进行的，其最终目的也是实现这个目标。第二，决策是包含了创造性思维的过程。决策的整个过程都需要克服定势、打破限制、突破禁锢，产生新颖的、合理的、可执行的新方案。第三，决策的核心或关键是信息的创造性整合。决策离不开信息，信息不充分或有偏差，决策必定质量低下。但是，在当今信息时代，决策者面临的最大挑战，往往是难以对纷繁杂乱的信息进行整合，并提出一个有创意的完善方案。针对大量信息，如果缺乏创造性整合，就很难及时把握机遇，很难在激烈的竞争中"出奇制胜"。比如投资者面临大量信息，难以区分有用信息和无用信息，难以将有用信息整合成为一个可赢利的、常人不易想到的方案。

（二）决策信息的创造性整合过程

决策信息的创造性整合过程主要包括四个阶段：第一，明确目标、明确问题；第二，运用一些特定的信息整合策略，排除冗余信息的干扰，根据一些突出的有启发性的信息形成初步意向；第三，充分运用各种信息反思自己的方案，制定出别人不容易想到的（独特的）完善的（可行性高的）方案；第四，依据已经确定的目标评价自己的方案并最后作出决定。每一个阶段都会遇到许多困难，需要克服思维偏向，最终才能够对大量的信息进行创造性整合。

（三）投资决策信息的创造性整合

投资决策问题是管理决策中的最常见、最重要、最关乎企业成败存亡的问题。投资决策作为决策的一个特例，其认知加工的过程和机制与一般决策在本质上是一致的。按照斯腾伯格和鲁巴特（Sternberg & Lubart，1995）提出来的"低进高出"的创造性的投资理论来看，"低进高出"意

---

① 刘敏：《决策信息的创造性整合研究》，西南大学博士学位论文，2007 年。

味着创造性决策的起点是公开的、人人都可能得到的信息(低进),而对这些信息的创造性整合(高出)才是决策的创造性体现。

例如,请根据以下十四条信息提出一个盈利的投资建议(限时15分钟):

1. 墨西哥刚刚爆发了一种罕见的畜牧类瘟疫。

2. 此瘟疫在畜牧类动物(如猪、牛、羊)中正快速地传播,势不可当。

3. 人吃了染上瘟疫的动物也会引发严重的传染病。

4. 由于此类瘟疫之前从未出现过,国际上亦对此束手无策,估计数月内都无法控制。

5. 最近美国加州出现禽流感,各大媒体争先报道。

6. 据研究候鸟迁徙是禽流感传播的重要途径之一,因而无法控制。

7. 美国德州占地 691 030 平方公里,是全美面积第二大州,与墨西哥接壤。

8. 德州是美国农业与畜牧业的重镇,也因此孕育出了牛仔文化,同时也是美国最主要的牛肉产地,占全国牛肉产量的一半。

9. 美国居民最常吃的食物为牛肉和鸡肉。

10. 牛的饲养是美国最重要的畜牧产业之一。

11. 牛奶被认为是美国人强身之宝,美国的小孩每天要喝大量的牛奶。

12. 快餐是美国一般居民的主要食品之一。

13. 美国法律明文禁止疫区食品外运。

14. 一旦出现畜禽类无法控制的疫情,国际上都会采取地区封锁及大面积销毁的措施。

很多人难以在规定的时间里提出一个盈利的投资建议,因为冗余信息较多,难以发现真正有用的决策信息。

接着,请根据以下六条信息提出一个盈利的投资建议(限时10分钟):

1. 美国居民最常吃的食物是牛肉。

2. 墨西哥刚刚爆发了一种罕见的畜牧类瘟疫。

3. 此瘟疫在畜牧类动物(如猪、牛、羊)中传播非常快,全世界都还没有方法成功地控制这种瘟疫的快速传播。

4. 德州是美国最主要的牛肉产地,占全国牛肉产量的一半。

5. 德州与墨西哥接壤。

6. 美国法律明文禁止疫区食品外运。

不少人可以在规定的时间里提出一个盈利的投资建议,因为这六条信息都是有效的决策信息。这是根据美国大商人亚默尔的一个真实的成功案例编写的投资决策问题。正确的答案是:以最快的速度在德州大量收购牛肉,外运到其他州储存起来。几个月以后,当墨西哥的畜牧瘟疫传到德州,德州牛肉禁止外运。牛肉价格暴涨的时候再出售。该投资决策需要对六条必要信息作出创造性地整合,其中有两个需要顿悟的结点。

第一个结点是将"2.墨西哥刚刚爆发了一种罕见的畜牧类瘟疫"和"5.德州与墨西哥接壤"以及"3.此瘟疫在畜牧类动物(如猪、牛、羊)中传播非常快,全世界都还没有方法成功地控制这种瘟疫的快速传播"三条信息进行综合,得出"德州即将染上此种畜牧类瘟疫",再进一步发现"4.德州是美国最主要的牛肉产地,占全国牛肉产量的一半"和"1.美国居民最常吃的食物是牛肉"会产生牛肉生意也许是一个不错的商机,形成初步的意向。这里还有一条必要信息"6.美国法律明文禁止疫区食品外运"。

第二个结点是需要将牛肉外运出德州,待到德州牛肉封锁时,全美牛肉的供应将一下子紧缺起来,因而此时抛售早已运出德州的大量库存牛肉,将获得很大的利润。由此可见,这六条信息都对此决策的形成有必要作用,只有将这六条信息进行充分整合才能得到一个独特的有创意的可行性决策。这个过程存在着顿悟,是一个创造性的信息整合过程。这也符合创造性投资决策的"低进高出"理论,这六条信息都是现实生活中或者已存在或者刚发生的一些看似并无价值也毫无关联的分散信息,产生一个"可行的"(能够赚钱)且"创新的"(别人不容易想到的)方案。因此从零散信息到形成一个好的方案的过程亦是一个创造性的信息整合过程。本决策的正确答案必须包含四个要点:"在德州大量收购牛肉"、"运出德州"、"先储存起来"、"等待牛肉涨价再卖",且这四点以外没有错误的要点。

我们在面对大量冗余信息的时候,为了更好地区分必要信息和多余信息,就要把繁杂的信息进行分类,这样就可以大大降低信息的复杂度,有效减轻整合信息时的大脑负荷。分类启发(按照类别对信息进行归纳)是创造性决策的一个成功策略。[1]

又如,假设以下是某公司市场部提供的一组准确、可靠的商业信息:

1. 欧元是英国外的欧盟十多个国家新使用的统一且唯一的流通货币。
2. 欧元的使用流通人数将达 3 亿。
3. 欧洲人有使用钱包装钱的习惯。
4. 很多中国人至今没有真正见过欧元纸币和铸币。

---

[1] 刘敏:《决策信息的创造性整合研究》,西南大学博士学位论文,2007 年。

5. 随着生活水平的提高,人们越来越热衷于外出旅游。

6. 人们在旅游时喜欢买些旅游纪念品。

公司的信息分析员 A 根据上述信息提出了两个投资方案的初步设想:1. 以欧元为原型开发一个旅游产品到各旅游景点出售。2. 在欧元区内各国生产钱包出售。

此时,另外一个信息员 B 提供了以下 6 条信息:

1. 欧元相对于欧盟各国的旧货币,尺寸更大。

2. 本公司(中国)的大大小小的各式皮包以质优、价廉的优势在国际上已有一定市场。

3. 欧洲各国制造业的劳动力成本远远高于中国。

4. 做旅游纪念品的厂家越来越多,利润空间越来越低。

5. 人们的消费越来越理性化。

6. 旅游纪念品的形式多样。

请你运用这 6 条信息,选择信息分析员 A 给出的方案中的一个最有创意的、最能够盈利的方案,并完善该方案。

该方案是:1. 做钱包生意,并做适合欧元纸币的专用钱包;2. 在中国组织加工生产这种钱包;3. 把钱包卖到欧元区各国。[①]

第三节　企业决策活动中的信息利用

一、企业决策的新特点

(一) 决策视野扩大

互联网的普及要求领导者具有对全局性因素运筹帷幄的能力。企业在全球化竞争的条件下,必须了解全球政治、经济、文化等的发展形势。决策涉及的因素非常多,谁掌握信息准确,谁就把握了先机。

(二) 决策的速度更快

随着国际互联网的日益普及和发展,信息的传播速度空前迅速,并不受任何人左右。如果说十几年前,决策者面对一项决策花上几个星期去"研究研究",再"参考参考",还勉强允许的话,那

---

① 谢沁怡:《决策中市场信息创造性整合的思维策略训练研究》,西南大学硕士学位论文,2008 年。

么在当今时代,就要利用电子商务、无线通信、远程会议等广泛地进行信息沟通,抓住宝贵的商业机会。克林顿在 1999 年 6 月第 87 届日内瓦国际劳工大会上曾说过,现在的每一天都会有 25 亿份电子邮件在世界上传递,其中包括了 1.5 亿美元资金在国际间流动的商机。要尽快地利用时间,利用已有的海量信息资源、现代的传递手段果断地决策,就需要决策者们跟上时代节奏,随时了解信息的变化。[①]

跨国采购、跨国设计、生产、电子商务,这一切都建立在信息化的基础上,要掌握供应链的全过程(生产过程、销售过程等),调控供应链的不同环节,必须快速决策。

(三) 决策的透明度更高

以往企业的决策主要靠少数人的智慧,主观性较强,现在企业决策更多地运用互联网增强全局控制力和科学性,对外、对内都增加了透明度。企业内部上下左右都需要沟通。透明与否是信息化和传统决策方式的一个分界线。

(四) 决策内容更注重系统分析

决策从重视结果向重视过程转变。决策是在多种相关因素中选择最优的系统结构和过程控制方案。[②]

二、企业常见决策活动中的信息利用……………………………………………………………

信息与决策共生共存,在实际生产、生活中,无论哪一类型的决策,都离不开信息的获取和分析。下面谈谈企业常见决策活动中的信息利用问题。[③]

(一) 制定生产计划中的信息利用

经济就像一部庞大的机器,产、供、销等如同这台机器上的各个零部件,相互联系,相互制约。任何企业和工厂,在制订生产计划时除了考虑本身的技术力量、设备条件以外,还必须考虑原料来源、市场需求、产品投入市场以后的竞争力等信息。制订切实可行的生产计划成为企业成败的关键。在制订生产计划时尤其是在生产转向时,应当通过信息分析工作为领导决策提供依据,以保证生产计划的合理性。

经营决策需要大量的信息,不掌握信息,靠拍脑袋、拍胸脯、干了再说,那是不行的。现代决策者,如果没有信息观念,在市场竞争中就会到处碰壁。有家生产洗发液的企业研制出的人参、当归、田七等药物洗发液,在国内曾一度较畅销。这家企业自以为这些产品在美国市场亦会受欢迎,于是向美国一家有关系的公司发运了一批货。岂料半年过去卖出去的寥寥无几。原来美国

---

① 李奉民、张学勤:《信息与决策》,《现代情报》,2002 年第 2 期。

② 吴美琴、范建平:《企业决策中的信息误导及识别研究》,《科技与管理》,2006 年第 5 期。

③ 秦铁辉、王延飞:《信息分析与决策》,北京大学出版社 2001 年版,第 64—71 页。

人不习惯于接受陌生的药物。他们主张天然物质、自然感，认为海草、矿物对头发保养才有好处，而不喜欢添加剂，即便加入了人参、鹿茸等也不欣赏。这家企业在未掌握信息的情况下，贸然作出决策，导致好货也无人问津。

（二）提高产品质量、发展产品种类中的信息利用

为了加强在国际国内市场上的竞争能力，工厂企业必须不断提高产品质量。努力增加老产品的花色品种，积极开发新产品，使产品及时更新换代，以满足消费者日益增长的需要。在轻纺工业中这种情况尤其明显。轻纺工业应当根据各个国家、地区的文化水平和民族特点，生产适销对路的优质产品，努力做到"人无我有、人有我好"，以新取胜、以质取胜、以廉取胜，才能不断扩大市场，多创利税。要做到这一点，必须对国内外同行业的产销情况、同类产品的质量，以及人情风俗进行调查研究和信息分析。

（三）技术和设备引进中的信息利用

引进国外的先进技术和先进设备是改造老厂、建设新厂中一项不容忽视的工作。技术引进和设备引进必须贯彻洋为中用的原则，根据国内条件，引进适合我国国情的技术和设备。引进工作既要考虑先进性，又要考虑经济性和适用性。因此在进行技术和设备引进以前，必须摸清国内外该项技术或设备的性能、特点、技术经济指标、适用范围等信息，并对各国同类技术或设备的各项指标进行比较，才能使引进工作建立在科学的基础上，而不致受骗上当。

（四）对外贸易中的信息利用

对外贸易是国家经济的重要组成部分，一方面可以调节有无，输出国内的拳头产品和消化国内生产的多余产品，同时输入国内生产建设中急需的高新技术和紧缺物资；另一方面通过出口商品，可以增加国家的外汇储备。在商品出口中，要解决的关键问题是何时、对何地（国家或地区）、以什么价格、输出什么产品。在商品进口中，则要了解同类商品哪个国家（或地区）的质量最好、价格最低、性能价格比最优，以及国际形势变化会对这种商品产生什么样的影响等。这些情况的获得、分析和准确判断，无一不依赖于信息工作。

镇海炼油化工股份有限公司，是浙江省首家特大型国有企业。在镇海炼化的成功经验中，很重要的一条是领导决策层对信息的高度重视。他们不惜重金，投资建立了一间10余平方米的卫星信息监控室，通过信息监控室，镇海炼化把握着世界油品市场脉搏的每一次微小的颤动。从80年代中期开始，他们相继与中国石化总公司及各地信息系统中的22个商情网联通，1993年加入全球最大的石油信息服务机构普氏电讯网。1996年，公司又不惜重金加入了道琼斯实时网络。公司对纽约、伦敦、新加坡三大国际油品交易所实施24小时卫星联网追踪，数以万计的信息从全国各地、世界各地汇聚到镇海炼化商情中心，经过分析处理，迅速传送到公司决策层，为领导制定决策提供了依据。镇海炼化在国际石油市场多次波动中，低买高卖，获利颇丰。

（五）科学管理中的信息利用

科学管理是各行各业发展的保障。只有进行科学的管理，才能提高科研活动、生产销售的效率。为了学习和借鉴国内外先进的管理方法，必须研究国内外科研机构和工厂企业的布局、规模、管理办法、人才结构、人员培训等情况。科学管理的内容很多，各国科学管理的理论、方法和水平也各不相同，只有抓住本单位的主要矛盾，有针对性地引进国内外先进的管理经验和方法，才能很好地进行改革，有效地提高科学管理的水平，从而提高科研活动和生产建设的效率。

思考题

1. 信息在决策中主要有哪些作用？
2. 决策对信息的基本要求体现在哪些方面？
3. 什么是决策信息的创造性整合，主要包括哪四个阶段？
4. 竞争是市场经济的必然结果，企业决策前需要弄清楚竞争对手哪些信息？

案例分析

袁经理的管理决策[①]

袁经理从上个世纪 90 年代以来，一直担任 A 农机公司的总裁，这家公司是一家生产和销售农业机械的企业。1995 年产品销售额达到 4 000 万元，1996 年达到 4 200 万元，1999 年达到 4 450 万元，2003 年预计 4 600 万元。袁先生每当坐在办公桌旁，翻看这些统计数字和报表时，常常为这些业绩感到颇为自豪。

一天下午，又是办公会议时间，袁先生召集了公司在各地的经销负责人，分析目前和今后销售形势，在会上，有些经销负责人指出：农业机械产品总的看来，尚有一定的市场潜力，但消费者的需求和趋向已经发生了重要的改变，公司应针对用户的需求，增加和改进新的产品，淘汰一些老化的产品，以满足现在用户和潜在用户的新需求。

身为机械工程师出身的袁先生，对新产品的研制、开发工作应当说是行家能手。因此，他听完了各地经销负责人的意见之后，心里很快就做出了盘算，新产品的开发首先需要增加研究与投资，之后，又要花钱改造公司现有的自动化生产线，这两项工作大约耗时 3—6 月。增加生产品种的同时意味着必须储备更多的备用零件，并根据需要对工人进行新技术培训，投资还会进一步地

---

① http://wenku. baidu. com/view/9fa91d06eff9aef8941e069a. html.

增加。

袁先生一直有这样一种看法:从事经销工作的人总是喜欢从自己的业务方便来考虑,不断提出对各种新产品的要求,却不会考虑品种更新以及开发新产品必须投入的成本情况,这些意见不足以作为决策的依据。袁先生还认为,公司目前的这几种产品,经营的效果还不错。经过认真盘算,他决定暂不考虑新品种开发的建议。目前的市场策略仍然是确保现有产品品种的地位和稳步发展。袁先生认为,只要不断提高现在产品的质量并通过改进产品的成本,确定具有吸引力的价格,不怕用户不走上门来,并坚信质量是提高产品制胜的法宝,他相信用户实际上也是这样考虑的。

袁先生虽然按照自己的想法作出了决策,但是仍然认为听一听下级人员和专家顾问的意见对自己是有益的。

请完成下列题目:

1. 根据案例提供的资料,你认为:A农机公司现在农业机械产品市场是属于(   )

A. 开发期　　　　　B. 成长期　　　　　C. 成熟期　　　　　D. 衰退期

2. 袁先生最终决定,不开发新的农机产品进入市场,其主要原因是(   )

A. 投资与成本问题　　　　　　　　　B. 开发期过长

C. A+B　　　　　　　　　　　　　　D. 经销人员的建议价值不高

3. 从袁先生决策问题的手段和措施看,其领导风格是属于(   )

A. 专制权威式　　　B. 开明权威式　　　C. 群体参与式　　　D. 中间式

4. 从袁先生的最终决策以及管理的信条看,他是属于(   )

A. 生产观念　　　B. 产品观念　　　C. 市场营销观念　　　D. 社会营销观念

5. 袁先生的最终决策结果,最有可能的是(   )

A. 老产品继续保持市场优势,市场占有率和业务增长率进一步扩大

B. 业务增长率扩大,市场占有率下降

C. 业务增长率和市场占有率同时下降

D. 无法确定

6. 你对袁先生的决策如何评价?

实践训练

以下是某大公司市场部提供的一组准确、可靠的商业信息,请你仔细阅读①:

---

① 谢沁怡:《决策中市场信息创造性整合的思维策略训练研究》,西南大学硕士学位论文,2008年。

1. 山东西部的地理和气候条件适合养牛,鲁西黄牛的肉质鲜嫩可口、价格便宜。

2. 鲁西农户擅长养殖黄牛,他们都是自养自售,成本高、规模小。

3. 在城市中,鲁西优质牛肉的品牌越来越有影响,需求量越来越大。

4. 山东西部的沂蒙山区在抗日战争和解放战争时期都是我国重要的革命根据地。

5. 今年,中央提出大力发展"红色旅游业"。

6. 山东东西部发展不均衡。

某投资咨询公司的信息分析员 A 根据上述信息提出了两个投资方案的初步设想:1. 大量收购鲁西牛肉,并将其出售获利。2. 发展鲁西的红色旅游业。

此时,另外一个信息员 B 提供了以下 6 条信息:

1. 国家对民营企业占用农田或草场搞"开发"的申请控制十分严格。

2. 鲁西农村地广人稀,农户居住分散,不仅居住条件差,而且占据了大量土地。

3. 农民对自己的农户居住用地拥有自由处理的自主权。

4. 近年来,在旅游中经常发生事故。

5. 山东西部发展较为落后,各种公共设施不太完善。

6. 发展旅游业前期投入巨大。

【实训要求】

请您仔细阅读这 6 条信息,并运用这 6 条信息,选择信息分析员 A 给出的方案中的一个最有创意的、最能够盈利的方案,并完善该方案。如果认为 A 给出的两个方案都不够好,请给出一个你认为最优的方案。请简要写出你的投资方案。

知识链接

南京爱德:信息如何辅助决策?[1]

尽管越来越多印刷企业上马 ERP(Enterprise Resource Planning,企业资源计划系统[2]),推行

---

[1] 编选自:罗虎城:《南京爱德:信息如何辅助决策》,《印刷经理人》,2012 年第 2 期。

[2] Enterprise Resource Planning 简称 ERP,企业资源计划系统。指建立在信息技术基础上,以系统化的管理思想,为企业决策层及员工提供决策运行手段的管理平台。它是从 MRP(物料需求计划)发展而来的新一代集成化管理信息系统,它扩展了 MRP 的功能,其核心思想是供应链管理。它跳出了传统企业边界,从供应链范围去优化企业的资源。参见:http://baike. baidu. com/view/86915. htm。

精细化、信息化管理,但是大多数印刷企业还停留在用电脑输入代替人工手写的 ERP 初级使用阶段,较少有企业达到 ERP 应用的最高境界——把数据变成信息,把信息变成情报,辅助领导决策。

南京爱德印刷有限公司 2009 年 8 月实施新 ERP 系统以来,ERP 运行已经稳定,各项流程基本成熟,ERP 的数据准确性和及时性已经较高。经过两年多的运行,公司的各项主要流程和主要数据都已经进入 ERP 系统,已经积累了报价、订单、工艺、采购、库存、报工、发货、质量、财务、人事等大量数据。随着 ERP 系统的稳定和完善,公司 IT 部门的主要任务也从繁重的实施和维护工作中解放出来,转而面向企业决策的深度信息挖掘,辅助公司高层决策,真正发挥 ERP 的作用。

信息辅助决策,是通过信息化手段,辅助公司战略/策略层面的方案及决策的制定。辅助决策不是部门级的信息应用,是公司内部跨部门的资源协调和外部客户与供应商的资源整合。爱德印刷信息辅助决策在 ERP 选型初期就已经规划,主要体现在公司的四大策略中。

产品价格策略

目前公司的价格策略是通过价格策略会的形式做集体决策,主要参与的部门是公司高层、业务部、财务部、报价中心。年初根据客户及产品的盈利水平、竞争对手情况、客户价格接受度,形成公司全年整体的价格策略。在年度价格策略基础上,每两周开一次会,讨论如何及时应对外部市场环境的变化,对价格策略进行微调。ERP 为报价策略会提供以下决策资料:1. 分销售区域、客户、产品的成本和利润统计,分析公司主要利润来源,有针对性地进行价格调整和成本改善。2. 重点订单的详细成本分析,有针对性地进行成本改善。3. 根据机台负荷和淡旺季,核算成本中心固定成本和边际成本,便于调整对外报价。4. 分析客户过往的询价记录,掌握客户价格接受度。

客户服务策略

在目前国际经济环境不景气的情况下,爱德印刷作为出口企业,面对激烈的国际和国内竞争,必须提升客户满意度,才能占有更多的市场。在公司众多客户中,根据客户的销售额、信用等进行分类,集中优势资源满足重点客户需求,并防范不良客户风险。因此公司价格策略的重点从定价策略逐步转向如何制定合理的客户服务策略,以适应更加严峻的市场环境。ERP 为客户服务策略提供以下信息:

1. 分析客户订单记录,制定合理的书芯、产成品库存服务。

2. 分析客户销售、利润、回款,设定客户等级,给予不同的账期和交期服务,在资源有限的情况下优先满足重点客户。

3. 分析客户动态背景资料和信用情况,设定合理的信用额度。

4. 分析客户的投诉和质量问题,从公司层面加以关注和解决。

5. 分析客户询价和订单的规律,为客户提供增值服务。

资金控制策略

2011年国内银根紧缩,企业获取资金比往年困难。随着欧债危机的不断深化,国外客户的资金也紧张,出口企业逾期应收账款显著增加,企业经营风险不断积聚。公司每两周召开一次资金控制会,对应收账款、原材料、产成品和在制品进行控制,加快资金流转,减少资金成本。具体细则如下:

1. 根据资金使用情况编制资金预算,利于财务融资。
2. 分析应收账款,加速资金回笼。
3. 分析原材料呆滞,减少库存积压。
4. 分析产成品、在制品呆滞情况,加快存货流转。

生产计划策略

APS是ERP规划中的一部分,分为大计划和小计划两级排产。小计划为周、日计划,小计划已经很顺利在运行,通过每周一三五的计划跟单会来协调解决问题;大计划中,月度生产计划也运行正常,通过每月的生产计划会来集体决策。2012年规划季度、年度生产计划进入蓝单排产,利于公司生产资源的整合和年度生产计划平衡。

1. 通过APS中近两年排产信息,制定年度生产计划。
2. 分析近三年原辅材料的采购情况,直到提前采购与供应商开发。
3. 通过瓶颈工序产能分析,提出高峰产能解决方案。
4. 公司自投设备成本和委外成本对比分析。

上述四大策略需要大量数据,这些数据如何准确、及时获取,如何整理成有效报表,需要企业IT部门进行规划。首先,要保证基础数据的准确性,需要的数据包括客户、供应商、料件、财务等各项企业最基本的信息。客户、供应商、财务基础信息由财务部录入,其他基础信息由信息中心专人录入。其次,要保证报价、订单、工艺、采购、库存、报工、发货、财务、质量等各项基础单据的及时准确和相关性。为保证准确性,通过ERP程序段进行字段输入控制,减少错误录入,通过单据逐级评审,减少差错;为保证及时性,通过管理流程做规定,如报工必须当天结束,报价必须在一个工作日内完成。再次,为保证各项数据能相互关联,不出现信息孤岛,通过订单号、产品编号等关键字段能查询各项数据;通过订单跟踪表和订单结案,贯通各项基础单据数据。最后,为保证成本结算、生产排产、库存呆滞等报表数据准确性,要建立数据模型,保证运算逻辑正确性,并根据企业的动态,及时进行调整。

有了IT部门的信息支持,还需要公司有"CIO"进行信息的管理需求规划,根据公司的管理重点定制报表需求,并参与公司策略决策,才能真正发挥信息辅助决策的作用。

第八章　政务秘书信息处理

在我国,政务秘书在秘书群体中一直颇受关注。随着近年来我国政府职能的转变和服务型政府建设工作的不断推进,政务秘书在政府的信息工作中扮演的角色也越来越重要,"从收发传递信息转变为综合处理信息"。本章在对"政务秘书"这一概念进行界定的基础上,探讨了新形势下政务秘书所应具备的信息素养。对于今天的政务秘书来说,政务信息工作的服务对象的外延已经扩大,不仅要为上级部门和领导服务,还要为社会公众服务。如何做好政务信息的整理加工和政务信息公开工作,也就意味着政务秘书能否同时做好两个方向的信息服务工作。近年来,国家信息政策、法规和制度的逐步建立和完善,电子政务环境的逐渐成熟,为政务秘书做好政务信息公开工作提供了充分保障。

案例导入

2013年10月11日,中央电视台《焦点访谈》栏目报道:老家在河北省衡水市武邑县的小周,因在北京工作的公司要派他出国,需要办理因私护照。由于小周在北京缴纳社保不足一年,按规定他必须回到户口所在地办理。然而让小周没想到的是,从2012年10月份开始,他在北京和老家之间来回跑了大半年,不但护照一直没办下来,还要看河北省武邑县公安局出入境科工作人员的脸色。

报道称,武邑县公安局出入境科工作人员并没有一次性告知小周所要备齐的材料,导致他在老家和北京之间往返了五次,才陆陆续续把无犯罪证明、在职证明、公司营业执照、公司提供外派人员资格证明以及本地身份证明等全都准备好,小周第六次走进出入境科,才最终办成了护照。然而,记者在公安部网站了解到,像小周这样的普通公民,只需要提供身份证、户口本及复印件,再拍照片、填表即可办理因私护照,也就是说,小周来回跑的这三千里路其实是冤枉路。

中央电视台《焦点访谈》栏目曝光武邑县公安局有关工作人员刁难办事群众的问题后,在社会上引起了很大的反响。

请问:如果你是衡水市政府办公室的秘书工作人员,你计划如何处理上述相关信息?

第一节 政务秘书概述

一、有关秘书认识的变化··

(一)"秘书"是一种职务还是职业?

自 20 世纪 80 年代以来,随着秘书学科的诞生,以及秘书职业化程度的不断提高,社会上以及秘书学界对于"秘书"的认识,也在不断发展和深入。

1984 年,张金安、常崇宜在《秘书学概论》一书中指出,"秘书是一种职务,也应当是一种职称"[①];同一年出版的王千弓等编著的《秘书学与秘书工作》则认为,秘书"是社会主义国家工作人员职务名称之一"。[②] 应该说,这两个定义都仅仅是把秘书看作是一种职务、职称,或者仅仅将秘书限定为是社会主义国家工作人员,说明当时人们对于秘书的认识,多还停留在传统的观念之中。有研究者指出,这样的定义方法,属于"定义过窄"。[③]

针对这样的认识,张家仪在《也谈"秘书"的定义》(1986 年)一文中指出,"秘书绝不是一种职务而是一种职业"。[④] 这一判断敏感地呼应了秘书职业化建设的现实与需求,在对秘书下定义时,已不再局限于过去或传统上认为秘书是国家机关工作人员的理解了。

(二) 秘书的分类问题

差不多同一时期,秘书学界也相应地开始关注秘书的分类问题。不少研究者从不同的角度出发,依据不同的标准,提出很多说法。如张家仪的《小议秘书的分类》(1985 年)一文,从四个角度出发对秘书所进行的分类,在 20 世纪 80 年代的秘书分类理论中影响较大。[⑤] 其中,将秘书分为公务秘书和私人秘书的提法,到了 90 年代也逐渐为人们所普遍接受。[⑥] 许多秘书学者都认为,应首先把我国秘书分为公务秘书与私人秘书两大部类。尽管还是有教材用"机关秘书"代替公务秘书,用"社会秘书"或"民间秘书"、"非公务秘书"代替私人秘书的说法,但总体影响均不及公务秘书与私人秘书这一分类法。[⑦] 不过,从今天我国秘书职业发展的现状来看,这一提法的不全面、不准确处,确已十分明显了。

---

① 张金安、常崇宜:《秘书学概论》,云南人民出版社 1984 版。
② 王千弓等:《秘书学与秘书工作》,光明日报出版社 1984 年版,第 2 页。
③ 杨树森:《再论秘书的定义》,《秘书之友》,2006 年第 4 期。
④ 张家仪:《也谈"秘书"的定义》,《秘书》,1986 年第 2 期。
⑤ 张家仪:《小议秘书的分类》,《秘书》,1985 年第 6 期。
⑥ 这一提法最早应来源于张金安、常崇宜的《秘书学概论》。该书中,从秘书的来源与服务对象这一角度出发,将秘书分为机关秘书与私人秘书两类。
⑦ 何宝梅:《秘书学基础理论探究》,浙江大学出版社 2010 年版,第 138 页。

段前文则在《中西秘书学特点试论》(1994 年)、《我国秘书学的两大板块》(1995 年)等文中提出,西方秘书学的研究重点在企业秘书学,中国秘书学则以政务秘书学的研究为主流①;他指出,1992 年以后我国政企的分开,导致了企业秘书学与政务秘书学的分离,"秘书学也因此由一大板块发展成为两大板块"②,他并从研究对象、指导思想、特点、研究重点等四个方面分析了两者质的不同,从而提供了一种关于秘书分类的有价值的意见。

可见,到了 20 世纪 90 年代,随着秘书在我国的职业化、专业化,人们对于秘书的认识,早已不再局限于认为其仅仅是国家机关的工作人员了,而是倾向于依据秘书的服务对象的不同,将其分为公务秘书与私人秘书(民间秘书),或者政务秘书与企业秘书两大部类。

(三) 秘书的"国家定义"

随着我国秘书职业化趋势的加快,1997 年 8 月,劳动部颁发了《秘书职业技能标准(试行)》。然而,在该标准中,却提出了一个不甚严谨的、认识上相对滞后的秘书"国家定义":专门从事办公室程序性工作、协助领导处理政务及日常事务并为领导决策及其实施服务的人员。细加分析即可注意到,由于"领导"一词在一般人的理解中,多指国家党政机关、集体企事业单位或部门的负责人,并不包括私营企业、外资机构的负责人,这也就意味着,这个"国家定义"中的秘书,也就不得不被限定在国家机关工作人员的范围之内了。也就是说,这个定义依然存在着"定义窄化"的问题,某种程度上反映的还是 20 世纪 80 年代人们对于秘书的认识。

针对该定义,常崇宜在 2000 年更进一步指出,这个定义"是针对公务秘书而言的,如'办公室'、'程序性工作'、'政务'这些词语一般多应用于公务秘书。民间秘书特别是其中的私人秘书,有时是个体开展工作而不一定有办公群体,也不使用政务一词。所以它对于市场经济下越来越多的民间秘书来说,似乎也不很适用,尽管劳动部门培训的秘书主要就业方向是民间。"③

2003 年,国家劳动与社会保障部修订了《秘书职业技能标准》,修订后的秘书定义表述调整为:从事办公室程序性工作、协助上司处理政务及日常事务,为决策及实施提供服务的人员。这一定义将 1997 年定义中的"领导"一词改成了"上司",这一改动,使得此次修订后的秘书"国家定义",已涵盖了前文所述的公务秘书与私人秘书(民间秘书),或者政务秘书与企业秘书等分类法,其内涵与外延更加全面、准确,适用面更广了。

本教材在具体讨论秘书应如何做好信息处理工作这一问题的时候,采纳段前文先生之说,主要将秘书分为"政务秘书"与"企业秘书"两类,分别进行阐述。

---

① 段前文:《中西秘书学特点试论》,《秘书之友》,1994 年第 8 期。
② 段前文:《我国秘书学的两大板块》,《秘书之友》,1995 年第 8 期。
③ 常崇宜:《秘书学概论》,线装书局 2000 年版,第 25 页。

二、政务秘书及其工作内容···

（一）与"政务秘书"相似的几种提法

大致来说，"政务秘书"相当于前文述及的"公务秘书"。而自 20 世纪 80 年代以来，我国秘书学界还有"机关秘书"、"行政秘书"、"社会政治生活中的秘书"等与之相似的提法，不一而足。

1. 公务秘书

前文提及，张家仪《小议秘书的分类》（1985 年）一文，可以说是 80 年代关于秘书分类问题的最有代表性的学术论文。该文将秘书分为公务秘书和私人秘书，在我国秘书学界比较早地提出了公务秘书的概念。

董继超在《公务秘书学》（1989 年）一书中提出，"公务秘书，就是掌管公文并直接辅助领导者全面处理公共事务的人员。公务秘书，仅限于在国家机关、国营和集体企事业单位，以及在官办社团中担任秘书工作的公职人员，非指在私营企事业单位和民办社团中辅佐私人的秘书人员"。[①]

李泽江《秘书学》（2007 年）一书基本采纳了董继超关于"公务秘书"的界定，并进一步指出，"公务秘书不同于私人秘书：从所有制上看，公务秘书所在的组织一般为公有制单位；从人事制度上看，公务秘书的录取、考核、晋升、奖惩和福利待遇等，均由国家统一管理；从经济来源上看，公务秘书的劳动报酬，一律由国家或集体支付"。[②]

在秘书学界，"公务秘书"可以说是一个被广泛接受的提法，但是在日常社会生活中，人们却很少这么说。

2. 机关秘书

梅薇薇《机关秘书工作规范大全》（2010 年）认为，机关秘书"是各行政管理部门的机关文秘人员。具体也就是指各党政机关、事业单位、社会团体等机构中的办公厅（室）文秘人员"。[③] 该书还进一步分析了我国机关的性质与构成：

"在我国，机关具体包括有党的机关、行政机关、军队机关、社会团体、事业机关以及企业机关等。前三者统称为国家机关。""国家机关有广义与狭义的区别：广义的国家机关是指国内各级行使国家权力、管理国家事务的机关，具体包括各级国家权力机关、各级国家行政机关、各级国家审判机关、各级国家检察机关，以及军队、警察、监狱等机关；狭义的机关则是指某一个工作部门，国家机关仅特指中央一级的国家各机关。"[④]

机关秘书曾经是我国日常社会生活中使用较为普遍的一种提法，不过如今，随着社会的快速

---

① 董继超：《公务秘书学》，黑龙江科学技术出版社 1989 年版，第 5 页。
② 李泽江：《秘书学》，西北农林科技大学出版社 2007 年版，第 4 页。
③ 梅薇薇：《机关秘书工作规范大全》，广西人民出版社 2010 年版，前言第 2 页。
④ 同上书，第 2 页。

发展,这一说法多少也显得有些过时了。

3. 行政秘书

张金安、常崇宜在《秘书学概论》(1984 年)中指出,从秘书担负的工作性质上看,现代机关秘书可以分为行政秘书、机要秘书、事务秘书(或生活秘书)、外文秘书等。在这里,"行政秘书"是"机关秘书"概念下的子概念。现实生活中,直至如今也有不少国家机关包括社会团体、事业单位的秘书部门,多对秘书作如此划分。郑典宜的《秘书基础与实务》(2008 年)以工作职责为依据,将秘书划分为行政秘书、文字秘书、机要通信秘书、信访秘书、外事秘书、生活秘书等几类,与此划分法相近。这里的"行政秘书",都是指专门负责处理综合行政事务,即负责会务工作、检查督办工作、综合协调工作等的秘书。①

不过,在李化德《行政秘书学》(1991 年)中,对"行政秘书"则作了如下界定:行政秘书,就是在国家行政管理活动中,专职辅助领导机关及其领导人决策,办理日常公务和领导人交办事项的行政职务名称及担负该职务的国家公务员。② 这一概括,则又与前述"公务秘书"、"机关秘书"的概念相似了。也就是说,"行政秘书"这一概念的内涵与外延,尚不是十分确定。

4. 社会政治生活中的秘书

李泽江的《秘书学》(2007 年)一书,依据秘书不同的工作领域,将秘书划分为"社会政治生活中的秘书"、"社会经济生活中的秘书"和"科技文化领域的秘书"等三类。其中,社会政治生活中的秘书所具有的特点是:

(1) 在国家机关特别是国家行政机关内从事秘书工作,其办文、办会、办事等秘书业务,往往都带有其所在政治组织的政治色彩,并与组织在政治方向上保持一致。

(2) 在政党组织中从事秘书工作,其目标指向和价值观念,都要与该政党的宗旨和政策保持一致。

(3) 社会组织中的秘书。这类组织中的秘书工作虽然政治不太突出,但也要与所在社会组织的政治取向保持一致。③

(二)"政务秘书"概念的提出与界定

比起上述"公务秘书"、"机关秘书"、"行政秘书"等概念,"政务秘书"可以算是较新的提法。在我国秘书学界,最初有意识地从理论角度对之加以辨析、探讨的,应是段前文《中西秘书学特点试论》(1994 年)、《我国秘书学的两大板块》(1995 年)两篇文章。之后,陆续有秘书学教材或著作使用这一概念,如王育《秘书学原理及实务》(2002 年),"针对秘书不同行业岗位中的'第二专

① 郑典宜:《秘书基础与实务》,电子科技大学出版社 2008 年版,第 9 页。
② 李化德:《行政秘书学》,山西人民出版社 1991 年版,第 5 页。
③ 李泽江:《秘书学》,西北农林科技大学出版社 2007 年版,第 6 页。

业'",可以"将秘书划分为：商务秘书、教学秘书、司法秘书、医务秘书、政务秘书等"。① 何宝梅《秘书学基础理论探究》(2010年)一书，则根据秘书工作的行业特征，将其分为政务秘书、商务秘书、教学秘书、司法秘书等，并进一步指出：政务秘书主要指在党、政、军各级机关从事秘书工作的人员，公务员是他们的另一种身份。② 此外，随着我国公务员制度的实施，也已经有国家机关在招考公务员时，职位名称采用了"政务秘书"这一提法。可以说，"政务秘书"一说在我国已逐渐受到了社会各个层面的认可。

在对上述几种与"政务秘书"相似的提法进行比较和分析的基础上，我们对"政务秘书"作如下界定：

政务秘书是指各国家机关、公共企事业单位，以及国家财政拨款的社会团体等机构中的办公厅(室)秘书人员。这里所说的国家机关，是指从事国家管理和行使国家权力的各级机关。包括国家领导人，各级权力机关、行政机关、审判机关、检察机关和军事机关等。公共企事业单位，是指以增进社会福利，满足社会文化、教育、科学、卫生等方面需要，提供各种社会服务为直接目的的社会组织。社会团体，则是指我国目前使用行政编制或事业编制的、由国家财政拨款的社会群众团体。③

政务秘书具有以下特点：1.服务对象主要是各级党政机关、公共企事业单位、社会团体及其领导；2.任免、聘用、调动等人事权在组织部门或人事部门，编制上一般属于该单位的国家工作人员；3.一般从国家财政中领取薪酬。

(三) 政务秘书的工作内容

1951年7月，中央人民政府政务院颁布《关于各级政府机关秘书长和不设秘书长的办公厅主任的工作任务和秘书工作机构的决定》，规定了七项"工作任务"：

1. 协助首长综合情况，研究政策，推行工作；

2. 协助首长密切各方面的工作联系；

3. 协助首长掌管机关内部的统一战线工作；

4. 协助首长掌管保密工作；

5. 掌管机要工作；

6. 主持日常行政事务(包括公文处理、会议组织、检查与督促政府决议的执行等项)；

7. 掌管机关事务工作(包括机关财务、生活管理、学习、文化娱乐活动等事项。——但不设秘

---

① 王育：《秘书学原理及实务》，机械工业出版社2002年版。
② 何宝梅：《秘书学基础理论探究》，浙江大学出版社2010年版，第151页。
③ 据叶青：《趁热打铁摸底国企公车》(《东方早报》，2012年8月22日A22版)一文，我国有全国性社会团体近2 000个，其中使用行政编制或事业编制、由国家财政拨款的社会团体约200个，与党政机关十分相似。

书长的机关,如在办公厅之外专设机构管理机关事务工作者,此项工作可不由办公厅主任掌管)。

杨树森《论我国当前秘书工作的内容》(2006 年)一文指出,这七项内容,除"机关内部的统战工作"已经不再算秘书工作外,其余各项仍然是今天政府秘书长或办公厅主任的任务。[①]

王千弓等编著的《秘书学与秘书工作》(1984 年),分别从调查研究、资料工作、公文处理、议案及提案的形成与办理、信访工作、会务工作、协调工作、机要保密工作、机关日常事务工作等九个方面探讨了秘书的工作内容。根据该书在绪论中所提出的秘书是"社会主义国家工作人员职务名称之一"的判断,可以认为,该书所讨论的秘书工作内容,实际上就是政务秘书的工作内容。

董继超《公务秘书学》(1989 年)则从多种多样的秘书职能中,抽象出六项秘书职能:掌管公文、辅助决策、沟通信息、协调关系、处理事务和保守秘密等,分章进行了讨论,并指出,这一概括既适用于党政机关的秘书部门,也适用于企事业单位的秘书部门,又适用于社会团体的秘书部门。[②] 这一适用范围与本教材所界定的政务秘书的范畴也是基本一致的。

李化德《行政秘书学》(1991 年)在第三编"行政秘书工作"中,从政务信息工作、行政协调与查办工作、行政公文处理、档案管理、会务工作、保密工作、来信来访处理、行政诉讼相关事务处理等八个方面,分析研究了行政秘书也即本教材所讨论的政务秘书工作的主要内容。这应该是国内比较早着手研究政务秘书与政务信息工作之间关系的著作。

三、政务秘书的信息素养

这些年来,随着网络的发展以及新媒体的不断涌现,我国的政务信息化工作也在不断向前推进。政务秘书的工作中,政务信息的处理因此逐渐成为一项重要的内容,进而,对于政务秘书的信息素养也提出了越来越高的要求。相较于企业秘书,今天的政务秘书应着重提高以下几方面的能力或意识。

(一) 信息政策与法律素养

对于今天的政务秘书来说,在处理一些政务信息时,面对的政策与法律环境越来越复杂,稍有不慎即有可能触碰政策与法律的"敏感区",或者遭遇认识上的"盲区",因此非常有必要时时关注国家制定的有关信息和信息化的政策与法律法规。

所谓信息政策,是指国家根据当前和长远发展的需要制定的有关信息事业、信息产业发展和管理以及信息化建设工作的方针、原则和办法,是协调国家各类信息活动并指导、推动整个信息事业和产业发展及信息化建设的行动指南。大致来说,国家信息政策包括信息产业政策、信息技

[①] 杨树森:《论我国当前秘书工作的内容》,《秘书》,2006 年第 4 期。

[②] 董继超:《公务秘书学》,黑龙江科学技术出版社 1989 年版,第 41 页。

术政策、信息市场政策、信息交流与合作政策、信息人才政策等。

所谓信息法规，是由信息法律和信息规章制度共同构成。信息法规是通过法律程序对各项信息政策予以确立，使之规范化，具有约束力，是保障信息政策得以贯彻、实施的重要法律手段。信息法规的内容体系基本包括：信息基本法、信息产业法律制度、信息技术法律制度、信息资源管理法律制度、信息市场管理法律制度、信息安全法律制度、信息产权法律制度、电子商务法律制度等。

自1986年我国政府首次提出"政务信息"这一概念之后，我国的政务信息工作不断适应政府管理职能转变的需要，努力为各级政府科学决策提供信息服务，对于政府和相关部门掌握情况、科学决策，发挥了积极的作用。对于政务秘书来说，国家颁布的有关信息与信息化的政策法规中，值得关注的有：

《机关档案工作条例》(1983年)

《国家档案局中央档案馆关于加强档案信息资源开发利用工作的意见》(2005年)

《中共中央办公厅关于加强信息资源开发利用工作的若干意见》(中办发[2004]34号)

《2006～2020年国家信息化发展战略》(2006年)

《中华人民共和国保守国家秘密法》(1988年)

《中华人民共和国计算机信息系统安全保护条例》(1994年)

《中华人民共和国计算机信息网络国际互联网安全保护管理办法》(1997年)

《全国人大常委会关于维护互联网安全的决定》(2000年)

《中国互联网络域名管理办法》(2004年)

《中国互联网络域名注册实施细则》(2009年)

《电子出版物管理规定》(2007年)

《中华人民共和国著作权法(第二次修正)》(2010年)

《政务信息工作暂行办法》(1995年)

《国家信息化工作领导小组关于我国电子政务建设的指导意见》(2002年)

《中华人民共和国政府信息公开条例》(2007年)

《国务院办公厅关于做好政府信息依申请公开工作的意见》(国办发[2010]5号)

《最高人民法院关于审理政府信息公开行政案件若干问题的规定》(2011年)

《国务院办公厅关于进一步加强政府信息公开回应社会关切提升政府公信力的意见》(国办发[2013]100号)

此外，各级地方政府近年来依据国家的信息化战略以及政务信息工作的部署，也都分别制定了一系列相应的政策与规章制度。作为各级地方政府机关、事业单位、社会团体的政务秘书人员,也有必要关注和学习。

(二) 信息公开意识

随着我国市场经济体制的建立与完善,民主政治的深化发展,公民权利意识的逐渐增强,社会公众对打造阳光政府、建设法治政府的要求越来越强烈。2008 年 5 月 1 日,《中华人民共和国政府信息公开条例》的正式实施,标志着我国公民知情权的法律保障制度已经初步确立。

《中华人民共和国政府信息公开条例》对于政府部门公开政府信息应当遵循的原则等作了明确的规定,其中,条例第六条规定:行政机关应当及时、准确地公开政府信息。行政机关发现影响或者可能影响社会稳定、扰乱社会管理秩序的虚假或者不完整信息的,应当在其职责范围内发布准确的政府信息予以澄清;第九条则明确规定,行政机关对突发公共事件的应急预案、预警信息及应对情况等应当主动公开。在第十五条,条例更进一步明确规定了,行政机关应选择便于公众知晓的公开信息的方式,包括政府公报、政府网站、新闻发布会以及报刊、广播、电视等,主动向公众公开。

多年来,我国各级地方政府或相关部门在处置突发公共事件过程中,很多时候都是采用传统的信息传播模式,表现在不愿充分尊重公众的知情权,往往是在事件发生后的一段时间里,要么由于事件较为严重或时间紧急,要么出于其他方面的考虑,如"维稳"的需要、担心引发公众不必要的恐慌等,只是将一些有关突发公共事件的基本信息向上呈报给相关部门,以及通知受害者家属,而比较排斥在第一时间向新闻媒介和公众发布准确、全面的信息。然而,每一次突发公共事件发生后如此处理信息的方式,又都在反复证明着:这种传统的信息传播模式更易导致谣言的产生,并引发更多不稳定因素。比如,在 2003 年"非典型性肺炎"爆发的初期,政府部门对有关信息公布得不及时、不准确,正是导致全国流言四起,引发社会公众不必要的恐慌情绪蔓延的主要原因。

应该说,在与公众切身利益密切相关的事件面前,信息的被需求程度必然会被放大,公众迫切需要真实、准确而且权威的信息。作为公共事务管理者,政府的职责之一,就是要通过大众媒体,在第一时间告诉公众发生了什么事情以及政府采取了什么措施,以保障公众的知情权。此时,如果一味地以"维稳"为借口,封锁信息,反而会给各种小道消息传播以空间,这种情况下,一些媒体也可能出现误报,引发进一步的混乱。因此,对于政务秘书来说,有必要在推行政府政策和处理突发公共事件时,引导媒体准确、恰当地发布各种政府信息,尽最大可能满足公众的知情权。

除此以外,随着互联网技术的发展和信息传播方式的深刻变革,社会公众对政府工作知情、参与和监督意识不断增强,对各级行政机关以及公共企事业单位、社会团体依法公开政务信息、及时回应公众关切和正确引导舆情提出了更高要求。各级政府呼应社会公众的这种要求,近年来不断出台了一系列相关的政策与规定,这些都给政务秘书做好这方面的工作提供了依据和保障。政务秘书应牢固树立信息公开的意识,深入理解与把握这些政策与规定的精神,充分发挥自身的作用,辅助领导做好政务信息的公开工作。

(三) 媒介素养

随着数字技术的发展和全球化进程的加速,大众传媒日益影响着人类的社会、政治、经济生活,左右着人们看待世界的方式。对于政务秘书来说,如何有效、准确、及时地辨析、收集来自媒介的信息,并利用媒介及时、准确地发出政府的"声音",也就成了信息时代必备的一种工作能力。相比较企业秘书,政务秘书需要具备更全面的媒介素养。

有研究者从收集信息和发布信息两个角度,列举了政务秘书应该具备的媒介素养。[①]

1. 强化对媒介信息的敏感度。

各种来自媒介的信息是政府赖以体察民意,从而做出事关民生的重要决策的依据之一。政务秘书应保持对媒介信息的敏感度,面对庞大的信息潮,能从各种杂乱无章的信息当中选择出有效信息帮助政府进行决策。

2. 批评性地使用媒介信息。

虽然政务秘书要保持对新闻媒体的敏感度,要善于从大众媒体中寻找有利于政府部门做决策的信息,但也要认识到大众媒体的复杂局面,即使是针对同一事件,不同的媒体传播的信息也不尽相同,因而要在众说纷纭中辨别信息的价值,批判性地合理使用信息,也是秘书需培养的媒介素养之一。

3. 熟练掌握各种媒介技术。

伴随信息时代而来的是大量新的信息技术,秘书必须具有视读、理解不同形式信息的能力,熟悉并利用各种媒体传播方式来收集和发布信息。特别是近年来微博、微信等社交媒体的迅猛发展,给人们带来了一种全新的传受方式。作为政务秘书来说,必须掌握利用这些新媒体获取、传输和处理各种政务信息的素质及能力。

此外,现在已有许多政府部门设置了网站,实现了政务信息发布的公开化、网络化,政务秘书需要充分熟悉、了解电子政务的工作流程,只有这样,才能使相关的政务信息准确、及时地发布给公众,发挥最大效用。

第二节　政务秘书信息工作的对象:政务信息

政务秘书的一项重要的工作内容,就是开展政务信息工作。也可以说,政务秘书开展信息工

---

① 唐濛、龙长征、陈荣美:《政务秘书应具备的媒介素养》,《当代传播》,2007 年第 6 期。

作的对象,即是政务信息。在我国,历史文献资料中当然没有关于"政务信息"一词的记载。不过有学者指出,尧时所设立"诽谤之木",舜时所设的"进善旌"和"敢谏之鼓",以及殷商时代创立的"烽火告警"等,都是我国政务信息工作萌芽时期政务信息的动态载体,而"邸报"则是政务信息纸质载体的真正起源。[①] 现代意义上的政务信息概念的提出,则是在 20 世纪 80 年代中期。

一、政务信息概念的提出与政务信息网络的建立

我国政府系统的信息工作是从 1983 年开始,河北、湖南、山东率先在各级党委和政府办公部门尝试开展了信息工作。1984 年年初,河北省委正式下发文件,在全省各级党政机关办公厅(室)创建了信息处理机构,并建成了一个纵横沟通的网络。随后的 1985 年,国务院办公厅建立了全国各省、市、自治区政府办公厅向国务院办公厅传报信息制度,并开始建立政府的信息系统。

当时还没有"政务信息"和"政务信息工作"这种提法,一般通称为"信息"和"信息工作"。但是,经过一段时间的实践,各地政府系统的信息工作者逐步感到,一般泛指的"信息"含义相当广泛,在政府系统内笼统地讲"信息"和"信息工作",不能够充分反映政府所需信息和政府系统信息工作的特点,也不利于和其他信息工作相区别。划定政府系统信息工作的范围,已势在必行。

1986 年 3 月,河北、湖北、辽宁三省省政府办公厅的信息工作者,在武汉筹备组建省际政府办公厅横向信息网络时,首先提出了"政府信息网络"、"政务信息"等概念,并将筹建中的省级政府系统横向信息网络命名为"省际政务信息网络"。这一设想得到了国务院办公厅和有关方面的肯定。从此,政务信息这一概念逐步确立起来,并得到了广泛的应用。除此之外,在实际使用过程中,"政府信息"也是一个常用的概念,"当前学界对两者没有严格区分"。[②]

与此同时,到 1988 年,我国基本形成了以各级政府办公部门为枢纽的纵横交错的政务信息网络。1995 年 10 月,国务院办公厅下发《政务信息工作暂行办法》,将政务信息工作纳入依法管理的轨道。之后,经过二十多年的发展,从中央到地方党委(政府)办公厅(室)系统已经形成了一个比较完整健全的信息工作体系(如图 8-1 所示),为中央和地方各级党委(政府)及时了解情况、进行科学决策和推动各项工作落实发挥了积极作用。

二、政务信息的含义

关于政务信息这一概念的含义,有一个发展变化的过程,存在着不同的表述,如:

1988 年在大连召开的第三次全国政务信息网络年会上,与会的 22 个省的政务信息工作者给

---

① 安忻:《政务信息加工的原理与方法》,中国人民大学出版社 2008 年版,第 28 页。
② 颜海:《政务信息管理》,武汉大学出版社 2009 年版,第 2 页。

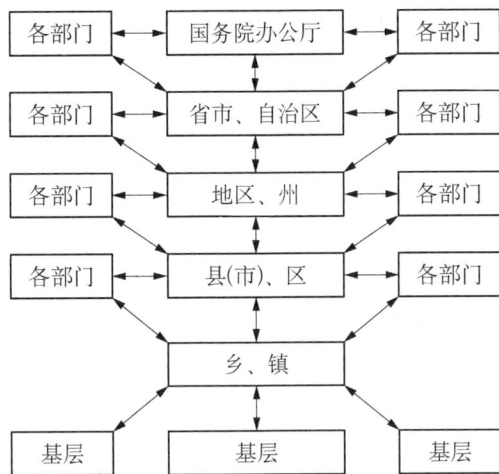

图 8 - 1　全国政务信息网络

政务信息概念下了一个定义：政务信息是一种专门、特殊的信息，政务信息是对政府工作运转情况和与政府系统活动相联系的其他情况的反映，它为政府领导决策和指挥工作服务。

1990 年，在西北五省政务信息管理工作会议上，代表们提出了新的意见，即：政务信息是政府机关行政管理活动过程及其属性的反映，是对政府机关行政管理活动发展过程中各种变化特征及其与之相互作用、相互关联的物质运动过程的客观描述，是政府工作运转过程中所需要的信息。

周晓英、王英玮主编的《政务信息管理》（2004 年）一书认为，"政务信息是反映政府运转情况的信息以及政府领导决策和指挥工作所需要的信息"。[①] 2009 年出版的颜海的《政务信息管理》也持此说。

2008 年 5 月 1 日起实施的《中华人民共和国政府信息公开条例》提出：政府信息，是指行政机关在履行职责过程中制作或者获取的，以一定形式记录、保存的信息。

安忻《政务信息加工的原理与方法》（2008 年）一书认为，随着《中华人民共和国政府信息公开条例》的实施，政务信息概念的外延有所扩大，并据此将政务信息概念定义为："政务信息是信息的一个重要门类，是反映政府活动和政府管理服务对象的各种情况及其二者相互关系，为特定利用者需要的各种载体和形式的信息。"[②]结合这一定义，该书进一步指出，政务信息的特定服务对象，既包括各级政府、政府各部门的管理、领导者及其工作人员，也包括公民、法人和其他社会组织。

---

① 周晓英、王英玮：《政务信息管理》，中国人民大学出版社 2004 年版，第 36 页。
② 安忻：《政务信息加工的原理与方法》，中国人民大学出版社 2008 年版，第 32 页。

不难看出，从1988年至今，在研究者和政务信息工作者所提出的一系列关于政务信息概念的定义中，政务信息的外延，以及政务信息使用者的外延，都在扩大。对于政务秘书来说，这就意味着，在处理政务信息的过程中，其工作内容和服务对象都越来越复杂了，其要求自然也随之提高了。

三、政务信息的来源

1995年《政务信息工作暂行办法》中，并未对政务信息的来源和内容作出明确的界定。但是，对于政务秘书来说，必须要对这一问题有所认识和了解，否则在实际工作中就无从下手，无法做到有的放矢。

宋继军等的《信息与秘书工作概论》（1998年）一书认为，政务信息包括：党和国家以及各级政府公布的有关路线、方针、政策、法规、法令等方面的信息；上级领导及其部门就有关工作的重大决策部署和贯彻执行情况；上级领导及各界知名人士的参观、访问、视察、检查等主要活动情况；外界推广的有关先进经验以及在两个文明建设和改革开放中有重大影响的成就和事件；本地区、本部门、本单位决策方案的贯彻实施情况，包括新鲜经验、职工群众反映、思想动态和贯彻执行中出现的新情况、新问题，包括发生的事故、灾情等重大意外问题；上级交办工作的贯彻落实情况。[①]这样的概括方法失之繁冗，无助于政务秘书有序、有效、明晰地开展信息工作。同时，随着网络与数字技术的迅速发展，以及社会状态的急剧变化，这一概括方法一方面未必能穷尽当下所有的政务信息来源或类型，另一方面也不免面临着失效的危险。

周晓英、王英玮主编的《政务信息管理》（2004年）一书在对政务信息下定义时指出，政务信息包括两个组成部分，一是政府自身产生的信息，如各种条例、规定、办法、章程、命令、指示、批复、议案、通告、通知、公函、会议纪要、合同、协议书等，这部分是内生信息；二是政府从外部获取的与政府管理活动有关的信息，如新闻报道、消息资料、群众信访、提议提案、社会调研信息等，这部分是外生信息。[②]

颜海的《政务信息管理》（2009年）完全采纳周晓英等在《政务信息管理》一书中对政务信息组成部分的分析，同时进一步对"公共信息是否属于政务信息范畴"这一问题作了讨论，并指出，社会公共信息是政府对社会提供公共服务过程中制作、获得或拥有的信息，既包括政府为公众服务而制作的"内生"信息，也包括与公众联系获得的"外生"信息，进而认为，政务信息"有广义意味，包含一切与政府行为有紧密联系且具有公共属性的信息"。[③]

---

① 宋继军等：《信息与秘书工作概论》，冶金工业出版社1998年版，第240页。
② 周晓英、王英玮：《政务信息管理》，中国人民大学出版社2004年版，第36页。
③ 颜海：《政务信息管理》，武汉大学出版社2009年版，第3页。

安忻《政务信息加工的原理与方法》(2008年)一书指出,政务信息的来源和内容主要有三个方面。一是反映政府主动性活动的信息,即政府在主动行使自己的职权过程中所产生、制作的信息;二是反映政府的管理和服务对象的信息,即反映社会各个领域、各个阶层和全体公民的状态、特征、变化发展情况的信息;三是反映政府与其管理服务对象之间相互作用的信息,即政府与社会公众的互动、反馈信息。①

王新才《政府信息资源管理》(2011年)一书认为,政府信息按照其来源可分为内部信息及外部信息。其中外部信息来源于各类新闻与学术媒体、网络信息资源、数据库资源、广告及面向公众及其他社会团体的政府调研信息,而内部信息则为与政府职能履行相关的政府产生、编辑、处理、收集和支配的信息。该书还指出,政府信息资源总量惊人,因为产生于政府内部及外部一切与政府活动有关的政府信息与公众的生产、生活的方方面面有着直接或间接的关联。

从上述对于政务信息来源的分析可以看出,目前学界比较倾向于将政务信息按其来源分为内部信息和外部信息,只是在具体描述上略有差异。不过,有必要加以强调的是,上述关于政务信息来源的讨论中,所提及的"政府"概念,应不仅仅是指国家机关(国务院及其部门和地方各级政府及其部门),还应包括公共企事业单位,以及国家财政拨款的社会团体等。

2008年5月,北京市政府信息公开办公室负责人就施行《中华人民共和国政府信息公开条例》答记者问,针对记者所提的"哪些单位负有公开政府信息的义务"这一问题时,给出的回答是:"本市政府信息公开主体有三类,第一类是行政机关,具体包括市和区、县、乡镇政府及其部门等;第二类是法律法规授权的具有管理公共事务职能的组织,包括地震局、气象局、银监局、保监局等单位;第三类是与群众利益密切相关的公共企事业单位,像教育、医疗卫生、供水、供电、供气等单位。"②这也就是说,对政务信息中的"政府"一词,应作广义的理解。

事实上,本教材认为,除了北京市政府信息公开办公室负责人所提的这三类政务信息公开主体之外,我国目前还有由国家财政拨款的大约200个社会团体,这些社会团体所产生的与社会公共利益密切相关的信息,也应被纳入政务信息以及政务信息公开的范畴。比如2012年7月31日,国务院办公厅公开发布了《国务院关于促进红十字事业发展的意见》,对中国红十字会的角色定位、内部治理、信息公开、监督机制等热点问题做出规范。据"财新网"报道,2012年8月2日,就如何落实该份文件,国务院新闻办召开了新闻发布会。在发布会上,中国红十字会对其信息公开提出了时间表,明确:到2012年底,完成捐赠平台和筹资管理系统基本版的上线,提供基本经费信息;2013年底基本功能全部上线,推广到80%的省级红会;2014年底,所有的功能上线,达到

---

① 安忻:《政务信息加工的原理与方法》,中国人民大学出版社2008年版,第32页。
② 《北京市就施行政府信息公开条例答记者问,图书馆可查"红头文件"》,《北京晨报》,2008年5月2日,A2版。

80％的市级红会和50％以上的县级红会。① 应该说,根据这一时间表,中国红十字会准备公开的基本经费信息,即是属于"政务信息"的范畴。

四、政务信息的特征

政务信息作为信息的一种,除具有一般信息的普遍性、客观性、无限性、时效性、传递性、共享性、开发性、存储性等共同特点外,还具有一些自身独有的特征,主要包括:

1. 公共性

政府是社会的公共机构,是全社会公共利益的当然代表,所以该主体只能以全社会公共福利的最大化为其行为目标。政务信息的公共性正是基于对政府性质和运作目标的这一理解。前文已指出,在现代社会中,政务信息不以政府及其部门的活动作为唯一来源,其服务对象也不仅仅限于各级政府及其部门,而是也应该为全社会和全体公民服务。《中华人民共和国政府信息公开条例》第一章第一条即明确规定:"为了保障公民、法人和其他组织依法获取政府信息,提高政府工作的透明度,促进依法行政,充分发挥政府信息对人民群众生产、生活和经济社会活动的服务作用,制定本条例。"显然,作为一种公共资源,政务信息仅仅面向各级政府及其部门提供服务的时代已经过去了。

2. 政治倾向性

政务信息是在政务活动中产生或与之有紧密联系的信息,其内容和范围是以社会公共事务和政府自身事务为反映对象,带有强烈的政治倾向性。

政务信息的政治倾向性,并不表示政务信息就只是政治方面的信息。许多非政治方面的信息,比如经济活动信息、科技成果信息、社区文化信息等社会方面的信息和水旱灾害、地震、台风等自然方面的信息,在某些特定的条件下都可能转变为政务信息。

当然,一般的社会信息、自然信息转化为政务信息是有条件的。通常,那些处于行政管理部门最关心的目标范围内,或者与此目标关系密切的信息,具有某种广泛性意义和参考价值的信息,各种突发性的、打乱正常管理秩序的社会经济事件信息和自然灾害信息,对于全局有一定影响的倾向性信息等,当它们能够进入并影响政务活动时,才有可能转化为政务信息。

3. 权威性

政务信息一般在收集、整理、加工、储存、传递和利用等各个环节上,都会经过特定的渠道,有专门的机构和人员进行鉴别、筛选等,具有较强的真实性、准确性、可靠性和指导性,因而也就构

---

① 蓝方:《红十字会明确信息公开时间表》,2012 年 8 月 2 日,财新网,http://china. caixin. com/2012 - 08 - 02/100418712. html。

成了政务信息的权威性。平常各级各界对"官方消息"比较信赖,就是因为它具有较高的权威性。认识到政务信息权威性这一特点,可以提醒政务秘书,要以高度负责、严肃认真、一丝不苟的精神来对待政务信息工作,认真筛选,精细加工,反复核对,严格把关,迅速、准确地传输信息,不能有任何轻视和疏忽,严防虚假、失真的信息通过,以免给领导决策和指挥工作铸成失误,进而影响政府工作目标的实现。

4. 宏观性

政府的职责主要是进行宏观管理、宏观决策、宏观调控,而不是进行微观的控制和操作,因此这就决定了政务信息具有宏观性的特征,即以反映全局性、关键性问题和关系全社会利益问题的信息占主导地位,以反映大政方针的信息占主导地位。这一特征要求政务秘书在加工、处理政务信息时必须有全局观念,要从宏观的角度出发,综合地分析、处理相关的材料。

当然,政务信息的这种宏观性也是相对的。由于政府部门是分层次的,对于县一级是宏观的政务信息,在省一级来看就有可能是微观信息;同样道理,局部地方出现一种倾向、苗头性的问题,看起来似乎比较微观,但可能具有很重要的宏观意义。因此,政务秘书要能够透过现象,看其本质,具体分析,区别对待。

5. 机密性

有一部分政务信息的内容涉及国家和地方的大政方针、重要的政务活动、重要政策的制定过程、重大的社会和经济动态、国家安全、货币政策等,都具有明显的机密性,需要限制其传播和使用的范围,否则将对政府的正常工作秩序、社会的稳定、经济的顺利发展和国家安全的保障等造成不利的影响或损害。作为政务秘书,有机会接触很多核心机密,有必要严守机密,严格按照有关法规的规定进行处理和利用,不能随意扩散和乱谈、乱传。当然,在政务信息处理和利用的过程中,对于应该、可以公开的政务信息,政务秘书也应该配合部门领导,通过必要的程序及时、主动地加工、公开。

五、政务信息工作与政务信息化···

(一)政务信息工作的含义和内容

1995 年《政务信息工作暂行办法》虽未明确界定"政务信息"的来源与内容,但是对于何为"政务信息工作"则作了相应的规定。该办法指出,"政务信息工作是各级政府及其部门的办公厅(室)的一项重要工作,其主要任务是:反映政府工作及社会、经济发展中的重要情况,为政府把握全局、科学决策和实施领导提供及时、准确、全面的信息服务。"在第二章第八条,该办法进一步规定了负责政务信息工作机构的主要职责:

（一）依据党和国家的方针、政策，结合本地区、本部门的工作部署，研究制定政务信息工作计划，并组织实施；

（二）做好信息的采集、筛选、加工、传送、反馈和存储等日常工作；

（三）结合政府的中心工作和领导关心的问题，以及从信息中发现的重要问题，组织信息调研，提供有情况、有分析的专题信息；

（四）为政府实施信息引导服务；

（五）组织开展政务信息工作经验交流，了解和指导下级单位的政务信息工作；

（六）组织本地区、本部门政务信息工作人员的业务培训。

近年来，一些省、市政府办公厅（室）根据信息公开的要求，逐步在政府网站上公开了办公厅（室）内设机构的职能，从中可进一步了解当前各级政府办公厅（室）对于政务信息工作内容的认识。例如，2010 年 3 月，江西省政府办公厅公开了内设机构的职能，其中，明确其"信息处"所负责的工作内容是：

办理政府系统政务信息、电子政务和政府信息公开方面的文电、会务和督查调研工作；负责政府系统政务信息工作；指导全省政府系统电子政务总体规划的实施工作；负责省政府领导同志办公室和机关计算机维护及网络的建设和管理工作。

长沙市人民政府办公厅则在 2005 年 8 月就在网上公开了其机构职能，其中，明确"信息指导处"的职能包括：

办理政府信息化建设方面的文电、会务、材料综合工作，并负责有关事项跟踪调研和督查工作；负责电子政务内网建设和应用的组织、协调、管理工作；负责政府系统电视电话会议管理工作；处理市政府电子邮件；负责收集、整理、传递政务信息，为各级领导决策和指导工作提供信息服务，并向国务院办公厅、省政府办公厅报送信息；负责与省内外兄弟城市政府交流政务信息；负责对全市政府系统信息工作的业务指导和跟踪督查工作；负责联络、协调市政府重大决策和有关情况的新闻发布和宣传报道；联系市志方面的工作。

2010 年 6 月，南京市人民政府办公厅在网上公开了其内设机构及职能。其中，综合处（新闻联络处）、政务信息处共同承担了政务信息的主要工作：

（三）综合处（新闻联络处）

……负责收集、整理、分析政务信息和有关网络媒体信息，提出意见和建议；负责向国家、省政府办公厅和市政府领导同志报送信息。承办市政府新闻发布活动，指导市政府各部门和各区县政府新闻发布工作；协调组织市政府有关活动的新闻报道；负责联系新闻媒体。

（五）政务信息处

承办市政府信息公开事务，指导、监督全市政府系统信息公开工作。负责全市政府系统电子政务的规划、管理和组织建设工作；负责市政府领导办公室及厅机关计算机网络的技术安全和保障工作；负责政府门户网站的管理工作。

在 2010 年 6 月，济南市人民政府办公厅在网上公开了内设机构的职能，其中，政务信息工作也是主要由两个处室来共同负责：

（十）信息处

负责全市经济和社会发展重要信息及国内外重要经济动态的收集、整理、报送工作；负责编辑《济南政务信息》、《每日要情》、《政务信息专报》、《政务信息特刊》、《互联网信息择要》等刊物；负责编辑审核政府网站信息；负责向国务院办公厅、省政府办公厅报送我市经济政治文化社会等信息；负责协调、指导全市政府系统政务信息工作。

（十一）电子政务处

负责推进、指导、协调、监督全市政府系统及市政府办公厅政府信息公开工作；负责推进市政府系统政务信息化建设和办公自动化建设工作；承担市电子政务建设工作领导小组办公室的具体工作；负责全市政府网站建设的组织协调。

从以上举例，可以发现以下三点：1. 我国政务信息工作的主体，主要就是各级政府及其职能部门的办公厅（室），更具体地讲，就是其下的政务信息专门机构，这些专门机构的名称有"信息处"、"信息指导处"、"政务信息处"等，不一而足，但是大体相似。如具体到个人，则结合本章第二节"政务信息的来源"的表述，我们可以说，各级政府、公共企事业单位以及国家拨款的社会团体中的政务秘书，是我国政务信息工作的主体。2. 政务信息化工作，特别是电子政务建设工作，已经成为当前我国政务信息工作的一项重要内容。不过，囿于当时各种条件和认识的限制，这一点在 1995 年的《政务信息工作暂行办法》中未能予以充分反映。3. 政府信息公开工作，也已逐渐受到各级政府的重视，甚至成为当前政务信息工作的重点。这意味着，政务秘书开展的政务信息工作，已不再限于仅仅为上级部门和领导服务，还要为社会公众服务。政务信息工作的服务对象、工作内容更加复杂了,政务秘书的工作量、工作要求等也随之加大了。

(二)政务信息化

政务信息化是政务信息工作的一项重要内容。在国家信息化战略体系中,政务信息化也是其中十分重要的一个环节。作为人们在日常工作中经常使用的一个概念,它是相对于国民经济信息化、行业和领域信息化、企业信息化等来使用的。对于已经跨入信息时代的中国政府来说,充分利用现代化办公手段,进一步转变工作方式,提高工作质量和效率,大力推进政务信息化,已经成为各级政府和部门面临的一项十分紧迫而艰巨的任务。

颜海《政务信息管理》(2009 年)指出,政务信息化是指为了适应信息时代的到来,运用信息技术、通信技术、网络技术以及办公自动化技术等现代信息手段,对传统的行政管理和公共服务进行改造,从而大大提升行政管理的有效性,满足社会以及公众对政府公共管理和公共服务的期望,促进社会经济发展的过程。①

我国的政务信息化工作起步于 20 世纪 80 年代。1984 年,国务院批准国家计委成立了信息管理办公室,负责推动国务院有关部委的信息系统建设工作。1986 年,国务院批准成立了国家经济信息系统领导小组和国家信息中心,负责国家经济信息系统的规划和建设。各个部委局和地方省市县相继成立信息中心。这个时期,办公自动化的概念传入中国,开始应用于中央政府的办公自动化建设。到 80 年代末期,中央及地方党政机关所开展的办公自动化工程,已建立了各种纵向的和横向的内部信息办公网络。这一阶段可以认为是我国政务信息化建设的准备阶段。

90 年代以后,我国的政府信息化建设不断向前推进。1993 年,国务院成立了国家经济信息化联席会议,开始启动由中央政府主导的以信息化为特征的"三金工程"(金桥工程、金关工程和金卡工程),这是以我国信息化的基础设施建设为重点,为重点行业部门传输数据、信息的系列工程。"三金工程"的实施是国家信息基础设施建设的奠基部分,某种程度上,也是我国电子政务发展的雏形。随后,我国又相继启动了金税、金审、金盾、金卫等 12 项金字系列信息化工程。我国政务信息化建设进入到推进阶段,这一阶段也被认为是我国电子政务建设的初级阶段。

1996 年,国务院成立了国务院信息化工作领导小组,加强了对全国信息化工作的统一领导,大大推动了政府信息化建设。1998 年 4 月,青岛市在互联网上建立了我国第一个严格意义上的政府网站"青岛政务信息公众网",1999 年初,中国电信和国家经贸委联合 40 多个部委的信息主管部门共同发起了"政府上网工程",目标是在 1999 年内实现 60% 以上的部委和各级政府部门"上网",在 2000 年实现 80% 以上的部委和各级政府部门"上网"。"政府上网工程"推动了我国政府信息化建设进入发展阶段,也标志着我国电子政务发展进入实质性阶段。

---

① 颜海:《政务信息管理》,武汉大学出版社 2009 年版,第 11 页。

2001 年 8 月,国家信息化工作领导小组重新组建,之后,国家有关领导在全国信息化工作会议上多次强调,要把电子政务的建设作为今后一个时期我国信息化工作的重点,政府先行,带动国民经济和社会信息化发展。2002 年 8 月,中共中央办公厅、国务院办公厅联合转发了《国家信息化工作领导小组关于我国电子政务建设的指导意见》,该指导意见明确阐述了今后一段时期内,国家政务信息化建设的指导思想、建设原则、主要目标和任务。这是我国推行电子政务的第一个指导性文件,全面部署了涉及党委、人大、政府、政协等部门的电子政务建设,融司法、行政、立法为一体,具有中国特色的电子政务体系。我国政务信息化建设工作进入到迅猛发展阶段。

2006 年,中共中央办公厅、国务院办公厅印发了《2006～2020 年国家信息化发展战略》,在对全球信息化发展的基本趋势和我国信息化发展的基本形势进行分析的基础上,阐述了我国信息化发展的指导思想和战略目标、战略重点、战略行动以及保障措施。其中明确提出,要"逐步建立以公民和企业为对象、以互联网为基础、中央与地方相配合、多种技术手段相结合的电子政务公共服务体系"。

2013 年 10 月,国务院办公厅下发《关于进一步加强政府信息公开回应社会关切提升政府公信力的意见》(国办发[2013]100 号),明确提出,要"充分发挥政府网站在信息公开中的平台作用。各地区各部门要进一步加强政府网站建设和管理,通过更加符合传播规律的信息发布方式,将政府网站打造成更加及时、准确、公开透明的政府信息发布平台,在网络领域传播主流声音","着力建设基于新媒体的政务信息发布和与公众互动交流新渠道。各地区各部门应积极探索利用政务微博、微信等新媒体,及时发布各类权威政务信息,尤其是涉及公众重大关切的公共事件和政策法规方面的信息,并充分利用新媒体的互动功能,以及时、便捷的方式与公众进行互动交流"。这表明,我国政务信息化建设和电子政务建设工作已进入到深化阶段。

第三节　政务信息的整理加工

案例导入

我国的信息工作习惯上被叫作情报工作,这与我国早期信息传递的途径密切相关。早期信息传递的载体是类似于"工作报告"、"情况反映"、"内部参考"等载体的刊物。1984 年 7 月 3 日,当时的河北省委书记高扬让秘书转告省委办公厅说:"美国的总统每天上班的时候,办公桌上已经放着几份文字简短的情报,他只需要几分钟,就可以了解到美国各州和全世界发生的大事和重要动向,可以很快地做出各种决策,而且决策后的反馈也快。现在,我不知道各地市和省厅各直属部门每天都在干什么。请你们研究解决这个问题。"

按照高扬的指示，河北省委办公厅、省政府办公厅经过认真研究，从 1984 年 7 月 20 日起，先后办起了《快报》和《信息快报》。这样，每天早上 8 点钟，当河北省委和省政府的领导们走进办公室的时候，首先看到的就是桌上摆着的两份各有 2 000 字左右的文件。他们不用 10 分钟，就可知道全省在昨天 24 小时内发生的人事，以及各地市和省直机关各厅局党政领导的主要活动和言论。

这两份文件就是通过分布于全省的纵向、横向和扩散三个庞大的信息反馈系统收集、筛选、分析、加工、编发后层层上报的。由于它信息广、反馈快、事实准、文字短，通过它能对全省新近发生的事一目了然，因而受到领导们的普遍欢迎和重视。

在 1985 年 1 月中共中央办公厅召开的全国秘书长、办公厅主任座谈会上，河北省委的一位副秘书长还就如何建立信息网络，如何把信息反馈提高到一个新水平，作了专题介绍。当时的中共中央办公厅主任王兆国在那次会上有一个讲话，共有五个部分，其中第二部分的小标题就叫"建立健全信息体系，做好信息工作"。在讲到要尽快实现办公厅工作方式和工作方法上的四个转变时，曾明确指出，要"从收发传递信息转变为综合处理信息"。办公厅(室)"不能满足于收发传递工作，而应当在信息的收集、传递、加工、处理和反馈等所有环节上积极开展工作，尽可能地为领导利用信息做好一切必要的准备工作。比如，对各种上报的正式文件、情况简报、动态资料等要加以筛选、分类、提要、分析、判断，进行去伪存真、去粗取精的初级处理，不要把各种原始信息材料统统直接送给领导同志；比如，在提出情况的同时，凡是需要批决办理的事情，还可以提出办理意见、参考方案供领导同志决断时参考。"

请问：如何理解政府办公厅(室)的工作要"从收发传递信息转变为综合处理信息"？

在当今"信息爆炸的时代"，政府部门和其他各类机构在其行政和管理活动中产生的信息日益膨胀，如果信息管理不当，将会在经济上耗费人力、财力和物力的同时，影响政府和组织机构的工作效率。为了保证政务信息资源的价值实现，必须运用各种手段，对政务信息的收集、整理、传递与反馈、开发与利用以及存储等全过程进行综合管理。其中，关于政务信息的整理、开发与利用等工作，自有其特殊性，本节及下一节主要从"政务信息的整理加工"、"电子政务环境下的政务信息公开工作"两个角度入手，对这两个问题展开分析。

一、政务信息整理加工的含义

政务信息整理加工，指的是政务秘书将收集到的现成的和原始的信息资料，按照一定的要求，通过严格的程序，采取科学的方法，进行鉴别、筛选、分类、排序、比较、判断、选择和编写工作，去伪存真、去粗取精、由表及里、高度概括，把信息资料整理加工成主题集中、结构严谨、观点明确、语言精练、有价值、带有规律性并能成为政务信息工作所需要的真实而准确的政务信息资料。

政务信息整理加工是一个确保政务信息真实性、适用性，提高信息质量和价值的"再创造"过程，是政务秘书信息工作中一个十分重要的环节，它直接关系到政务信息使用价值的大小，只有经过整理加工的政务信息，才能充分发挥影响，产生最大效能。

整理加工后的政务信息，从内容上看，有综合类信息、动态类信息、调研类信息等；从服务方向上看，有向上报送的政务信息，也有向社会公众公开的政务信息。其中，向上报送的政务信息，则包括了上一级单位的约稿信息，以及本单位按照常规信息工作的要求，主动向上级报送的政务信息，包括领导和上一级单位关注的重点、热点、难点问题信息，中心工作及重大项目推进情况信息，重大、敏感的突发事件信息等（如图8－2所示）。从讨论方便的角度出发，本节所讨论的政务信息，主要指的是向上报送的政务信息。

图8－2　整理加工后的政务信息分类图

二、政务信息整理加工的基本方法 ·····························

政务信息整理加工的目标，一是给领导机关起"耳目"、"情报"作用，为决策提供依据和参考；二是向社会公众传递与其自身利益密切相关的政务信息。为了实现这样的目的，就需要正确把握整理加工的基本方法。常见的整理加工方法有以下几种：

1. 归纳法。这是一种将零散信息转向综合信息的方法，即将大量的、散乱的、来源渠道不同的信息进行归纳整理，分类归"档"，使其优化升华，由偏到全，去粗取精，反映事物全貌及内在规律。这一方法要求简洁精练，综合准确。

2. 纵深法。这种方法是从纵的层面，按上报信息所提供的某一主题，层层深入，追根溯源，搞清问题的来龙去脉。该方法要求主题鲜明，寓意深刻。

3. 浓缩法。即是对大量的意思相近的上报信息，去繁删冗，凝练主题，使众多雷同信息集中表达一个中心思想。该方法要求一针见血，表述完整。

4. 对比法。即用纵横比较的方法强烈表现上报信息所反映的事物发展变化的特征。纵的比较,就是某一事物自身发展的今昔对比,多见于用数字或百分比形式表达的某一政府部门工作的完成情况。横的比较,就是将某一部门在某一阶段的发展状况与同类部门在同阶段发展状况比较,多见于上级主管部门对下级部门的综合考核中。这一方法要求实事求是,数字准确。

5. 预测法。这一方法通过纷繁复杂的信息和瞬息万变的情况,根据带有一定倾向性和苗头性的事件,预测发展方向,为领导提供见微知著的信息,以助于领导作出正确判断。这一方法多用于对世事万态的分析和对上级部门重大举措的反映而整理出的信息,它要求分析有理,定性准确。

6. 跟踪法。即对报送信息中有一定价值取向但尚无定性的问题,抓住不放,跟踪反馈,待事物明朗化后,再整理出可用信息。此类信息多见于时效性不强,但具有代表意义的事物,即所谓"人人眼中皆有,个个笔下尚无"。这一方法要注意平日积累,连贯成文。

7. 反向法。即从多数人习以为常的思维定势中,进行反向推导,整理出为表象所掩盖的深层次问题。此类方法多用于对历史或某种社会现象的反思而得出的信息。它要求反思缜密,见解独到。[①]

对于政务信息,有必要花大力气搞好整理加工,因为对于收集来的大量初级政务信息资料,必须经过整理加工,才能满足决策工作的需要。

三、政务信息整理加工的步骤

政务信息的整理加工过程主要分为三步:鉴别——筛选——综合加工,其中,综合加工这一步骤又包括四个方面的工作:提炼——综合——编写——校核(如图8-3所示)。

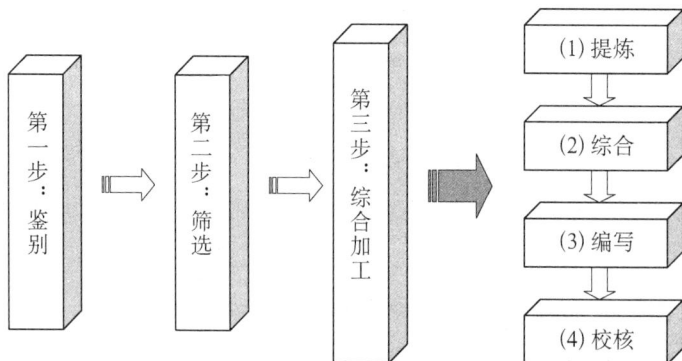

图8-3 政务信息整理加工的步骤

---

① 郭广生:《政务信息理论与实践》,中国城市出版社1994年版,第47—49页。

以下即对这几个步骤逐一进行分析,其中,"政务信息文稿的编写"在下一部分作专门讨论。

(一) 政务信息的鉴别

对收集到的政务信息资料进行鉴别,是政务信息整理加工的第一步,也是保障政务信息真实性、实用性的关键一步。它是指对通过各种途径收集到的现成的或原始的政务信息资料进行分析研究,以认清其性质,判断其真伪,估价其意义与价值,衡量其作用。经过鉴别的政务信息资料,必须达到下列目标:一是绝对不能有虚假、伪造的事实;二是不能有夸大或缩小的情况;三是不能有个别代替一般、拔苗助长、以偏概全的做法。力求达到真实可靠、事实客观、推理正确、结论可用。关于信息鉴别的方法,本教材第三章第二节有相应的论述,可参考。

(二) 政务信息的筛选

政务信息的筛选是对信息的一种再选择,是对从各种途径获得的大量资料所作的选择。现成的、原始的政务信息资料经过鉴别,保存了大量的、真实可靠的信息资料。如果把这些信息资料不加选择,全部保存,全面提供,那是难以利用的,不但会占用领导的大量时间,造成实际上的工作干扰,而且还会起相反的作用。因此,政务秘书必须在信息资料经过鉴别之后,再进行精心筛选,把采集来的与决策无关的信息过滤出去,留下符合决策要求的真实情况,把少而精的反映最基本、最重要的内容的信息报送给领导者。筛选信息,贵在一个"严"字,有严格的标准。可参见表8-1。本教材第三章第二节详细讨论了信息筛选的程序、方法和要求,这里也不再赘述。

表8-1　政务信息筛选的标准和要求

政务信息的筛选	内　容
标准	根据政府工作的中心选择材料,根据行政管理的基本需要选择材料,根据社会公众利益最大化的目标选择材料。
要求	剔除重复信息;淘汰过时信息;寻找信息的新意、特点或诉求点。

(三) 政务信息的综合加工

政务信息的综合加工,就是对鉴别、筛选后分散的、片面的初级政务信息资料,运用科学的方法进行系统的归纳和整理,进行再创造的过程。这一过程,不是对信息资料牵强附会的组织和安排,也不是机械的简单堆砌和分类,而是在这些资料基础上的一次提炼升华过程,是使信息从混乱走向条理的过程,是给信息重新定位的过程,是创造新的信息系统的过程,也就是赋予信息新价值的过程。

1. **政务信息主题的提炼**

所谓政务信息的提炼,就是指在政务信息写作前,选择恰当的角度,进行主题的提炼。

同样的信息素材,选择不同的角度来写,所涉及的层次和范围是不一样的,这就要求政务秘书人员要结合具体情况和信息利用者的需要,对不同的角度进行比较,力求选择的角度最能反映当前的情况,最适合利用者的需要。比如反映当前房地产热持续升温的信息,从不同的角度反映,就有不同的针对性:可以从社会公众对房价持续走高持强烈反对意见的角度来写,以反映高房价带来的民生压力问题;也可以从由此带来的耕地减少、农民失去土地的角度来写,反映城市化过程中失地农民的出路困境问题;还可以选择从房地产市场中存在制度缺陷的角度来写,分析困扰这一市场正常发展的制度原因。[①]

总的来说,在提炼信息主题的过程中,要做到从事物的本质出发,就是要通过对材料的精辟分析,透过材料反映的大量表面现象,挖掘出事物的本质,并以此本质来确定信息的主题。从事物的本质出发,还必须把握事物的个性。通过个性反映一般,是写作的一个基本规律,提炼主题如果忽视个性,也就没有鲜明感了。要把握事物的个性,可以用比较的方法。从横的方面,就是从一事与他事的比较中找出特殊之处;从纵的方面,就是从事物自身的现状和历史比较中找出其新的特点。政务信息综合加工的实践说明,抓住事物的本质,主题就发掘得深;抓住事物的个性,主题就会鲜明。提炼主题,就是要在共性与个性、深刻和鲜明的统一上下功夫。

2. 政务信息素材的综合

政务信息素材的综合,指的是在提炼出恰当的主题之后,对鉴别、筛选后的信息素材进行综合的过程。有研究者认为,政务信息综合是一种高级综合。政务信息综合的范围可大可小。从纵的方面,可以把与某一主题有关的历史、现状和未来趋势综合起来;从横的方面,也可把与某一主题有关的方针政策、生产技术情况等综合起来,从而掌握事物的发展变化规律和趋势。政务信息的综合,是信息加工中自始至终都可以采取的方法,可以先用综合法从全局上做若干分析和判断,再用其他方法加工;也可以先用其他方法进行加工,然后再通过综合归纳,得出最后结论。进行政务信息的综合,要求政务秘书人员必须具有较强的逻辑思维能力和较高的文字表述水平。[②]

3. 政务信息文稿的校核

在提炼主题、综合信息素材的基础上,政务秘书就要完成政务信息综合加工的关键一步:编写政务信息文稿。在政务信息文稿编写完成之后,则要进一步做好文稿的校核工作。一般来说,校核的要求如下:

(1)可靠。就是反映的情况要真实可靠、有据可依。

(2)准确。所用的事例、数据都要准确无误。

(3)规范。报送的信息需经本级政府或本部门办公室分管领导审核签发。

---

① 安忻:《政务信息加工的原理与方法》,中国人民大学出版社 2008 年版,第 185 页。
② 陈西川:《政务信息理论与实务》,河南人民出版社 2006 年版,第 64 页。

四、政务信息文稿的编写⋯⋯⋯⋯⋯⋯⋯⋯⋯⋯⋯⋯⋯⋯⋯⋯⋯⋯⋯⋯⋯⋯⋯⋯⋯⋯⋯⋯

政务信息文稿与行政公文、新闻报道既有相同之处，又在多方面存在着差异。最主要的差异体现在：政务信息文稿的构成要素比公文简洁，表达方式可兼用公文和新闻报道的基本方式，没有公文限制得那么严格，也不像新闻报道那么自由。

（一）政务信息文稿的类型

前文指出，整理加工后的政务信息，从内容上看，有综合类信息、动态类信息、调研类信息等类型。

1. 综合类信息

综合类信息是政务信息中最常见的一种，是实际工作中编写最多的一类政务信息稿。综合类信息大致有以下几种：

一是报告类。主要是汇总报告重点工作的阶段性进展情况，反映经济运行和社会发展中出现的、需要上级政府领导了解的重要情况；二是问题建议类。主要是反映工作中遇到的各种需要上级政府领导帮助或协调解决的突出困难和问题，或就某些重大问题向上级政府领导建言献策；三是经验成效类。主要是对本地区、本部门那些独到的值得上级政府了解或其他地区和部门借鉴的好做法作一反映；四是预测类。主要是在调研的基础上，对尚未发生、将要发生的某项工作所进行的预判和展望。

综合类信息自身的特点，要求政务秘书人员必须把收集到的各方面信息，经过严格的鉴别、筛选，加工整理成容量大、反馈面宽、有一定深度、结构紧凑、语言精练的综合类信息。综合类信息除遇重要的、全局性的信息需用专期专题向上报送外，一般每则宜控制在 800 字以内，切忌长篇大论。

2. 动态类信息

向领导和上级部门报送的动态类信息主要有以下几类：一是情况类信息，如重要会议情况；重要来访接待情况；其他重大的社会活动情况等。信息报送要点是：时间、地点、人物、过程、结果等。二是反馈类信息，如上级政府做出的一些重大决策部署、重要会议精神的贯彻落实情况；各地区、各部门反映上级政府出台、实施的一些重大政策和措施的执行效果；上级政府关注的重点工作情况；各地区、各部门承担的重点工作的进展情况等。信息报送要点是：什么时间进行了安排和部署、采取了哪些具体措施。三是突发事件类信息，包括自然灾害、事故灾难、公共卫生事件、社会安全事件等。信息报送要点是：事件发生的时间、地点，影响的人群，事件突出的表现及造成的后果等。动态类信息要控制在 400 字以内。

3. 调研类信息

调研类信息对领导的决策影响较大，也更有参考价值，因而，领导决策时非常需要此类信息。

政务秘书要利用了解政府工作重点、掌握信息多的优势，经常有计划地深入社会各界，运用科学的社会研究方法，对社会上需要解决的"热点"和"难点"问题进行专题调查研究，进而提出意见或建议，发挥参谋助手作用。

调研类信息选题要紧扣领导关心的重点、紧扣经济社会发展的难点、紧扣社会公众关注的焦点，收集的材料要全，原因剖析要深，提出的对策建议要有针对性。调研类信息一般控制在 1 200 字左右。

目前，我国各省、市、自治区的统计部门基本建立了社情民意调查中心，主要运用计算机辅助电话访问（CATI）的方式开展社情民意调查。随着这一方式的逐渐普及，对于政务信息工作部门来说，获取调研类信息也就增加了一个重要渠道。

（二）政务信息文稿的编写方法

根据政务信息文稿是由信息工作人员自己采集后直接编写而成，还是在其他渠道提供的稿件（如基层信息点报送的稿件、已有的调查报告或工作报告等）基础上改编而成，政务信息文稿可以分为两种类型，即采写型和改编型。无论是哪种类型，在结构及语言上的要求都是一致的。

1. 政务信息文稿的结构与语言

（1）结构严密，层次简化。

有研究者指出，篇幅短小精悍、内容高度浓缩是政务信息文稿的重要特点，也是其结构形式的基本要求。安排政务信息文稿的结构、层次，要精练简短，谋篇布局要注意层次、段落、过渡、头尾的从简，能省略的句、段都要删去，选用材料要精确恰当。政务信息文稿的结构比较灵活、自由，不拘一格，有时甚至可以不加导语和结语。[①]

（2）政务信息文稿的语言

政务信息文稿的语言，必须是简洁明快的，忌讳拖泥带水；虽讲文采，但忌讳华丽词藻；开头要单刀直入，不要铺陈渲染，结束时则要干净利落，言尽意止，不要画蛇添足。篇幅应尽量短小。[②]一般地讲，政务信息文稿的语言，除了应符合政府机关公文的"准确、简洁、鲜明、生动"等基本特征和要求外，还应根据自身的特点，体现"准确、精练、明快、平实"的特征。[③]

试举一例：

济南市加快"公交都市"建设

近日该市提出，力争经过五年努力，打造国内一流的公交都市示范城市，到 2017 年，城市公交出行占机动化出行总量的 60% 以上，城市常住人口万人公交车辆保有量达到 18 标台以上；城市

① 张益山：《政务信息文稿及其编写要领》，《秘书之友》，1991 年第 11 期。
② 安忻：《政务信息加工的原理与方法》，中国人民大学出版社 2008 年版，第 187 页。
③ 陈西川：《政务信息理论与实务》，河南人民出版社 2006 年版，第 78 页。

建成区公交站点 500 米覆盖率达到 95％ 以上,实现主城区 500 米范围内上车、5 分钟换乘。每年安排 1 亿元专项资金,用于城市公共交通场站建设;市财政每年给予不少于 1.5 亿元公共交通价格补贴。[①]

总的来说,政务信息文稿无论是结构还是语言,"简"、"准"都是共同的要求。

2. 采写型政务信息文稿

一般来说,政务信息工作人员要养成关注社会敏感问题和热点问题的职业习惯,树立"随时随处皆信息"的职业意识,主动采集政务信息,为上级政府和领导决策提供有价值的建议。

1997 年 6 月 24 日晚上,在香港回归前夕,济南市槐荫区委办公室秘书徐可顺在收看《焦点访谈》节目时,发现主持人向观众介绍香港的百年沧桑,指向地图上的香港时,在"香港"字样的右下方还有带括号的"英占"标注。出于从事信息工作的职业敏感,他立即意识到"英占"这个标注在此时出现的"不合时宜"。第二天,他先后询问了济南市新华书店、山东省地图出版社,问他们是否有新版《中华人民共和国地图》销售,或者是否接到过出版新版《中华人民共和国地图》的指示,答复出人意料——没有。于是,徐可顺撰写了《尽快出版新的中华人民共和国地图的建议》,主要说明了两层意思:一是香港回归在即,新华书店没有新版的《中华人民共和国地图》销售,这和全国的欢庆气氛不相协调;二是香港即将回到祖国的怀抱,如果仍沿用带有"香港(英占)"这一标注的旧式《中华人民共和国地图》,会造成不良影响。这一信息于当日下午被报送到中央办公厅。

一个多月后,济南市委办公厅接到上级部门的《业务通讯》,说此信息被中央办公厅采用,并且是单条采用。这意味着该信息是在全国党委信息系统中最先被发现并报送的,是信息系统最高层次的建议类信息。中央办公厅已批转国家相关部门研究新版《中华人民共和国地图》出版事宜。8 月中旬,具有纪念意义的新版《中华人民共和国地图》在全国各地新华书店发售。[②] 这一信息的发掘、被采用以及新版《中华人民共和国地图》的出版,从一个侧面说明了在采写政务信息时,政务信息工作人员保持对政务信息的高度敏感,以及精准选题的价值与意义。

3. 改编型政务信息文稿

针对基层信息工作机构或有关部门、人员报送的稿件,有时必须进行改编后才能转报上级或刊登在信息刊物上。因此,如何改编有关稿件以及改编过程中应该注意哪些问题,也是政务秘书应该掌握的内容。

(1) 压缩

压缩即删繁就简,通过分清主次、去掉与主题联系不紧密的或啰嗦重复的文字,精选事例、摘

[①] 山东省人民政府办公厅:《济南市加快"公交都市"建设》,《山东政务信息》,2013 年第 69 期。

[②] 徐可顺:《重要信息在香港回归前夕报出》,《秘书工作》,2007 年第 5 期。

取精华等方法,达到保留原文中最有信息价值的部分而舍弃其他的目的。

如有的原稿中有游离于主题之外的内容,那么就要将这部分内容去掉;有的稿件整体内容一般,但其中某个部分可能信息价值较大,就可以摘取精华。如某市劳动局在某年的工作总结有一万多字,总体内容一般,信息价值也不大,但其中有一个段落提到了该市存在着三处可能导致压力容器爆炸事故的重大隐患,这一信息值得引起领导的重视。于是信息人员摘取了这个200多字的段落,使其单独成为一条信息,报送给了上级领导部门。①

(2)整合

整合即将若干篇稿件的内容综合归纳成为一篇稿件。一般有如下三种情况之一的稿件,就可以加以整合。

一是反映同一主题而涉及的地区、方面不同的多篇稿件可以整合。二是内容上正反对照的稿件可以整合成一篇。三是对一件持续性发展的事情,因时间或篇幅的限制,不能逐一地连续报道以反映其发展过程中的每个阶段,则可以用整合的方式来反映。

如2013年11月22日,青岛发生了中石化东黄输油管道泄漏爆炸特别重大事故,事故共造成62人遇难,136人受伤,直接经济损失7.5亿元。事故发生后的第五天,山东省人民政府办公厅编发的《山东政务信息》(2013年第131期)中的一则政务信息,就是典型的有针对性的整合式政务信息。

济南等市紧急部署进一步做好油气输送管道安全管理工作

济南市对涉及油气管道设施的维修抢修施工,认真审核施工队伍资质和方案,全程严密控制施工现场和施工环节,严禁违规违章操作。加大巡线密度,对重点地段、人口密集地段实行全天候巡逻、无缝隙管理。枣庄市暂停所有油气输送管道及其附属设施工程施工作业,全面排查安全问题和隐患。要求输油气管道企业进一步完善应急预案,抓紧组织应急救援演练。烟台市根据管线地下布设情况,建立油气输运管线信息系统,为所有油气运输管线构建"电子地图",为管线周边地下空间统一规划、合理开发和科学管理提供依据。东营市实行管道网格化巡查机制,建立群专结合、企地结合、人防技防物防结合的管道巡查防控体系,确保巡线人员GPS配备率、管道日巡查率均达到100%,实现监管全覆盖。泰安市对辖区内7条油气输送管线进行重点隐患排查,明确牵头与配合部门责任,对排查出的隐患列出清单,限期消除。日照市开展拉网式检查,对检查出的问题"零容忍",挂牌督办,做到整改措施、责任、资金、预案"四到位"。组织专家对油气及危化品输送管道进行全面诊断,对待建管道进

---

① 安忻:《政务信息加工的原理与方法》,中国人民大学出版社2008年版,第184页。

一步提升安全门槛,搞好科学规划。滨州市即日起到12月底开展全市油气输送管道安全生产大检查,确保各类管线安全运行。同时完善责任追究制度,对发生较大以上事故的县区或非法建设项目突出地区,严格实行"一票否决"的同时,暂缓受理当地相关行政许可申请。莱芜市组织企业对油气输送管道及燃气热力管道全面普查登记,排查存在的安全隐患,并迅速制定整改方案,落实整改责任,做到不打折扣、不留死角、不走过场。①

（3）分篇

当一篇稿件中包含有两个或两个以上的主题,或有两件事情,都有较大的信息价值而又没有紧密的内在联系的话,就应该分篇重写。②

第四节　电子政务环境下的政务信息公开工作

2013年10月,国务院办公厅下发《关于进一步加强政府信息公开回应社会关切提升政府公信力的意见》(国办发〔2013〕100号),明确提出,要"充分发挥政府网站在信息公开中的平台作用";"着力建设基于新媒体的政务信息发布和与公众互动交流新渠道"。本节计划结合南京市政府网站的"政务公开"专栏(http://www.nanjing.gov.cn/njszf/)的主要项目和《南京市2012年政府信息公开工作年度报告》③(以下简称《南京市2012年度报告》),以之为例,对我国当前电子政务环境下的政务信息公开工作进行描述和反映。

一、政务信息公开制度

南京市政府网站的"政务公开"专栏下,设有"政府信息公开制度"一栏,按照发布单位的级别分为:国家、江苏省、南京市三个层级,分别发布了9项"政府信息公开制度"。其中,国家层面公布的制度1项,即2008年5月1日起施行的《中华人民共和国政府信息公开条例》;江苏省政府发布的制度1项,即2006年9月1日起施行的《江苏省政府信息公开暂行办法》,南京市政府发布的制度则有7项,包括:

《南京市政府信息公开规定》

---

① 山东省人民政府办公厅:《济南等市紧急部署进一步做好油气输送管道安全管理工作》,《山东政务信息》,2013年第131期。
② 安炘:《政务信息加工的原理与方法》,中国人民大学出版社2008年版,第185页。
③ 南京市政府办公厅政务信息处:《南京市2012年政府信息公开工作年度报告》,2013年发布。下载网址:http://www.nanjing.gov.cn/upload/AA000/c017962ca31f4c5c8815773ad68ab53c/File/20120320nianbao.doc。

《南京市政府信息公开发布协调制度(试行)》

《南京市政府信息公开保密审查规定(试行)》

《南京市政府信息公开工作考核办法(试行)》

《南京市政府信息公开行政复议办法(试行)》

《南京市政府信息公开工作社会评议制度(试行)》

《南京市政府信息公开工作过错责任追究办法(试行)》

这说明,我国各级地方政府在开展政务信息工作过程中,所依据的政务信息公开制度,主要是《中华人民共和国政府信息公开条例》(以下简称《条例》),以及各级地方政府依据《条例》所制定的一系列相关制度。

二、政务信息公开工作机构

《条例》明确规定,各级人民政府及县级以上人民政府部门应当指定机构负责本行政机关政府信息公开的日常工作。《南京市政府信息公开规定》第一章第三条则规定:市政府办公厅是本市政府信息公开工作的主管部门,负责推进、指导、协调、监督全市的政府信息公开工作。各区县政府办公室负责推进、指导、协调、监督本辖区内的政府信息公开工作。本章前文则提及,2010年6月,南京市人民政府办公厅在网上公开了其内设机构及职能,其中明确规定:政务信息处承办市政府信息公开事务,指导、监督全市政府系统信息公开工作。

从《南京市2012年度报告》中也可以得知,报告是由南京市政府办公厅综合2012年度各区县人民政府和市政府各委、办、局的政府信息公开年度报告编制而成。报告还指出:一年来,全市政府信息公开工作机制进一步健全,明确了分管领导,设立了专门的工作机构和相对固定的专职人员。结合以上南京市政府的相关规定和通过市政府网站公开的信息,可以确知,目前负责南京市政府信息公开日常工作的专门机构主要是南京市政府办公厅,以及各区县人民政府、市级机关的办公室或有关专职人员。这大致也是目前我国市一级地方政府负责政务信息公开机构的基本情况。

三、政务信息公开的途径

《南京市2012年度报告》指出,2012年,南京市政府积极发挥了政府网站、公共查阅点、政府公报、新闻发布会等传统的政务信息公开途径的作用,同时还进一步探索了政务微博、有线数字电视、市政热线等公开的新途径。可以说,因为南京市的电子政务环境相对已比较成熟,相关基础设施建设也已经基本到位,所以南京市政府在推进政务信息公开工作的过程中,得以不断拓展政府信息公开的电子政务渠道。具体来看,南京市在2012年主要是依托了以下几个途径公开相关的政务信息[①]：

（一）政府网站。南京市通过"中国南京"网站的"市政府信息公开"、"市政府部门信息公开"、"区县政府信息公开"、"公用企事业单位信息公开"栏目发布主动公开的信息；通过"依申请公开"栏目，受理公众向各政府机关提出的政府信息公开申请。2012 年全年，通过全市政府信息公开专栏发布信息 70 701 条，年浏览量达 160 多万次。同时，通过网站公共服务、在线办事等栏目，向公众发布相关服务信息；通过网络问政、市长信箱等栏目征询公众意见。

（二）公共查阅点。南京市除市档案馆、金陵图书馆作为市政府信息集中查阅中心之外，还在市政务服务中心设立信息查阅点，供市民方便及时获取政府信息。市各重点部门也进驻市政务服务中心，采用大屏幕、触摸屏等形式开展政府信息查阅服务，并编印相关办事服务指南供市民免费领取。区县政府也普遍设立政府信息集中查阅点，为公众提供本地区政府机关主动公开的政府信息。同时，通过在房产交易市场、税务大厅、银行、邮局等公共场所放置信息公开相关材料，供大众取阅，扩大了信息公开的覆盖面。

（三）政府公报。2012 年，编辑出版市政府公报 13 期，共刊登各类文件 140 多件，80 余万字。公开法律法规、政府令、市政府文件、市府办文件、部门措施、市政府及市府办发文目录、统计资料等信息。（编者注：《南京市人民政府公报》可以在"中国南京"网站的"政务公开＞政府公报"栏目下查阅，也可以在"中国政府公开信息整合服务平台"[②]南京市分站的"南京市人民政府公报"栏目下查阅，还可以在"中国知网"下的中国政报公报期刊文献总库中检索、查阅。）

（四）新闻发布会。2012 年南京市共组织召开新闻发布会 496 场，市政府直接组织召开的新闻发布会达 45 场次，基本保持了"每周一发布"的高频率。（编者注：南京市政府举行的新闻发布会的发布实录，可以在"中国南京"网站的"政务公开＞新闻发布会"栏目下查询、浏览。）

（五）政务微博。南京市充分利用各种新媒体作为信息公开渠道，积极运用政务微博发布权威信息。2012 年，南京市新浪政务微博已扩展到 200 多个，腾讯微博扩展到近 70 个。南京市政务微博信息发布在及时性、服务性、实用性、互动性等方面较往年有极大增强，覆盖面也越来越广，政务微博"南京发布"粉丝数量已超过 240 万，2012 年荣获全国"微博影响力政府机构奖"。

（六）手机网站。随着手机媒体的兴起，南京市于 2011 年建设了"移动南京·政府微门户"手机网站，通过手机媒体为公众提供信息公开服务。2012 年，南京市对"移动南京·政府微门户"进

---

① 南京市政府办公厅政务信息处：《南京市 2012 年政府信息公开工作年度报告》。
② 中国政府公开信息整合服务平台：根据《中华人民共和国政府信息公开条例》赋予的职责，国家图书馆联合全国省、市、区、县各级公共图书馆共同建设了中国政府公开信息整合服务平台，为社会提供政府信息服务，通过全面采集并整合我国各级政府公开信息，构建一个方便、快捷的政府公开信息整合服务门户，使用户能够一站式地发现并获取政府公开信息资源及相关服务。网址：http://govinfo.nlc.gov.cn/。

行改版、升级,增加信息公开栏目与服务内容,进一步整合市级各部门资源,为公众提供医疗、教育、交通等服务。

(七)其他途径。2012年,南京市进一步依托有线电视"阳光政务"栏目,提供政府信息公开服务,每日更新相关信息,使公众通过有线电视即可获取政府信息。同时,进一步扩大市政热线12345的作用,针对公众提出的相关信息需求,由热线接线员转交相关部门进行办理,并通过热线及信息公开其他途径反馈给社会公众。

从以上《南京市2012年度报告》中的举例和叙述中可以看出,自2008年5月1日起《条例》施行以来,南京市的政务信息公开工作,依托于电子政务环境的不断发展和成熟,信息公开的手段和途径已经相当丰富和多元了。

四、政务信息公开的内容 ···

为了切实保障社会公众的知情权、参与权、监督权,《条例》从我国实际出发,从两个方面对政府信息公开的范围作了规定:第一,是明确了行政机关主动公开政府信息的范围。第二,是确立了依申请公开政府信息的制度。

在《南京市2012年度报告》中,分别从"主动公开政府信息情况"和"依申请公开政府信息情况"两个方面介绍了南京市政府信息公开的主要情况和内容。

(一)主动公开政府信息情况

2012年7月,南京市印发的《2012年政府信息公开重点工作安排》(宁政办发〔2012〕78号)提出,根据国务院、省政府相关要求,结合工作实际,南京市要积极落实、全力推进:财政预决算、保障性住房、食品安全、环境保护、招投标、生产安全事故、征地拆迁、价格和收费等八个重点领域信息公开工作。

据《南京市2012年度报告》,2012年,南京市不断加大政府信息主动公开力度,全年主动公开信息25.8万条,较上年增长119.4%,其中:区县政府10.8万条,市级机关15万条。政府信息公开专栏发布信息70 701条,其中:政策法规类信息4 360条;计划规划类信息841条;公示公告类信息1 096条;其他类信息64 404条。

从实际公布情况来看,南京市政府全年主动公开的政府信息包括以下几个方面的内容:

1. 市政府规章和规范性文件。

南京市政府主动及时公开了市政府规章和各级政府机关产生的规范性文件,以及与经济、社会管理和公共服务相关的其他文件。如《南京市城市绿化条例》、《南京市城市治理条例》、《南京市电梯安全条例》、《南京市水环境保护条例》等15部地方性法规,以及《南京市地下管线管理办法》、《南京市停车场建设和管理办法》、《南京市扬尘污染防治管理办法》、《南京市建筑市场管理若干规定》等 11 部政府规章。全年公开市政府及市政府办公厅发布的政府公文 257 件,并对重点规章进行详细解读。

2. 国民经济和社会发展规划、统计及相关政策。

南京市政府公开了《关于南京市 2011 年国民经济和社会发展计划执行情况与 2012 年国民经济和社会发展计划草案的报告》,制订并发布智慧城市、环境保护、科技发展、国有经济发展、工业和信息化、商务发展、节能规划、城乡建设、绿色城市、城市管理、妇女儿童发展、文化发展、消防事业、卫生事业等多个专项"十二五"规划。

向社会发布《南京市 2011 年国民经济和社会发展统计公报》。市统计部门针对公众关注度高的城乡居民收入、CPI 指数、住房价格、产业发展状况等热点问题,组织力量进行深入调查,并按月度、季度、年度定期发布信息,方便公众通过统计数据,更好地了解南京经济社会发展的相关情况,进一步完善和提升了统计信息公开的广度、深度和频率。

3. 行政许可(审批)相关信息。

南京市健全了重大行政决策咨询、论证、听证等制度。对涉及群众切身利益的重要改革方案、重大政策措施、重点工程项目,在决策前公开广泛征求群众意见。积极推进了审批制度、简政强区县、国资管理、财政体制、土地利用、城市管理等综合改革,印发了《关于进一步完善全市许可审批和公共服务事项信息公开工作实施方案》(宁政发〔2012〕111 号),通过补充完善行政许可、非许可审批和其他公共服务事项的网上信息公开内容,解决当前许可、审批、服务事项办理中公开信息不够完整、申报材料过于繁杂、受理条件标准缺失、资料来源途径缺少以及办理进程效率不高等问题。

全市行政许可、非许可审批和公务服务事项全部进入南京市政务服务中心统一受理。政务服务中心设立"云终端"和触摸式查询机,提供办事指南、窗口信息等智能引导服务,市民通过南京"市民卡"刷卡申请事项办理,申办事项进入办理程序后,电脑自动记录办理时间,市民可随时查询办理状态以及各类相关政府信息。

4. 重点领域信息公开。

南京市进一步深化公共财政、教育、医疗等领域的信息公开内容,加大包括住房保障、城市管理等社会关注度高的信息公开力度。在征地拆迁和保障房建设方面,根据市政府关于征地拆迁、房屋征收的相关政策规定,进行针对性解读。同时,职能部门还定期发布保障性安居工程建设基本信息、保障性住房分配信息、分配对象信息、分配房源信息、分配政策信息、住房保障办事指南、住房保障政策法规等。

据该报告,南京市食品安全、环境保护、招投标、生产安全事故、价格和收费等方面的信息公开工作都已全面实施,各部门都在政府网站上建立起重点领域信息公开专栏,对重点领域的信息集中展示,方便公众查阅。对涉及食品安全、环境保护、生产安全事故等涉及面广、社会关注度高的信息,积极开展公开后的社会反映预判,做好应对预案。

此外,南京市对全市 2012 年度经济和社会建设工作目标任务分解方案涉及的综合指标、重点任务、重点项目,以及与民生密切相关的教育、就业、医疗、社保等为民办实事工作的动态信息和完成情况,主动进行了及时公开。

(二) 依申请公开政府信息情况

据该报告,2012 年,南京市共收到政府信息公开申请 1 235 条,较上年略有增长。其中市级机关收到 563 件,区县政府及工作部门收到 672 件。从申请渠道看,信函及传真、网上提交和电子邮件、当面申请是主要申请形式,申请量分别为:442 件、415 件、282 件,所占比重分别为 35.8%、33.6%、22.8%。

报告指出,从申请内容来看,2012 年,南京市依申请主要集中在与公众关系密切的征地拆迁、社会保障、重大工程项目等方面,同时,涉及环保、教育、住房等领域社会热点事件的申请明显增多。

从《南京市 2012 年度报告》可以看出,南京市政府 2012 年度主动公开的信息内容还是比较全面的,公开范围不断扩大,公开内容不断深入,信息量也比较大;而从依申请公开政府信息情况来看,申请人向政府申请公开信息的形式比较多元,申请事项与申请人的切身利益密切相关,涉及的社会热点也有明显增多。应该说,2012 年度南京市政府信息公开工作还是有效满足了社会公众的信息需求的,而在这一工作推进的过程中,如果没有政府网站、政府信息公开平台、政务服务中心“智慧政务”基础信息平台等政府信息资源的有效联动与支持,一个城市如此庞大的政务信息量的发布、公开,以及与社会公众有效、深入的互动,是很难实现的。

五、政务信息公开的推进与保障措施···

依据《南京市 2012 年度报告》,以及相关的新闻报道,可以了解到南京市 2012 年在推进政务信息公开的过程中所采取的保障措施。

(一) 内容保障

2011 年,江苏省政府办公厅下发了《关于进一步做好政府部门和公共事业单位信息公开目录编制工作的通知》(苏政办发〔2011〕180 号),根据该文件及省政府信息公开工作会议的有关精神,南京市积极做好省政府信息公开管理发布平台的内容保障及市级平台的建设工作。2012 年 4 月份,南京市对“南京市政府互联网工作平台”和“南京市政府信息公开目录”进行了调整,新增“主题”、“体裁”两个目录分类,便于公众查询。同时,以做好省平台的内容保障工作为契机,积极开展政府网站信息公开栏目的建设,制定了公开目录内容保障方案,明确了各市级机关和区县政府的内容保障的责任,落实了各项工作要求,并针对政府信息内容保障工作,组织开展操作培训,通过培训,提高各单位对政府信息公开平台的内容保障能力。

(二)制度保障

为进一步提升信息公开水平,南京市政府办公厅切实承担政府信息公开业务指导和工作协调职责,加大督促检查力度,从制度上保障、推进政务信息公开工作。2012 年,南京市政府办公厅按季以简报的形式对各区县政府和市级机关政府信息公开平台内容保障情况、依申请公开办理情况、先进单位工作经验等进行汇总通报,并报送市委、市政府领导,印发各区县政府和市级机关。

12 月份,南京市政府办公厅印发《关于开展 2012 年度政府信息公开工作考核的通知》(宁政办发[2012]177 号),由市政府办公厅牵头,会同市监察局、保密局、法制办、档案局等单位组成政府信息公开工作考核小组,重点从政府信息公开工作机构建设、制度建设及执行、主动公开、依申请公开、年报发布、载体建设和工作监督等方面对各区县政府、市级机关进行了考核,考核结果同时通报市行政效能领导小组办公室和依法治市领导小组办公室,作为南京市率先基本实现现代化绩效考核和法治建设绩效评估的重要测评依据。

(三)技术保障

2011 年 10 月 31 日,南京市政务服务中心暨公共资源交易中心正式启用,引入“智慧政务”模式。据 2012 年 12 月中国江苏网的报道《本网记者探访南京政务服务中心:“智慧政务”让权力在阳光下运行》[①],在该中心的政务服务区域设有企业注册、投资建设、经济政法和社会服务四个大厅,共开设了 155 个办事窗口,可以集中办理 41 个市级机关部门和单位的 316 项许可、审批和服务事项。在政务服务中心的北部则是公共资源交易区域,设有 10 个询标审查室、9 个开标室、28 个评标室和 1 个可以容纳 220 人的多功能大厅,并专设了评委抽取、开评标监控、档案等功能,建设、交通、水利、铁路工程、政府采购等 9 类公共资源交易活动都可以在这里举行。特别是,信息资源“智慧化”在各项服务中得到了充分应用。在南京市政务服务中心 2.8 万平方米的大厦中,布置了 400 公里网线、5 542 个信息点、700 台云终端计算机,并引入“云计算”技术,编织了一张巨大的“智慧政务网”,将 41 个部门的各业务系统的事项受理、办理、反馈“融为一体”,实现了 316 项政务服务事项的“外网受理、内网办理、外网反馈、全程监察”,让企业办事人员轻松享受到高效便捷的“一站式”受理、“一网式”服务,实现了政府各部门之间各类信息的资源共享,消除了“信息孤岛”,有效地避免了企业办事人员反复递交材料的现象。该报道指出,“智慧政务网”的全程留痕、可溯

---

① 戚卓生:《本网记者探访南京政务服务中心:“智慧政务”让权力在阳光下运行》,2012 - 12 - 04　18:29:43,http://news.jschina. com. cn/system/2012/12/04/015435123. shtml。

可查,可以让效能监察更加实时化、精准化。

南京市政务服务中心暨公共资源交易中心引入的"智慧政务"模式,不仅为进一步深化行政体制改革、推进服务型政府建设提供了好样本,还用信息化手段规范了政府行为,同时为政府服务提供了科学的绩效评价机制。更重要的是,由于智慧化技术手段的充分保障与应用,让权力在阳光下呈现在民众面前,这标志着南京市政府职能转变和服务型政府建设取得了新的突破。应该说,2012年南京市政府信息公开工作所取得的成绩,可以视为是我国政府信息公开工作在目前电子政务环境和条件下发展的一个缩影或标本,具有相当的代表性,对于我国其他城市来说,也是有借鉴意义与参考价值的。

思考题

1. 政务秘书应该具备怎样的信息素养?

2. 简述我国政务信息概念的发展。

3. 政务信息的来源有哪些? 特征如何?

4. 谈谈你对政务信息工作含义和内容的认识。

5. 收集一则政务信息文稿,分析其类型、结构和语言风格。

6. 你认为微信在政务信息公开工作中能发挥怎样的作用?

案例分析

香港大学病毒学专家管轶博士是世界卫生组织最信任的禽流感专家之一,过去数年中,他的团队已从收集到的十多万份样本中排出了250多个H5N1型禽流感病毒的基因序列。不过,对中国大陆已经出现的20例(加上卫生部不久前刚追溯确认的2003年的1例,是21例)人患禽流感病例,他却"不熟悉"。"我没有条件接触到详细的情况。"他说。

管轶认为,国内人患禽流感病例的发展轨迹中有值得警惕的变化——国内最早出现的一些人患禽流感患者都来自有禽类发病的农村,病人常常有家禽接触史,不过在最近的一些病例中,上海、广州、深圳等中心城市开始有病人出现。

北京大学基础医学院院长顾江也做过大量禽流感研究,因解剖过较多的人患禽流感患者尸体而掌握了重要的相关信息。他的看法与管轶不同:"虽然患者的分布从农村到了城市,但还不能说其中就体现了发病的趋势和规律。一些患者说自己没有接触禽类,很可能只是他自己不知道而已,如染病野鸟飞过城市时患者接触到了它的粪便,或者禽鸟污染过的水源。"

就国内的人患禽流感病例来说,管轶和顾江共同的遗憾是死亡率太高。最近一年来的 20 位病人中死亡了 13 例,死亡率 65%,高于国际平均水平的 50%。他们均认为,"救治较晚"是最直接的原因。

"病人出现了严重的肺炎,才怀疑是禽流感,这样容易造成普遍性的漏诊。不过很多时候我们不能责怪医生,因为要有检验是否禽流感的意识,首先他要清楚本地是不是面临禽流感传播的危险。为什么我们总是说防治人禽流感,需要农业部门和卫生部门的合作? 信息的交流最重要,农业部门及时预警,才能提高医生的警觉意识。"管轶说。

管轶认为,"信息"比"药物"更重要。"对待禽流感最好的武器是很常规的,"他说,"信息透明,科学对待。"①

【问题讨论】 你是否同意管轶博士"信息比药物更重要"的说法? 你觉得,在防治人患禽流感的过程中,最关键的信息是什么? 首先应该是由农业部门还是卫生部门发布?

知识链接

关于我国政府网站信息内容及编发规范的讨论②

随着政府信息公开工作的进展,政务公开力度不断加大,我国政府网站建设也由初期的"有没有"、"有多少"向内质提升发展,政府网站"信息公开、网上办事、公众互动"等三大基本功能逐步完善,各级政府网站在建设透明型政府、服务型政府和民主型政府层面,起到的作用越来越重要,受到公众的关注度也越来越高。从某种程度上,可以说,中国政府网站发展进入了黄金期。

但目前,仍有很多政府网站,特别是基层政府网站,发布的信息主体不明确,内容不规范,受众难以区分政府网站与新闻网站信息内容的差异。这种同质化的内容,大量浪费网络资源,严重影响政府信息的权威性。

◎目前我国政府网站信息内容存在的误区

(一)发布主体不明确。政府网站信息发布主体是本级政府或其组成部门,但由于我国政府网站发展历史不长,网站承办机构不一,有的是本级政府,有的依托媒体,还有的是其他社会组织,对政府职能认识参差不齐,造成某些政府网站发布主体错位。

表现一:政府网站信息发布主体变成媒体,常见信息来源某某报社、某某杂志社。有的虽然是政府部门或政府网站编辑部提供的信息,作者署名"记者某某"。

---

① 编选自:李海鹏:《防治禽流感:"信息"比"药物"更重要》,《南方周末》,2006 年 8 月 31 日,A2 版。
② 摘选自:程评:《政府网站信息特质及编发规范》,《新闻前哨》,2013 年第 5 期。作者系湖北省人民政府门户网站工作人员。

表现二：政府网站发布的信息中，带有"据介绍"、"据了解"等，明显有主题偏移痕迹，表明信息来源是根据信息主体介绍而来，或者是根据作者间接获知。实际上，政务信息发布主体就是政府及其组成部门，无需转述。

表现三：本级政府部门发布上级部门的信息。

（二）信息范畴不明确。政府信息公开主要是公开政府及其相关部门在履行职责过程中掌握的公共信息，《中华人民共和国政府信息公开条例》有明确规定。但有些政府网站却将不符合规定范围的内容与信息公开混为一谈，误导用户，有损政府网站权威性，且浪费公共资源。

表现一：发布属于机关内部管理的非公共信息，如内部管理考核制度，内部总结及其他非公共信息；极小范围内无普遍意义的信息，这类信息可能与政务活动有关，但涉及范围和内容不广。

表现二：发布与政务无关的社会新闻、娱乐新闻。

（三）信息类别不明确。政府网站发布的信息包括文件类、史料数据类、服务类、消息类和附件类。但目前有的政府网站只发布动态（新闻）类信息，有的网站规定发布动态类、文件类和史料类信息，大多忽略了服务类信息。

表现一：只转发来自新闻媒体的新闻信息，不公开文件类信息，或文件类信息公布不完整，文件编号有空漏缺，或文件内容不完整，缺少图表等附件。

表现二：史料类信息中，只发布基本人口、土地、组织架构等信息，缺乏深入细致、即时变化的史料数据。如当地人口、行政区划、资源等数据很粗略，且几年、十几年无变化。

表现三：重政务活动信息，轻政府服务类信息。如政府部门组织招聘服务活动，信息内容重点介绍活动主办方、参与领导及领导讲话，缺乏招聘双方数据信息，实用性弱化。

（四）服务对象不明确。国务院关于加强政府网站建设和管理工作的意见提出，政府网站是提供在线服务的第一平台，应以服务好企业和社会公众为核心，提供"一站式、一体化"、"人性化、个性化、专业化"的服务。但有些政府网站还处在信息发布以自我为中心、为领导服务的阶段。

表现一：信息内容重在强调领导露面，一篇几百字的信息多则出现近10位领导名字，缺少社会公众和企业关心的内容。

表现二：信息内容重在对政府部门或部门内部某人的自我表扬，如政府部门或领导如何重视、如何辛苦勤劳，缺少对社会公众和企业的指导性和实用性。

◎政府网站信息特质及编发规范

鉴于国家对政府网站信息公开内容的界定，针对目前政府网站信息发布的一些误区，笔者认为，政务信息应具备以下特质：

（一）政务信息的特质

1. 政务性——由政府部门发布的，与政务活动相关的信息。

2. 服务性——涉及政府主管、主导或调控的社会公共服务类信息,如关系国计民生的方针、政策;经济发展、市场规范;水电、交通等公共服务。政务信息的服务体现在以服务对象为中心,提供公众需要的服务。

3. 规范性——包括公开强制规范,即条例规定公开的内容,必须公开,公民和法人有权依申请公开;程序规范,即政务信息、发布要有统一出口,有严格的行政审核流程,不像新闻信息,同一内容可以由不同媒体作不同解读。

4. 权威性——发布主体是政府机关和部门,不得用模棱两可的信息;文字数据、内涵表述,甚至标点符号,都必须准确,确保政府信息的权威性。如人事任免信息等,必须完成相应的任免程序、任免文件签署后,才能发布。政府信息的权威性通常比及时性更重要,故政府信息公开在强调时效性时一般不要求跟媒体抢新闻。

5. 源头性——政府网站是媒体的信息源,而不应本末倒置。国家规定,政府网站是政府信息公开的第一平台,目前一些网站仅转发媒体信息是一种本末倒置的权宜之计,政府部门必须制定信息公开工作规范,从每一份文件的形成开始,处处明确是否公开,依据"公开是原则,不公开是例外"的原则,及时提供给政府网站,将信息公开工作贯穿到政府工作的每一个环节。

(二)政务信息种类

按内容分为七类:《中华人民共和国政府信息公开条例》规定,政府部门信息公开内容可分为:行政决策公开,包括政策法规、重点工程项目等;行政权力公开,包括行政职权目录、行政权力运行等;基层政务公开,包括部门单位信息、公共企事业单位信息等;年度重点公开,包括财政预决算、保障性住房、食品安全、招投标、安全生产及安全事故、征地和国有土地房屋征收、价格和收费、环境保护等;内部事务公开,包括人事信息、政府采购等;基本政府信息,包括政府部门、行政区域概况、规划计划、统计信息、应急管理等;依申请公开及答复情况、公开保障,包括公开指南、目录、年度报告、举报投诉等。

按体裁分为两类:文件类信息,动态类信息。其中文件类指有特定的格式的完整性文件。动态类包括史料数据类,如行政权利、行政区域、经济数据等,有特定的发布时间;服务类,如各类服务指南、办事向导等,有特定的服务机构;消息类,如政务会议、活动等,以信息公开为主,不以宣传为主;附件类,包括图表、视频(访谈)、图片及其他等。

按主题分为四类:一是本级主要领导活动;二是本级全局性政务信息;三是涉及大局的经济和社会发展法规文件、政策等信息;四是公众服务性信息。

按来源分为四类:本级政府机关提供;本级政府部门提供;下级政府部门提供;其他权威采编、转发。

因此,政府网站一般不发布非政府相关部门提供的信息,不采用非政务或非公共服务类信

息。所以,应特别注意排除以下内容:

1. 一般通讯员、自然人提供的信息,因缺乏权威性,不能代表政府发布。

2. 一切与政务或公共服务无关的信息,不是政府网站发布内容。如社会新闻或政府嘉奖令之外的宣传表扬稿等。

3. 政府部门发布的,但不涉及信息公开范围或公共服务类信息。如一般性内部事务,内部文体活动、培训学习、总结会等。

4. 下级不得越权发布上级政府或政府部门的信息。

总体而言,政府网站可发布的信息只有两部分,一是本级或下级政府部门提供的文件类、动态类政务信息,二是公共企事业单位提供的社会服务类信息。

第九章　企业秘书信息处理

　　每一年每一届,每一位大学毕业生都渴望找到一份好工作。好工作有两条标准:一是它能看上你,一是你能留住它,也就是聘得上,干得久。当前,企业秘书已成为大学文科毕业生择业时的一大选择。而信息工作贯穿于企业的各个层面,如同企业这一舞台的嗓子,从头场唱到尾声。与机关事业单位相比,企业信息工作有何特点? 企业秘书信息处理有何技巧? 文科毕业生担任企业秘书后,如何将信息工作练成"金嗓子",唱出"企业好声音"? 本章将重点探讨这些问题。

案例导入

　　陈雨欣在大学读的是行政管理专业,父母要求她报考公务员或事业单位。作为乖乖女,陈雨欣也就静等毕业后参加公务员与事业单位的招考。宿舍的女生去人才市场应聘,陈雨欣跟着看热闹,连简历都没有准备。但到了现场,她发现招聘行政管理专业的企业不少,从民企到国企到合资企业都有。进一步了解,陈雨欣得知如今越来越多的文科大学生转向企业,在企业担任秘书工作。因为企业更有活力,企业秘书更具挑战力。她和父母沟通,告诉父母公务员与事业单位虽是文科大学生最青睐的选择,最热衷的岗位,但僧多粥少干饭更少,能考上公务员、进入事业单位的大学生有限。人不能在一棵树上吊死,车不能在一条路上堵死,与其花费过多的时间精力拼抢公务员或事业单位职位,不如早日到企业锻炼自己,提升能力。最后陈雨欣说服了父母,应聘到一家外贸公司做总经理秘书。

　　一上班,办公室主任给陈雨欣列出岗位职责,包括办文办会办事,内容具体。唯有最后一条"根据领导需求,做好相关的信息工作",陈雨欣不得要领,无处着眼,无从下手。她请教在机关从事信息工作的伯父,伯父说他在机关是将每天报纸刊物网络上的信息收集整理,隔天制作一期信息简报,上报领导。陈雨欣于是也编写了信息简报,但总经理只看了一眼。而总经理办公室的杂务琐事很多,陈雨欣认为信息是一项软任务,领导未必需要,于是就搁置在一边。

　　上个双休日,总经理出差去 A 城见一家大客户。星期一刚上班,总经理就批评陈雨欣信息工作没做好,没有及时得知对方公司高层人事变动的信息,更没有详细收集新任职的高层的个人信息。弄得总经理见到新高层,不晓得说什么好,只能热情地打哈哈,颇为被动。总经理表扬对方总经理秘书的信息工作积极到位,举例说双方会谈时,秘书得知原料主产国决定提高关税,很可能引发涨价,立刻将此重要信息汇报,他们随即决定抓紧时间进口一批原材料。之后秘书又提供了同类原料的其他生产国与生产商的情况,供领导决策是否另外开辟进口渠道。由于秘书信息的及时助推,这次会谈很有成效。

总经理说对方公司下个星期要来回访,如满意将与本企业签订一份大合同。总经理特意叮嘱陈雨欣:这次商务接待和谈判很重要! 信息的准备一定要做好做全做周密。陈雨欣这才意识到最考验企业秘书"软功夫"与"真本事"的,不是程序固定的办文办会,而是形式多样、内容丰富、弹性十足、后劲冲天的办信息。企业信息工作比机关更灵活更实用,遍布商务接待、商务谈判、商务决策的各个环节。但总经理并没有具体交代在下一步的接待、谈判乃至决策中,秘书要做哪些信息工作,到底怎么做? 陈雨欣犯了难。

请问:如果你是陈雨欣,你打算怎么收集即将开始的商务谈判中的信息?

第一节 企业、企业秘书和企业秘书部门

当今社会,经济是命脉,而大大小小的企业,则是经济命脉中奔流的血液。企业的经营状况,直接关系到经济这一命脉的健康与活力、效能与发展力。

一、企业概述

所谓企业就是开展经济活动的单位,它必须具备三个要素,一是有法律认可的民事主体资格,承担法律规定的权利和义务;二是为满足社会的生产、流通、服务的需求,进行经营;三是进行独立的经济核算,并以获得经济收益为目的。

我国现有企业,按照不同的标准可分为多种类型。以经营规模划分,有大型企业、中型企业、小型企业、微型企业;以资产的构成方式划分,有个人业主制企业、合伙制企业、公司制企业;以股权形式划分,有独资企业、股份合作制企业、有限责任公司、股份有限公司。

法律是最锃亮的利器,用法律这把利器来划分,是最权威的分类。依据我国《公司法》、《合资企业法》、《中外合作经营企业法》、《中外合资企业法》、《外资企业法》、《个人独资企业法》等相关法律法规,我国现有企业的法律分类一共有八种:

(一)国有企业。即全民所有制企业,特点是国家提供资金,国家拥有企业的全部财产。目前我国的国有企业又可分为两类,一类是中央和地方各级国家机关、事业单位和社会团体兴办的企业,投资来自国有资产;一类是国家不再核拨经费或核发部分经费、实行企业化经营的事业单位和社会团体兴办的企业,投资同样来自国有资产。

（二）集体所有制企业。特点是企业由一定范围内的群众共同出资举办。集体所有制企业分为两类，一类举办方是城乡劳动者，投资来自集体资本；一类举办方是部分个人，投资来自集资，但举办方自愿放弃所有权、经工商行政管理机关认定企业是集体所有制。

（三）私营企业。特点是企业由公民个人出资兴办，企业的资产属于私人所有，经营由个人支配。我国法律规定私营企业以雇佣劳动为生产经营方式，雇工数额应在 8 人以上。

（四）股份制企业。特点是企业有两个或两个以上的出资者，按出资比例确定股份形式，以此构成企业。我国的股份制企业有两类，一类是股份有限公司，一类是有限责任公司（包括国有独资公司）。

（五）联营企业。特点是企业与企业或企业与事业单位联合经营，组成新的经济实体。我国的联营企业分为两类，一类具备法人条件，独立承担民事责任；一类不具备法人条件，由联营各方按照出资比例或协议约定，以各自的财产承担民事责任和连带责任。

（六）外商投资企业。特点是经中国有关机关批准、在中国境内成立、由中外合作经营。目前我国的外商投资企业分为三类，第一类是中外合作者共同投资、共同经营、共享利润、共担风险而设立的企业；第二类是外国企业或其他经济组织秉承平等互利的原则，用协议的形式约定合作双方的权利和义务而成立的企业；第三类是全部由外国企业、其他经济组织或个人出资，独立经营、自负盈亏。无论哪一类，外商投资企业的设立与经营都要依照中国的法律。

（七）港、澳、台投资企业。特点是企业的投资方来自港、澳、台，投资形式分为合资、合作或独资，企业必须设立在大陆，执行中华人民共和国的涉外经济法律、法规。

（八）股份合作企业。特点是企业以资本联合和劳动联合相结合，将资本与劳动力有效地结合起来，作为企业成立和管理的基础。股份合作企业是新兴的企业组织形式，同时具有股份制企业与合作制企业二者的优点。

上述八种企业因为性质的不同，在岗位设置、人员配备、人才需求上也各不相同。但是任何企业，不论它的经营属性、经营规模与经营成就如何，都一定设有企业秘书岗位。

二、企业秘书概述……………………………………………………………………………………

唐代大诗人李白，写了著名的《长干行》："妾发初覆额，折花门前剧。郎骑竹马来，绕床弄青梅。同居长干里，两小无嫌猜……"为后世留下"青梅竹马"、"两小无猜"这两个成语。

《长干行》描述的故事发生在金陵（现南京）的城南一带。在唐代，南京的城南地区是商人聚居的地方。商人家庭的礼教藩篱没有那么严格，小儿小女才会一起长大，诞生出"青梅竹马"、"两小无猜"的佳话。而在官宦人家或书香门第，礼教森严，男女授受不亲，这样的故事是很难发生的。唐代的商人家庭必须居住在指定的区域，不是有钱就可以到处建房买房的，从中可以看出商业和商人的社会地位低下。不仅是唐代,中国历朝历代的封建政府长期执行"重农抑商"的政策,通过征收重税、颁布对商人的建房、车驾、穿着的歧视性规定,限制商业发展。"士农工商"的排序中,商人也是排在最后一位的。

仍然说李白,李白的父亲是一位很成功的富商,给少年的李白提供了优渥的经济条件。但李白并没有子承父业,而是选择了当时读书人必走的仕途之路。他曾在唐玄宗身边担任待诏翰林,相当于政府机关的文字秘书。虽然任职不久就受到排挤,被迫离职,但李白终身都以此为荣,多次在诗歌中夸耀,可见当时即使经商成功的商人,社会地位也远远比不上政府官员。商人的秘书和政府机构的秘书,更是不能相提并论。

如今,经济发展带来社会分工的细密化,毕业生就业的多层次化,使得企业成为市场经济的主体,无处不在,有着相当的支配作用。企业从业人员在人数上大大超过政府机构和事业单位,成为市场经济下庞大的社会职业群体,去企业工作也成为大学毕业生选择职业的主流趋向。据统计,我国目前从事秘书工作的人员达数百万之多,其中企业秘书占到百分之七十以上。国有企业、民营企业、外资企业、合资企业等等,越来越多的文科毕业生,选择了企业秘书这一岗位。

企业秘书是指在企业中从事秘书工作,负责协助管理层或管理者个人,为其实行管理决策、实施管理活动、实现管理目标而提供办文办会办事办信息等系列服务的人员。

我国现有的企业秘书的级别,按照岗位层面、工作职责,可分为高中初三类。

第一类高级企业秘书,一般是上市公司的董事会秘书,通常简称"董秘",《公司法》对董事会秘书的岗位设置和工作职责有明文规定。其特点一是地位高,等同于企业高管;二是权限大,可以公司高管的身份参与决策,并承担相应的责任;三是任用条件高,对学历、工作经验都有明确的要求;四是薪酬待遇高,如2013年8月南京某知名医药企业招聘董事会秘书,要求本科学历、10年工作经验,开出的年薪为40—70万元。人们常用"近水楼台先得月"来比拟在领导身边工作的秘书,高级企业秘书本身就是在高处有光辉的"月"的一部分。

第二类中级企业秘书,在企业中负责收文发文、一般的档案管理、起草撰写文稿、进行市场调查研究、收集整理传递商业信息等工作。中级企业秘书不像董事会秘书能够参与企业决策,但与管理层有着十分密切的工作联系。所谓"近水楼台先得月",中级企业秘书就是能够辉映出月亮倒影的"水",有"先得月"的便利。

第三类初级企业秘书,从事日常行政事务,如客户接待、内外联络、文件录入、文书印制、办公环境整理、商务会议筹备等,侧重于一般的杂务。其工作内容是必不可少的,但处于决策层的边缘,不涉及决策的核心。所谓"近水楼台先得月",初级企业秘书只能说是建在岸边、能够近距离看天上月水中月的"楼台"。

三、企业秘书部门的设置……………………………………………………………………

打个比方说：米到哪只锅里，煮成的都是饭，不可能煮成面条或者蒸成馒头。但米在不同的锅里，有的煮成稀饭，有的煮成干饭，还有的煮成夹生饭。这取决于锅里添加的水，锅外添加的火。如果秘书部门是米，那么企业规模就是锅外的火，火也许旺也许弱。而领导意愿就是锅里的水，水也许多也许少。因此从理论上说秘书部门作为企业这一组织的中枢机构，承担着为决策者提供辅助参谋的职责，具有重要的地位，应该单独设立。但在现实中，企业秘书部门的设置，要根据企业规模这把火，也要根据领导意愿这瓢水。

与机关事业单位相比，企业作为经营实体，更注重经营成本与经济实效。同时，机关事业单位秘书部门的设置，有相关的法律予以明确规定，讲求的是"配套"。企业秘书部门的设置则灵活很多，取决于企业经济活动的实际需要，讲求的是"实惠"。具体地说企业秘书部门的设置与三个要素有关：一是与企业的体制属性有关，如国企秘书部门的设置大多仿效机关；二是与经营规模有关，大型企业秘书部门的配置也比较大，小型企业秘书部门则经济实用；三是与领导风格有关，不同的领导风格不同，授权也不同，比如事必躬亲的领导一般会设立人数较多、分工较细致的秘书部门。

目前我国企业在商务活动中设立的秘书机构，分为固定性和临时性两类。前者相对稳定，后者多为某些商务会议或商务活动，如恳谈会、商洽会、展销会、招商引资会而临时设置。一般由主办方抽调秘书或有秘书工作经验的人员组成临时的秘书部门，负责会议或活动的筹备、组织、进程以及会后的传达落实等工作。一旦会议或活动结束，秘书机构也随之撤销。

而固定性的秘书机构，则是企业长年设立，突出主要决策者，服务整个管理层，提供综合性辅助性的文秘工作的机构。这类秘书部门的办公地点、人员配备、工作职责也相对固定，但根据企业规模的不同，固定性的秘书机构也有不同的规模，具体有三种：

第一种是全面型的企业秘书部门，我们可以形象地称之为"一套班子"。一般见于上市公司、大型集团、大型企业，常挂牌"董事会秘书处"、"董事长办公室"、"集团办公室"。特点是秘书部门带有行政机关的些许特色，规模较大、人员配备完整、层次与分工细致，甚至拥有数间办公室，具体分为文书档案、公关接待、内务等科室，配备行政经理、助理、文书类秘书、事务类秘书等科室，配置多层次的秘书人员。

第二种是职能型的企业秘书部门，我们可以形象地称之为"一间屋子"。一般见于中大型企业与公司，常挂牌"总经理办公室"、"总经理秘书处"、"厂长办公室"。特点是与企业其他部门并立，由若干秘书联合办公，有明确的分工，但不独立设科，只有一间办公室。承担企业内部的日常行政工作，必要时与其他部门配合，共同完成某项工作。

第三种是简略型的秘书岗位，我们可以形象地称之为"一把椅子"。常见于一些小型公司企业,受经营规模的影响,考虑到人员成本的节约,不设置专门的秘书办公室,只设立一个秘书岗位,有的叫作"总经理秘书",有的就叫作"前台"。但秘书的工作范围不小,综合性较强,既要负责来电来访的接待,也要承担文书制作、文件处理。

秘书部门的大小,与秘书工作的多少并无直接的关系。麻雀虽小,五脏俱全。恐龙再大,也只有五脏。无论哪一种企业秘书,职责都包含辅助领导决策、进行市场调查、协调企业内部各部门的关系、接待客户等。

第二节　企业秘书的信息工作

秘书工作,如果我们把它比作一瓢水,那么这一瓢水在江河湖泊溪塘中,有着不同的特性。江中的水宽阔,河中的水汹涌,湖中的水沉静,溪中的水灵动,塘中的水富有乡土气息。所以,不同行业不同性质不同体制的单位,秘书工作也有着不同的特点,企业更是如此。

即使是相近规模的企业,由于管理模式、领导层授权的不同,由于经营理念、企业文化定位的不同,秘书工作的权限职责也会有很大的差异。有些企业,物业、食堂、车队、员工宿舍这些后勤管理也划归秘书部门;有些企业,工会也设立在秘书部门。因此,与机关事业单位相比,企业秘书部门的职责范围较为灵活,或者说更为繁杂。

一、企业秘书的常规工作

"如出一辙"这个成语,放在现实的路上,适合所有的车:它们都在行进中留下了车辙印痕。企业秘书和党政机关、事业单位的秘书就是一辆辆或大或小,或快或缓的车,它们留下的车辙印痕有深有浅,有宽有窄,但都具有车辙的一些共性。这些共性主要体现在常规工作中,比如企业秘书和党政机关、企事业单位的秘书都具有从属性和辅助性这一秘书工作的基本属性,具有综合性和事务性这一秘书工作的日常属性,具有服务性和中介性这一秘书工作在枢纽环节中的沟通属性。他们的工作范围也都离不开拟写文稿、处理文书、管理档案、接待来访、调查研究和决策服务、会议服务、信息服务、协调服务、查询服务等。落实到企业秘书,常规工作主要有以下八项:

(一)企业领导的办公服务工作,包括领导办公室的整理、办公用品的配置,领导电话的接听、转接、记录,电子邮件的查阅与回复工作。

(二)企业文件和来往信函的起草、修改、审批、校对和印制工作,上下级、平级、企业内部其他部门的来文的签收、登记、传阅工作。企业档案的建立与统管工作。

(三)企业会议的准备,会议记录、会议纪要的写作、打印、发放工作,领导批示、会议决议的传递、落实、督办、催办及反馈工作。

（四）企业领导工作日程与客户会谈表的编制，客户信息资料的准备，谈判文件的拟定工作。

（五）企业来客来访的接待，来信的阅读与汇报，客户的就餐住宿与领导接见会谈的安排工作。

（六）企业领导出差，办理护照签证、预定机票车票酒店、安排行程接待，出差结束后的差旅费用报账。

（七）由领导授权，在企业各部门之间进行综合协调工作，解决决策实施过程中的新问题。

（八）完成领导交办的其他临时性工作。

如今有一个词叫"八面来风"，用来比喻来自四面八方的信息、意见和其他资源，通常指各方面都具备了上好全的条件，使得办事的成功概率高。企业秘书的八项常规工作要想做到八面来风，进而做到工作风生水起，企业财源滚滚，就要使"风"顺当畅达，这个"风"就是蕴含、流动、涤荡在八项工作中的广阔而浩茫的信息，以及对信息的收集整理鉴别、加工处理。

二、企业信息工作的范畴

企业的运作，离不开管理，管理离不开领导层，领导层离不开秘书，秘书离不开信息工作。由此一环套一环，最后命中的是经济效益这一企业存在与扩容的靶心。

企业的信息工作，针对性与局限性都很强，带有浓厚的本企业的经营特色。但无论企业的经营范畴是什么，企业信息工作的范畴都包含以下四项：

（一）企业信息的现代化建设

主要是企业内部计算机联网、企业外部计算机联网。内容包括生产管理系统的信息化、部门管理系统的信息化、内外信息资源的开发与建设、信息化人员的培训、信息化规章制度的订立。

（二）企业信息的开放与共享

企业信息的开放分为数个层次，向社会公开的信息、向消费者开放的信息、向上级主管开放的信息、向监督部门开放的信息、向供货商销售商开放的信息、向投资者开放的信息。企业信息的开放是一种资源共享、资源利用，也是提高企业声誉的重要途径。

（三）企业信息的保护

企业信息也是一种资产，涉及商业机密、核心技术这些敏感信息，甚至关系到企业的生死存亡。因此随着企业信息化建设进程的加快、网络新技术的层出不穷、应用环境的日趋复杂，必须采取必要的手段进行信息保护，包括知识产权保护、商标保护、专利保护、合同保护等。

（四）企业信息的再利用

按照信息资源类型的分类，企业信息资源有实物型、记录型、智力型。其中智力型信息资源是存储在人脑中的各类知识、经验等,包括政策信息、金融信息、法律信息、科技信息、生产信息、市场信息,这些信息需要经过再利用,才能产生效益。

三、企业秘书信息工作的效用

现代企业的经营与管理是两种过程的组合,一是系统过程,一是动态过程。在这一动态的系统过程中,存在着"物质流"和"信息流"两大运动。企业的经营管理系统,实际上就是由物质流和信息流构成。信息流对物质流有引向和调控作用,同时信息流依附物质流存在。倘若信息流出现混乱、梗塞、间断或错误,都会导致物质流的中断、偏向、损失。因此,信息流比物质流更重要,物质流会起伏、变迁、转化,而信息流始终贯穿融汇在企业的经营管理中,信息流是现代企业的神经系统。企业秘书的一大任务就是收集各类信息,予以分析评判,提交企业领导。

钱学森先生曾经提出一个观点,把产业划分为四类:第一产业是农业,第二产业是制造业,第三产业是商业服务业,第四产业是信息业。钱学森把信息作为第四产业单独列出,认为信息本身就能产生巨大的经济效益,而农业、制造业、商业服务业的立足、扩容更离不开信息。钱学森的这一观点在当代社会已得到充分的印证。尤其是企业,可以说生存与发展的种种制约因素,都与信息的掌握是否充分、运用是否及时有关。

(一) 信息打通了企业管理全局的脉络

企业是依靠经营管理进行运作的,任何企业的经营管理都包含四个要素:人、财、物、信息。信息遍布企业管理的各个环节,从原材料采购到生产销售,从售后服务到了解竞争对手,都离不开信息。实际上,企业管理的过程就是信息的收集和利用过程。信息决定着企业的竞争力与经济效益。

(二) 信息铸就了企业决策的控制阀

企业的核心工作是决策,而决策就是一个信息价值的再生过程。企业通过各种方式获得信息,再分门别类予以整理,将零散的局部的信息系统化显著化,从中找出事物的全貌与规律,作为企业避免经营风险、进行正确决策的依据。因此及时准确全面的信息,是企业决策的控制阀。

(三) 信息蕴含了企业发展力的源泉

企业的发展力来自两个方面:一是已有产品的质量,一是新产品的研发。因此企业必须通过信息的反馈,密切关注已有产品的市场竞争能力;同时密切关注国内外市场上,新技术新工艺的信息,以提高研发的新产品的高科技含量,确保企业在竞争中始终立于制高点。

(四) 信息疏通了企业与客户之间的渠道

企业要想在竞争中立于不败之地,就要赢得客户的认可。企业希望提供优质产品与优质服务,客户希望享有优质产品与优质服务,这是双方利益的共同点;企业希望获得更大的经济收益,客户希望支付较少的经济代价,这是双方利益的矛盾点。要强化利益共同点,弱化和淡化利益矛盾点,企业必须通过产品与服务信息的收集,一方面密切关注消费者的需求,对经营战略与市场策略进行调整;另一方面使消费者获得信息反馈的渠道,得到感情诉求,缓和与消除企业与消费者之间的矛盾,提升品牌的形象,建立稳固的消费群体。

(五) 信息修建了企业规避市场风险的堤坝

市场风险会在企业运营的各个环节发生,防不胜防,但通过对信息的收集、归纳、分析,可以判断与预测市场风险发生的几率。信息工作做得好,企业对市场就具有了前瞻性,能够准确掌握行业动态与趋势,尽最大可能降低市场风险带来的损失。

四、企业秘书信息工作的素质要求

机关事业单位在秘书部门的设置与秘书人员的配备上,可以较多地考虑"形象",因此秘书部门规格较高、人员较多,秘书的分工也较细致单一。而企业在秘书部门的设置与秘书人员的配备上,较多地考虑"成本",无论秘书部门还是秘书人员都走精干路线。一个萝卜不仅抵几个坑,有时还要抵青菜豆腐的位置。因此企业秘书的信息工作,从心理定位到处理技巧,都有较高的能力要求。

(一) 信息意识

信息意识是指秘书对信息的敏感度,包括敏锐的观察力、感受力、判断力。企业秘书要将"信息意识"作为一种常态,在工作实践中逐渐形成对信息的长期的、稳定的敏感度,具备反映信息本质需求关系的一种内心体验。而不是将信息当做一块砖,用于拆东墙补西墙,修南墙砌北墙,最后四壁徒有形式,中间空空没有实质内容。

(二) 信息能力

指获取信息、管理信息、加工信息、利用信息的一系列能力,是发挥挖掘信息价值的唯一路径。企业秘书要具备良好而完善的信息能力,包括主动信息能力、被动信息能力、潜意识信息能力。主动信息能力是指企业秘书按照既定目标,有计划地展开信息行为。被动信息能力是指领导指派或索要时,企业秘书的临时性的信息行为。潜意识信息能力是指企业秘书在强烈的信息心理的支配下,对外界信息环境保持一种下意识的信息行为。

(三) 人脉扩展能力

企业秘书因为在领导身边工作,地位特殊,而企业领导的决策权往往比较集中和突出,因此秘书的地位也水涨船高,容易生出优越感。确实,企业秘书依靠领导这块招牌,能够较早接触一些信息,尤其是一些人员调整、干部提拔等重要信息,秘书往往最先知道。因此,秘书会成为企业里广受关注的人，被推崇被恭维，容易晕晕乎飘飘然，自视越来越高。这种自我满足的骄傲感与自我膨胀的优越感，对信息工作是很不利的。

领导需要的信息，秘书固然可以通过网络、报刊、文件这些渠道收集，但有时领导需要一些敏感或隐秘的信息，秘书无法从公开的信息源上查找到。此时，就要考验企业秘书的人脉扩展能力了。

我们不讨论企业秘书收集信息的常规渠道，而是特意提出"人脉扩展观念"，并单独列为一点，是因为企业和任何单位一样，都存在两种组织：一种是以职位为划分标准的正式组织，从总经理到部门经理到一般员工；一种是以朋友为划分标准的非正式组织，后者虽然是无形的，但对前者却有着显著的影响。而非正式组织提供的信息，有时是正规组织中收集不到或速度缓慢的。因此秘书要有意识结交朋友，将交朋友作为收集信息的一条有效渠道。平时要培养友谊，多帮朋友忙，广结善缘，预留人缘，为信息的收集制造便利。这样一旦需要某些信息，别人才会提供相应的帮助。可以说人脉扩展的能力，就是企业秘书收集信息的能力。

五、企业秘书信息工作的效能因素··

（一）影响企业秘书信息工作效能的原因

企业一般没有党政机关、事业单位在内部机构的设置上那么部门齐全，人员分工细致，企业的秘书部门既是中枢系统，又要承担拾遗补缺的任务，可谓企业里的"万金油"、"不管部"。比如企业秘书部门常常要兼管后勤保障，包括企业的房产管理、财务管理、设备管理、基建管理、安全生产管理、职工福利管理、文化娱乐管理等等。因此企业秘书的工作繁杂而劳累，日常需要处理的事务千头万绪，按下葫芦浮起瓢，这厢要抗旱那边要排涝。

从表面看，企业秘书的工作非常"商务化"，每天处理的都是各类商业性事务，比如客户的联络与接待、合同文本的草拟与打印，参与市场调查、商务考察、商业谈判，协助领导进行商业决策等，这些都属于商务工作，似乎信息工作被挤到一边，看不出存在感。另一方面，除了领导点明索要的信息和企业定期印发的信息简报，大量的信息工作具有"软弹性"和"隐匿性"，看起来不是非做不可或急做不可。因此有的企业秘书就将信息工作放在一个可做可不做、可多做可少做、可粗做可细做的位置，有时间有心情就做，忙起来烦起来就将信息工作推后或放在一边，导致信息工作的效能低下，时间一长，必将影响领导决策的及时准确和决策落实的到位。

信息工作具有无形性，有时很难量化。此时企业秘书对信息工作是否有责任感，是否将信息工作视为分内的职责，就非常重要。

（二）企业秘书提高信息工作效能的方法

1. 要在思想上充分重视信息工作，自觉培养信息意识，意识到信息工作是企业领导作出正确决策的保证,而正确决策是企业未来发展的保证。因此信息工作直接关系到企业的生存、自己的饭碗,不是可有可无的"软活"。

2. 要有一位重视信息工作、有着良好的指挥能力、擅长时间安排和人员统筹的企业秘书部门负责人,在岗位设置、职责界定、资源配置、管理共享、协调运作方面,对企业的信息活动进行战略规划。

3. 要有健全的企业信息工作制度,逐步形成灵敏的信息综合机制。建立目标管理和业绩考核,用制度改变信息工作有人有空就做、一忙一紧就放的"游击战"局面,进入规范的科学的"阵地战"。

4. 要有必要的自动化办公设备,完善信息工作的办公自动化系统。

5. 要在实践中不断探索提高信息工作效率的方法,因地制宜,建立信息收集处理的科学的程序,优化信息工作的成效。如从信息的标题中看出信息的主题,把握信息的内容,以迅速判断信息的使用价值。

因为公务员的从业门槛较高,企业秘书已逐渐取代政务秘书,成为文科大学生就业的热选。但是做得了政务秘书,未必干得好企业秘书,企业秘书并不是政务秘书的"削减版"或"市场版"。鱼有鱼路,虾有虾路,尤其在企业特有的商务决策、商务谈判、商务交往中,企业秘书的信息工作,自有自己的套路。

第三节　企业秘书在商务决策中的信息工作

"一个萝卜一个坑"这句俗话,用来形容秘书工作是最恰当的。秘书工作的针对性很强,它是专门为服务领导而设置的。没有领导,就没有秘书岗位这个"坑",也没有秘书这个"萝卜"。由于企业经营范畴的不同,也由于领导分管范围的不同,企业秘书服务的领导,有的管生产,有的管销售,有的管研发,有的管人事。但不管分管什么,领导工作的本质都是一样的,那就是决策。

一、企业决策与企业决策信息

(一) 企业决策的效用与模式

决策贯穿于企业经营活动的各个层面,决定了企业的兴衰成败。首先,科学的决策使企业能够确立正确的战略目标;其次,科学的决策使企业能够实现战略目标;第三,科学的决策使企业能够及时修正战略目标。

企业领导的主要职责是决策,企业决策的模式一般是:最高层领导进行战略决策,中层领导将战略决策分解为具体的实施计划,普通职工则落实这些计划。因此企业领导要进行两方面的决策:一是战略决策,规划企业的长远发展,并提出实施方案;一是管理决策,解决现时管理中需要决策的大小事宜。

相应地,企业秘书的决策辅助职责也分为两块:一块是曲线的事务辅助,协助领导处理日常工作,使领导有更多的时间精力进行决策;一是直线的信息辅助,为领导提供最新最全的信息,使领导能够作出及时准确的决策。

(二)企业决策信息的特点

信息作为一种资源,在不同性质的单位,效用的重点不同。在机关事业单位,信息资源更多的是"可参考资源",放一放摆一摆,观察一阵研究一番,再决定用还是不用。而在企业,信息资源更多的是"可升值资源"。放一放摆一摆,观察一阵研究一番,信息可能就被别家企业用去了。因为企业的信息与决策直接关联,而企业的决策与效益直接关联,信息通过决策,成为企业在市场竞争中取得更多经济效益的重要工具,在企业的经营中发挥着升值或贬值的作用。具体地说,企业决策信息具有如下特点:

1. **价值性与经济性。** 任何信息都具有价值性,它通过某种物质载体将内含的有价值的内容散发出来,由此对人们的生活、工作产生或多或少或强或弱的帮助。但信息的价值性在企业决策中直接体现为经济性,因为企业作为一种社会组织,作为自主经营、自负盈亏的产权实体和市场运行实体,以提供产品或服务为手段,以盈利为最终目的。企业信息必须满足商业运营活动的需要,这是企业信息存在的基本价值。能够带来高收益的决策信息,就具有高价值。反之,则是不重要或无价值的信息。

2. **多变性与风险性。** 信息反映的是客观事物,因此信息也随着客观事物的复杂多变而不断变化。并且越有用的信息,其变化的活跃度越高。企业的决策负有三个层次的责任:一要对职工和职工家属负责,二要对供货商和经销商负责,三要对整个社会负责,对消费者负责。倘若是上市公司,还要对全体股东负责。因此决策信息的多变性给企业带来了高风险。

3. **共享性与快捷性。** 世上的物质资源都可以通过买卖的方式,达到专有或垄断,成为个人或企业的独享。但信息资源则具有共享性,除个别保密信息外,信息资源一旦产生,就可以多人多头同时共享,互联网更使信息共享能在瞬间大面积实现。因此企业决策信息的时效性就至为重要,企业既要利用信息的共享性,尽可能多地占有信息,又要对抗信息的共享性,尽可能快地利用信息。

4. **集体性和独立性。** 机关事业单位的决策,更多的是由领导班子集体作出,经过缜密思考、反复调研、试行修正,最后正式推出。企业决策因为商机瞬间即逝,企业领导尤其是一把手领导的决策权较大,做出单一决策的比例也较大,对决策信息的需求与依赖也更强烈。

二、企业决策信息的收集范围··

企业需要的决策信息非常广泛,很难分类。因此企业秘书如果没有明确的范围,拣到篮里就是菜,见到信息就收集,势必造成提供给领导的决策信息过于庞大繁复,杂乱无章,缺少要点,导致领导弃之不用或用之不当,造成信息的利用效率低下。虽然根据具体决策的内容,决策信息每次的需求面与侧重点并不相同,但企业秘书需要关注和收集的决策信息,主要是与本企业有关的政治信息、社会信息、科技信息、经济信息和生活信息等。具体有以下三类:

(一) 商务环境方面的宏观信息

1. 国家新近颁布的与企业相关的法规信息,尤其是针对本企业主打产品的法律法令和规定,如合同法、商标法、广告法、环境保护法等。这类信息体现出国家对企业发展环境的法律规范,因此企业秘书必须予以密切关注。

2. 中央和地方政府、行业主管部门颁发的政策信息,包括劳动法规、产业政策、税收政策、信贷政策等。这些信息不一定对本企业的生产与经营有直接的显然的制约与影响,但作为宏观信息,它控制着整个国家或某一行业的大的走向,决定了宏观经济环境,因此企业秘书必须予以高度关注。

3. 上级行业主管部门的决策、决定、意见、要求等指导性信息,包括商务活动的新规定、新的财经制度、新的优惠或限制信息。这些信息是行业主管对企业生产经营的具体操作的规范性指导,因此企业秘书必须予以充分关注。

4. 国外的宏观信息。现在许多企业都与国外有业务联系,即使只面对国内市场生产销售的企业也会受到国外同行业的波及。国外的宏观信息直接或间接影响了中国企业的产销环境,因此企业秘书必须予以及时关注。

5. 国内的经济科技信息,既包括国家宏观经济发展战略、本省本市地区经济的发展规划,也包括贷款、利率、资金流向、市场走势等金融信息,还包括本行业涉及的科技领域的最新科研成果、最新技术工艺。这些信息代表了最新的动态,能够为企业创造新的商机,因此企业秘书必须予以适度关注。

(二) 经营环境方面的动向信息

1. 企业原材料信息。原材料是企业生产的源头,原材料供应不足,企业就要减产。原材料供应不上,企业就要停产。因此企业秘书要特别注意有关原材料的产量、价格变化、供应商的动态,还要注意影响原材料产量价格的相关因素。例如本企业是生产汽车配件的,倘若国际石油价格上涨,就会波及汽车销量,进而影响汽车配件的产量。

2. 企业生产信息。生产是企业生存的动态,生产是企业的内部运作环节,缺少这一环节,生米煮不成熟饭。企业秘书要注意本企业的产品的种类、数量、质量信息,还要注意其他生产同类型产品的企业的生产状况,如产量调整、获奖情况。有时还要承担某一经营项目的采集、汇总和定期汇报工作。

3. 企业职工信息。职工是企业最大的生产力。企业秘书需要注意的职工信息有两类,一类是静态信息,包括职工总数、男女比例、各部门人员数量、年龄状况、学历状况、婚姻状况等。一类是动态信息,包括员工的技术等级、证书获得、进修情况、个性特长、工作能力、发展潜力等。

(三) 其他辅助信息

1. 本企业资料信息,这属于知己知彼的"己方"信息,包括企业历史、发展过程、固定资产的构成、注册资本的情况,产量销量纳税额利润报表、本年度工作计划、未来发展规划等信息,企业秘书都要予以储备。

2. 本企业科技研发的信息。新产品是企业的下一步的生产经营方向,关乎企业的生命力与发展速度,因此企业秘书要注意收集本企业正在研发的新产品,以及与新产品相关的动态信息。

3. 本企业有效客户的信息,包括国内客户和国外客户的开拓与维护,针对国内客户主要收集客户的企业性质、经营范围、资金实力、产销状况等。关于国外客户主要收集贸易对象国的利率汇率变化、贷款投资讯息,国际劳务市场信息,合作方的领导层变动信息。

4. 展销会信息。展销会是企业展示品牌形象,签订大额订单的好时机。但过多地参加展销会,也会耗费企业的人力物力财力。因此企业秘书要注意展销会信息的收集,提供给决策领导,让其从中择选出性价比最高的展销会。

三、企业秘书决策信息工作的程序与侧重……………………………………………………

信息是决策的基础,能够帮助领导者在大量的现象和多种的选择面前,辨别和消除不确定因素,减少和删除错误判断,从而作出正确的决策。企业秘书为领导提供决策信息,不仅是本职工作,也是自身价值的重要体现。

企业秘书的决策信息提供,并不局限于决策开端,而是贯穿了决策的全过程。但在决策的不同阶段,秘书的信息服务有不同的侧重。

(一) 在决策启动前,企业秘书要提供超前与广泛兼具的信息服务

决策不是领导一拍脑袋的闭门造车,而是建立在现实信息的采集与整理、分析与判断中,由此对未来进行预测。所以企业秘书不能被动地等待领导索要信息,而要培养信息嗅觉,积极主动收集可能启发领导决策思维的信息,辅助领导形成决策的初步预想。

在决策启动前,企业秘书的信息服务主要是关注新了解到的情况、新出现的问题、新产生的趋势。这些决策启动前的信息,要符合两大要求:第一时间与内容都要有超前性,滞后的信息会影响决策的科学性;第二深度与广度都要有挖掘性,信息的覆盖面尽可能广泛,不流于表面,包括一些看起来联系不紧密、甚至是边边角角的信息,也可能启发领导的决策思维与决策灵感。

(二) 在决策策划时,企业秘书要提供跟进与更新具备的信息服务

一旦决策启动,秘书不能认为这只是领导的事,自己就等着领导作出决策之后,或写文件或组织会议传达了。领导在决策的筹划时期,同样需要大量真实可靠的信息的支撑。与启动阶段有所不同的是,此时对秘书的信息工作有两点要求,第一是要紧跟领导决策的进程,在决策方案的草拟、提交或论证阶段,提供不同的需要信息;第二要保持信息的及时更新,秘书要关注决策对象所处的内外环境的新信息,一旦出现就要收集鉴别、分析综合,尤其是动态感很强的信息或突然出现的变数,如国家刚颁布的政策,原材料价格的上涨等。

企业秘书在决策策划时的信息工作,细分为三个阶段:首先是决策目标的确立阶段,此时秘书要重点提供市场调查及分析信息。其次是决策方案的拟定阶段,此时秘书要围绕决策目标,提供各种有利不利信息、定数变数信息,还有不同方案可能出现的结果预测信息,以备领导参考。第三是决策方案的确立阶段,此时领导层要论证、评估、选择最终方案,秘书应从多角度提供优化信息、可行性信息、经济分析信息,以便领导修改和补充决策方案。

(三) 在决策运行时,企业秘书要提供追踪与协调兼具的信息服务

制定再谨慎、论证再严密的决策,在实际运行中都有可能出现问题。此时企业秘书不能因为领导决策方案已经下达,就认为与己无关;而要通过多种渠道,追踪注意决策的执行情况。

这一阶段秘书要关注的信息分正反两方面,正面信息是对决策的执行起到良好推进作用的做法或经验,秘书要及时总结,向领导汇报。反面信息是偏离决策目标的现象或问题,秘书也要汇报给领导,根据领导指示,予以协调解决。

(四) 在决策结束后,企业秘书要提供反馈与存档兼具的信息服务

决策付诸实施后,秘书的信息工作并没有完全结束。秘书可通过对不同信息的比较,借助数字统计、图表等方式,说明本次决策的成效与原因。也可根据历史经验运用演绎法,用逻辑推理和数学演绎来总结规律,推断发展趋势,为领导的下一次决策做好信息服务。

四、企业秘书决策信息工作的技巧···

企业秘书信息工作最大的影响效应体现在决策上,决策是企业秘书信息工作的最终目的,是信息工作成效的体现。企业秘书辅助决策时的信息工作要想达到预期的效果,需要满足两方面的要求。一方面需要一个对信息工作积极肯定的决策者,另一方面需要一个对信息工作踏实负责的企业秘书。二者互相配合,信息工作才能取得最大的影响效应,领导的决策也才能取得最大的经济效应。

正确的决策来自正确的判断,正确的判断来自正确的信息,正确的信息主要来自秘书。但领导决策的忙碌期,往往也是秘书辅助工作的高峰期,此时秘书信息工作的技巧就显得既"讨巧"(秘书自己省力省时)又"讨喜"(领导适意适用)。如果秘书不注意技巧,什么信息都不分轻重不择时机地端给领导,轻则削弱领导对优质有效信息的判断与采纳,重则造成决策的偏离或失误。企业秘书在决策信息工作中的具体技巧有:

(一)要了解自己服务的领导在企业经营结构中的位置

企业的组织结构,有横线与纵线两条线,横线是企业的运作,包括生产部门、市场部门、研发部门等。纵线是企业的管理,从董事长、总经理、部门经理到员工。企业秘书要针对自己的领导在纵线中所处的位置,也就是领导的权限、工作职责、分管范围,进行信息工作,这样才能有的放矢,箭中靶心。如领导新接受了开拓北方市场的任务,秘书就要注意收集北方市场的调研报告、哪些北方公司可以合作等信息。

(二)企业秘书要了解自己服务的领导的性格特点、工作习惯

饮食有口味,习惯也有口味,对口味的食物吃得多,合习惯的工作做得畅。企业秘书通过观察积累,熟知自己服务的领导的性格特点与工作风格,并据此调整信息工作的方式,领导就会欣然接受,俨然考虑。比如领导性格外向,直率急躁,会作出冲动性的决策。秘书就要多提供正反两方面的信息,以帮助领导全面了解情况,权衡利弊之后作出比较冷静客观的决策。

(三)企业秘书要站在自己服务的领导的角度,对信息进行"换位思考"

换位思考其实是一种利人利己的素质,因为信息的最终使用者是领导,决策也是领导做出的,所以秘书要将换位思考视为信息工作必备的一种职业习惯,加以培养与训练。长此以往,秘书就不会以自我为中心,主观判断。而是站在领导的角度,考虑领导的需求,提供有利于领导的决策信息。

(四)企业秘书在提供决策信息服务时,要多使用数据和图表

与文字相比,数据和图表对比性与直观性较强,印象更深刻,结论更有说服力。领导阅读时,信息能更快捷地入眼入脑。企业秘书即使忙碌,对决策信息的表达形式也要进行梳理与再加工,含糊部分要补充数据,能列图表的要列出图表,使领导看得清,记得住,用得上。

(五)企业秘书在提供决策信息时,要擅长"借力"

秘书给领导提供决策信息,本意是协助领导尽快作出正确的决策,但如果不注意沟通技巧,就可能弄巧成拙,信息传递给了领导,却没有收到为决策"托一把"的效果。因此秘书可以适度借力,借力也要注意对象,不能是领导反感的人,反而适得其反。最好是领导知道并钦佩的人与事。

(六)企业秘书在提供决策信息的同时,可以先对信息进行思考,在领导询问时提出自己的建议

俗话说:"一个篱笆三个桩,一个好汉三个帮。"领导有决策权,但秘书有辅助决策的职责。提供信息是秘书在进行基础型的辅助决策,而提出建议则是秘书在进行深化型的辅助决策。秘书在传递决策信息的时候,倘若能以信息作为依据,提出一己之见,拓宽领导在决策前的思路和视野。当然,秘书提出建议要注意方式方法,应选择与领导单独相处的时候,而不要在有外人的场合;应给出多个选项让领导考虑,而不要以非此不可的命令语气。

（七）外资企业的秘书在提供决策信息时,要顾及外籍领导的文化背景、价值观念与思维模式的差异,避免因这些差异产生沟通障碍,影响了对决策信息的充分理解和有效利用

比如领导制定本企业的考核与晋升制度时,秘书提供参考信息,就要注意来自欧美的外籍领导更强调个人价值取向,以员工的个人业绩作为考核和晋升的标准。而中方的管理理念则更强调集体主义价值取向,更注重团队精神,个人利益服从集体利益。

第四节　企业秘书在商务谈判中的信息工作

很多学生小时候都玩过一个拍手游戏,几个小孩一起拍手唱着儿歌:"你拍一,我拍一,一个小孩坐飞机。你拍二,我拍二,两个小孩丢手绢。你拍三,我拍三,三个小孩来搬砖……"企业的经营活动就像拍手游戏一样,至少要两方参加。对方可能是另一企业、社会团体、政府机构乃至自由人。但企业经营毕竟不是拍手游戏,一旦不合就一拍两散。企业要生存要发展,就要把游戏努力进行下去,玩出双赢的结果。因此在经营活动中,双方或几方产生矛盾,此时的游戏规则是:坐下,谈判;然后,继续玩。

一、商务谈判的特性与要素

（一）商务谈判的特性

企业作为一种社会组织,和其他组织一样,是为实现个人无法实现的目标而出现的。企业的这一共同目标,就是生产出具有竞争力的产品或者提供优质的服务,通过满足消费者的需求,实现企业的利润最大化和社会价值最佳化。为了达到这一共同目的,企业必须对外销售产品或服务,需要与个人或组织进行以获得经济利益为目的、以协调双方的经济矛盾为过程的会谈,这就是商务谈判。商务谈判是商务活动的各方有初步合作意图或在已进行的合作过程中,为解决某些分歧、达到共识、形成各方都可以接受的局面而进行的磋商。

商务谈判的一般程序是:谈判准备、谈判进行、谈判文书拟写与处理、谈判签字仪式。

作为企业与外界的特殊的经济关系,商务谈判具有四个特性:一是以经济利益为主题。二是以价值规律为基础。三是以互惠双利为途径。四是以谈判信息为砝码。

（二）商务谈判的构成要素

1. 谈判参与者。分为显性参与者、隐性参与者。显性参与者是出席谈判的人，隐性参与者是参加谈判的人代表的利益主体。如派去谈判的是某位副总，但他代表的是老总和公司。

2. 谈判主题。双方的分歧与矛盾所在，是谈判的起因和主要议题，分为单一主题的谈判、多重主题的谈判。

3. 谈判目标。谈判目标可以分为最理想目标、一定要达到的目标、争取达到的目标、能够放弃的目标四个层次，重要性依次递减。

4. 谈判时间。包括谈判从开始到结束的时间，根据谈判的内容和双方的协商程度，长短不一。有的谈判彼此已有共识，只要数分钟就能达成协议。而有的谈判艰苦卓绝，历时几年。

5. 谈判地点。有己方所在地、对方所在地、与双方都无关的地点这三种选择，具体根据谈判的规模、参加方的意见等因素决定，一般由主办方布置谈判会场。

6. 谈判议程。主要是谈判中需要讨论的问题，以及讨论时间的分配。谈判议程要在谈判开始前确定，并打印分发给每一位谈判参与者，使之心中有数。

7. 谈判方案。这是谈判准备阶段需要保密的一项工作，本着既要维护己方利益，又要互惠互利的原则，在预测对方谈判方案的基础上，制定己方切实可行的谈判方案。谈判方案不唯一，一般由一个主打方案和几个备用方案构成，以应对谈判中出现的各种情况。

二、企业秘书的商务谈判信息工作⋯⋯⋯⋯⋯⋯⋯⋯⋯⋯⋯⋯⋯⋯⋯⋯⋯⋯⋯⋯⋯⋯⋯⋯

商务谈判作为企业对外沟通与合作的重要途径，是企业经常性的经济活动之一，也是企业秘书经常要参与的活动之一。

（一）商务谈判开始前，企业秘书的信息工作

商务谈判的战略核心是以己方较小的让步，换取最大的利益。因为双方都本着这一战略核心，因此商务谈判成功的前提是满足双方的最大利益。要达到这一目的，企业要打好信息战。信息直接关系着商务谈判的胜负，可以说：谁占有了大量翔实的信息，谁就掌握了谈判的先机；谁拥有更多更真实更充分的信息，谁就拥有了谈判的主动权。

企业秘书的商务谈判信息工作主要集中在谈判正式开始前，分为两步：第一步是谈判信息的预收集：根据谈判主题和领导指示，准备谈判文件、确定谈判议程。第二步是谈判信息的预沟通：核实对方参加谈判的人员名单，根据宣传的需要，与媒体联系；安排参观、考察的地点与日程等等。

具体地说，商务谈判前，企业秘书需要密切关注、大力收集、及时提供的信息主要有：

1. 谈判另一方的基本情况。分两块，一块是历史信息，包括公司注册年份、注册资金、成立背

景、发展概况；一块是现状信息，包括法人代表、现在地址、经营范围、经营性质。

2. 谈判另一方的经济能力。也分两块，一块是数字信息：对方的信用额度、经银行认可的往来资信证明、财务状况、负债情况、近年的财政分析报告；如是外商，必须查看经中国银行认可的外国银行的资本信用证明。一块是媒体信息：关于对方的新闻报道、公众记录。

3. 谈判另一方负责人的个人情况。分三部分，第一是基础信息，包括年龄、学历、专业、资历、现任职位；第二是性格信息，包括思维特点、个人爱好、做事风格、声望口碑、对本次谈判怀有的诚意与希冀；第三是人际关系信息，包括与谈判小组其他成员的关系、有多大的拍板权力、曾经参与的谈判及个人在这些谈判中的表现。

4. 谈判另一方的意图与优势弱势。意图信息包括对方的谈判目标、最关注的焦点、最有争议的问题、合作的诚意、可让步的幅度；优势弱势信息包括对方有哪些需要防备或回击的优势、有哪些可以在谈判中利用与交换的弱点。

5. 谈判另一方的谈判记录。包括以往谈判中，对方的胜负、从中反映的谈判风格、对方团队的合作情况，成员对本次谈判目标的看法是否存在分歧。

6. 谈判的背景信息。国家有关的法律与方针政策、谈判项目的国内外发展现状、市场行情的调查、统计数据资料、同类型案例的研究报告、本企业已作出的决策、本企业已有的生产线与技术能力。

（二）商务谈判中，企业秘书的信息工作

商务谈判必须由作为决策者的领导参加，领导是商务谈判的核心，驾驭整个谈判过程，对谈判结果有最终决定权。但企业秘书的作用也不可忽略，他们作为领导助手，除了要编制谈判议程、准备谈判文件、布置谈判场所、协调谈判小组成员、做好谈判记录、后勤保障，还要为谈判提供过程中的信息服务。

需要指出的是：商务谈判本身，也是企业获取信息的重要渠道。第一，企业在谈判过程中，了解对方，获得了大量的对方第一手信息。第二，在对谈判主题的讨论磋商乃至争执中，反映了当前乃至将来一段时间的市场需求变化与发展趋势，其中的信息常常是谈判前没有料想到的。第三，通过谈判中某些问题的争执，企业对自身的经营活动进行衡量与反思，从中获得修正经营理念与做法的信息。

（三）商务谈判后，企业秘书的信息工作

商务谈判的目的，是建立或修正彼此的合作关系，解决经济活动中的利益纷争。作为一种谋求经济利益平衡的特殊会议，商务谈判的成功标志，是签订书面文件，如合作意向书、订货合同、指定交易协议书。

确实，书面文件一旦签订，商务谈判作为一种特殊会议，已经宣告完满结束。企业秘书是可以松一口气,但不能完全"断气"。谈判结束的后续工作主要是后续信息工作,秘书必须记在心里、抓在手里、放在行动里。

谈判结束后,企业秘书需要收集反馈信息,包括对方领导层关于谈判结果的接纳程度;谈判结果的落实速度;尤其是收集到对方不满或反悔的信息时,秘书不能简单地认为协议已经签订,后悔也没用,而要从长远着眼,本着这次合作愉快、下次继续合作的目的,分析确认对方不满或后悔的具体原因,提供给领导考虑是否对合同进行调整。比如对方实际操作中,发现交货期限过紧,己方如能主动提出适当延期,对方一定会心生感激,加深彼此合作的愉快度。

三、企业秘书商务谈判信息工作的手段·····························

美国前总统尼克松在回忆录里写到中美建交谈判,赞扬周恩来总理"是一个伟人,本世纪罕见的伟人,他总是小心谨慎地让舞台的聚光灯照射在毛泽东身上"。这是因为周总理深知毛主席是谈判的主角,他只是配角,不能抢镜抢风头。

同样,商务谈判的主角配角都不是秘书。借用"穿针引线"这个成语,谈判方是衣料,秘书则是穿引在其中的针线。最后做成的衣服上,不可能挂着一枚针或者拖着一根线,最后达成的谈判协议上,也不可能有秘书的签名,但衣服的缝制离不开针线,谈判的成功离不开秘书。秘书在商务谈判中以信息的收集与传递为手段,做了大量的如同针线一般的连接工作,将谈判方像衣料一样连接得平顺美丽,制成合体时尚的成衣。针要想不扎手,线要想不缠绕,信息要想发挥最大的谈判效用,企业秘书要运用一定的工作手段。

(一)以沟通为基础的手段

商务谈判的信息沟通有高低两个层次,高层次是"正规渠道信息沟通",由参与谈判的领导在谈判桌上进行,场面正式严肃,也相对拘谨;低层次是"秘书渠道信息沟通",由服务谈判的秘书在谈判桌外进行,形式多样灵活,也相对活泼。秘书渠道的信息沟通虽然层次低,但覆盖面积大、更新速度快、传递内容丰富,有时反而决定了商务谈判的走向与结局。因此企业秘书要意识到商务谈判中,信息不畅则不达,不达则不成,将沟通作为基础手段使用。

(二)以协调为主导的手段

秘书对商务谈判没有决策权,是否有建议权还要看领导的工作风格。在商务谈判的信息工作中,秘书发挥主观能动性的工具就是协调。秘书要在充分沟通的基础上,对各方有分歧的信息进行细致的协调。如协调谈判时间、地点、参与者、谈判主题,乃至协调谈判纪要的措辞写法、协议签字仪式的发言顺序、庆祝宴会的排位等。

(三)以负面为重点的手段

秘书要意识到商务谈判的出发点就是为了解决彼此之间的争议,取得协商一致的意见。因此参与谈判的各方有矛盾有冲突甚至有过激言辞,都是正常现象。这些看起来是负面的信息,往往是影响谈判的细节,秘书应视为信息重点,客观冷静地对待,不要报喜不报忧。

(四)以礼貌为润滑的手段

概念上谈判是一种公平行为,谈判的各方是平等的。但在实际中,谈判一方家大业大实力强,腰杆挺嗓门大,掌握了主动权。另一方则处于弱势与下风。秘书作为谈判的参与者,对这些情况心知肚明,但在信息服务中,秘书不能以强凌弱,以大欺小,让一方心中愤懑。而要一视同仁,以礼相待、以诚相待、以平等相待。用礼貌作为润滑手段,做到谈判成功是眼前这一项目的合作伙伴,谈判失败也可能是将来另一项目的合作伙伴。

第五节　企业秘书在商务交往中的信息工作

古人说"来而不往非礼也",企业则是"来而不往非利也"。企业要做生意要获得利润就必须有来有往,这个来往就是商务交往。秘书部门作为企业的窗口,一方面来找领导的客人都先由秘书接待,另一方面领导常需要出访或出差,秘书要做准备工作乃至一路陪同。因此企业秘书的商务交往分两部分,一是商务来访,所谓"迎进来";一是商务出访,所谓"走出去"。秘书的信息工作也随之分为商务接待与商务差旅两大内容。

一、企业秘书在商务接待中的信息工作··

(一)企业秘书商务接待的一般程序

人类建立一系列的社会关系,随后开展社会交往实践,于是有了接待这一招待和交际活动。企业要开拓市场,扩展业务,就离不开商务接待。商务接待建立在商务来往与合作的基础上,是企业在商务活动中,对中外来访者进行迎送、招待、洽谈等一系列活动,是企业秘书作为领导助手的一项常规性工作。

商务接待具有频率的日常性、客源的广泛性、外表的礼仪性和内容的务实性等特点,主要由秘书部门和秘书人员承担。

企业秘书接待来客来访的一般程序是:迎接来访者→询问来访目的→进行来访登记→向领导汇报→如领导决定不见,委婉解释并送走来访者→如领导决定接见,秘书为双方做介绍→根据领导授意,陪同接见或离开→根据领导指示,安排会谈、宴请、住宿等→送走来访者→完成来访纪录。

(二)企业秘书商务接待的常用信息

企业秘书在接待来客来访时,除了衣着装扮和言语举止上的礼仪要求外,还要做好接待信息的收集、整理、上报、贮存。

1. 来客的个人信息

客人刚出现时,企业秘书首先要用亲切礼貌的用语,判断是预约来客还是临时来客。预约来客的个人信息应事先收集,临时来客就需要秘书的随机应变,在谈话中收集到相关信息。

无论预约来客还是临时来客,企业秘书都要收集来客的基本资料:国籍、姓名、民族、职位、宗教信仰、兴趣爱好等信息,提供给领导。

2. 来客的到访意图

并不是所有的来客领导都接见的,到访意图是领导确定是否接待、按什么规格接待的前提。因此企业秘书要通过多种渠道收集这方面的信息,并互相印证,准确判断出来访者的真正目的。

3. 接待方案的确定

重要的商务接待,秘书要事先拟定接待方案,报领导批准,作为下一步接待工作的指南。接待方案更需要信息的支撑,除了来访者的个人信息、来访意图信息外,秘书还要确立:

(1) 本次接待的原则:这是接待的方针,总控本次接待的方方面面。接待原则取决于双方交往的历史、对方和我方目前的关系、对方此次来访的意图。

(2) 本次接待的规格:指接待方主要陪同人员的级别,有高规格接待(主要陪同的职位高于主要来宾)、同规格接待(主要陪同的职位等同于主要来宾)、低规格接待(主要陪同的职位低于主要来宾)。

(3) 本次接待的内容:包括活动与日程安排,如迎送、接见、会谈、宴请、参观、游览、观看演出等。最好能列表,清晰标明各项活动的内容、时间、地点、陪同人员、车辆配置等。

(4) 本次接待的经费预算:分为接待方包揽、来访者自理、双方共同承担三种形式。开销的主要项目有:场地费、资料费、劳务费、食宿费、交通费、宣传费,以及购买门票、纪念品的费用。

接待方案由企业秘书拟定,汇报给领导确定。企业秘书要注意两点,一是不要完全照搬过往的接待方案。常规来客一般按照常规方案接待,但客人如提出某些要求,经请示领导同意后,秘书要及时修改补充接待方案;二是对非常规来客不要茫然不知所措:秘书可以找出以前接待类似来客的先例,呈报给领导参考。

此外,除了面对面的接待,电话和邮件也是企业常规的接待工作。在处理电话信息时,秘书要做到两点,一是及时记录,包括来电事件、人名、事项;二是及时处理,必须由领导处理的来电,要请示或转接领导。领导不愿接的来电,要有技巧地挡驾;由其他职能部门处理的来电,要及时交给其他部门。

二、企业秘书在商务差旅中的信息工作……………………………………………………

企业领导走出去,到对方公司或所在城市出差出访,考察投资环境、经营现状、寻求合作项目,洽谈合同,这些都是经常性的工作。有的分管市场的企业领导,一年中一半以上的时间在全国各地乃至全世界各国出差。当领导出差出访时,秘书无论是否跟随,都要做好三方面的信息工作:

(一) 本次行程信息

1. 票务信息:秘书要清楚领导享受的出差待遇,掌握最新的航班或车次信息,以备领导选择和变动时使用。

2. 天气信息:秘书要查询领导出差出访期间所去城市的天气情况。

3. 活动信息:领导出差期间的主要活动,秘书要事先了解具体内容、时间、地点、规模、程序,还要了解出席者的最高级别、领导是否需要发言。将活动按日期列表,并提醒领导注意事项。

4. 宾馆信息:秘书要根据领导的休息习惯,查看预定的宾馆信息。如领导不抽烟,要选无烟楼层;领导睡眠不好,要选背街的房间。

(二) 有关领导方面的信息

1. 证件信息:除了提醒领导带齐证件,秘书还应将证件复印,以备急需。

2. 健康信息:秘书要根据领导的身体与保养习惯,准备常用药与保健品。

3. 联络信息:出差接待方的电话号码、领导常用的电话号码,秘书都要事先整理并备份,以免临时找不到人。

4. 资料信息:主要有两种,一是汇总类资料,如阶段工作汇总、统计数据汇总、产销状况汇总等;二是技术类资料,如产品说明书、广告宣传片等。

5. 文件信息:出差出访的文件,如己方的项目资料、打算签订的合同草本、在欢送酒宴上的祝酒词、谢词。秘书要事先写好,经领导过目修改后,打印成文,且携带电子稿。

(三) 对方信息

重点围绕此次出差出访的目的,收集对方的信息。如对方是第一次合作,要包括基本信息;如对方是老客户但基本信息有变化,秘书也要及时收集。

三、秘书在商务宴请时的信息工作………………………………………………………

商务宴请是企业最常规的公关活动之一,也是商务交往中最常见的形式之一。企业以宴请的方式,表示对来访者的欢迎、欢送,增加了解,沟通感情,缓和矛盾,取得共识。

(一) 企业商务宴请的常见种类

1. 正式宴会:是企业最高规格的宴请,有时有上级领导参加。这种宴会必须按照事先排好的座席入座,主人和主宾要致辞和祝酒,气氛热烈严肃。

2. 便宴:是企业的非正式宴请,可以是午宴也可以是晚宴,主人和主宾不发表正式讲话,气氛随和活泼。

3. 冷餐会:是企业招待较多来客时举行的宴请,一般采取自助餐形式,不设座位,参加者可自由走动,交谈取食。

4. 鸡尾酒会:企业在开张、签字等庆典仪式之后,招待来宾,以酒水为主,附带小吃。不设座椅,客人可走动,抵达和离开的时间也较随意。

5. 茶会:企业的一种简单招待,除茶以外,也可配咖啡,并有饮料和水果、零食。

6. 工作餐:企业在紧张的会谈间歇,安排便饭,主宾共同进餐,吃完继续工作。

7. 客饭:企业安排客人在内部食堂进餐,主人不陪同,是最简朴的招待方式。

(二) 秘书在商务宴请中的信息服务

企业秘书是否出席商务宴请,要看宴请规格与领导意图。但无论出席与否,企业秘书都要为领导做好商务宴请的信息工作,保证领导在宴请中出彩。企业秘书安排商务宴请时,需要做的信息工作主要有:

1. 询问并核实来客中最高的级别,这决定了己方出席宴请的领导级别,也决定了宴请的规格。

2. 考虑双方的宗教信仰与禁忌,确定宴请时间与菜单。如有一方是伊斯兰教徒,在斋月禁止白天进食,那么就不能安排午宴,必须安排太阳落山后的晚宴,而且要安排清真席,不备酒。

3. 为领导拟写祝辞,礼貌得体又不要陈词滥调,可引用切景切情的古诗词,还可以用到对方公司或主要领导的新信息,显示诚意。如对方刚获得某项奖励,在祝辞里提到,客人顿觉颜面生辉,能收到宾主尽欢的效果。

4. 准备宴请时的话题,供领导参考。尤其是宴请重要来客时,企业秘书要了解对方的兴趣爱好,收集相关信息,以活跃宴请时的气氛。

四、企业秘书商务交往信息工作的几个原则······························

(一) 实需性原则:指企业秘书采集的商务交往信息要根据本次商务交往活动的实际需要。商务交往在人影交错、人声鼎沸中,会产生大量的信息。不是所有信息都有用,秘书不能拣到篮里就是菜,拿回家里就下锅,而要围绕本次商务交往的目的、领导的交往意图加以甄别与收纳。

(二) 比例性原则:指秘书采集的商务交往信息要有恰当的比例,一是外围信息与核心信息的比例,二是长久信息与暂时信息的比例,三是原始信息与加工信息的比例。只有比例合适的信息,才能对领导的判断决策输送较高的"营养价值"。

（三）动态性原则：商务交往是一种活动，活动者与活动内容都处于不断变化中。商务交往开始前收集的信息再齐全，一旦商务交往开始就要视作静态信息。而商务交往过程中新产生的信息，乃至交往结束的后续信息则是动态信息；动态信息往往会产生微妙的影响，秘书要密切关注与及时反馈。

五、企业秘书处理商务交往信息的若干技巧……………………………………………………

1. 多用大脑储存信息：秘书要尽可能记住客人的相貌、姓名、公司名，储存在脑子里。这样客人再次来访时，秘书能一口说出对方的公司、姓名、职务，顿显热情友好，可以快速有效地拉近双方的距离。

2. 利用名片信息：名片中有客户的基本信息与联络方式，企业秘书当面要双手接过名片，背后也不能一放了之，而要分类存档。有的大公司客户多，名片多，秘书要学会使用专门的软件，进行名片管理。

3. 捕捉聊天信息：商务交往中，大量的内容和时间都用在交谈上。企业秘书不要认为交谈是领导与领导的事，自己一味保持沉默。秘书可以和对方的秘书、工作人员聊天，从中捕捉有用的信息。

4. 建立信息资料库：商务交往是秘书收集信息的主要渠道之一，秘书要将收集到的信息建立资料库，以备查找利用。如秘书可建立来访客户信息资料库，既提高接待质量，又可以进行信息的深化利用。

5. 注意礼物信息：商务交往往往要互赠礼物，企业秘书要注意收集此类信息，使赠送的礼物既体现本地区的特色或本企业的形象，有象征意义和纪念意义，又符合客人的习俗与兴趣，投其所好，达到礼美情意重的效应。

六、企业秘书在商务交往信息工作中的展示效应……………………………………………

与企业秘书的其他工作相比，商务接待的一大特点，是以面对面为主；商务接待信息的一大特点，表现为敏感度高。企业秘书在收集商务接待信息时，倘若形象不佳，或者方法不当，很容易引起对方的反感与警惕，形成信息防范与保护。因此企业秘书在商务接待中要运用好以下几个"展示"效应：

（一）展示企业形象：商务接待是一个企业的门面活儿，秘书与领导互相呼应，组成一个形象"阵营"。企业秘书作为商务交往的幕后主要安排者与幕前主要协调者，要有一个清晰的意识：自己是代表领导接待客人的，要主动积极展示良好和友好的企业形象。比如在接待室放置企业介绍册与产品宣传册，给来访者在等待时阅读，传递"欢迎您光临"的热情信息。

（二）展示个人魅力：秘书作为商务接待的前沿，既不能喧宾夺主，大唱独角戏，也不能淡若无痕，只当传声筒。秘书可适时适度展示个人魅力，尤其是亲和力。比如秘书询问来访者个人信息与来访意图时，面带微笑，言语讨喜，使来访者更愿交谈，从中透露的来访意图等信息将帮助领导决定是否见面与会谈。

（三）展示职业素质：秘书在商务接待中，除了会笑会说话，还要有底蕴，这个底蕴就是职业素质。比如秘书因在领导身边工作，来访者有求于自己，就傲慢无礼，或视来访者的衣着决定亲疏与冷热，这都是职业素质低下的表现，在接待中就收集不到质量较高的信息。

七、企业秘书在危机交往中的信息工作·······························

企业的商务交往中有一块是为了处理危机，这一块比例虽不大，但分量很重，后果很严重。如果说其他方面的失误也许会造成企业的慢性死亡，危机交往的失当与失败则可能造成企业心肌梗死似的即刻死亡。因此企业秘书在危机交往中的信息工作，就像心肺复苏一般不仅重要，而且必须手法果断正确，方能有效。

（一）危机交往产生的原因

企业危机交往的原因有三种：一种是"自身染病"，这是由于企业决策不当、经营失误、服务欠妥等原因引起的危机。如生产食品的企业无菌车间的卫生不达标，被媒体暗访后曝光。二是"飞来横祸"，这是由于外界突发的自然灾害、政局动荡、疾病传播、公共事件造成的危机。如罐头厂采购了大批新鲜水果，产地发生地震导致发不出货。三是"被危机"，这是由于新闻或网络的不实报道引发的危机，如网络谣传某企业老总携款外逃，造成大量供货商堵门追要货款。

（二）秘书危机交往信息的要点

1. 上手要快：企业危机交往都是应对突发事件的，或毫无先兆、猝不及防，或潜伏期虽长但给人一种相安无事的错觉。一旦危机爆发，秘书不要心慌人乱，而要迅速上手，多渠道采集信息，提供给领导决策。

2. 入手要准：危机突发时，各种信息蜂拥而至，小道消息走大路，传言借口到处飞。秘书对入手的信息一定要核对核准，不能因为急就将错误信息汇报给领导。要知道急中不一定生智，倒可能生乱，比没有信息更糟糕的是错误信息。

3. 放手要实：企业秘书在对外公布危机事件信息时，要做到两个实，一是"态度诚实"，一是"内容真实"。不要试图遮掩危机事件，推卸应负责任，而要努力表达本企业对公众尤其是受害公众负责到底的信息，避免激怒情绪，激化矛盾，这样才有利于危机事件快速低调地解决。

4. 高一手是真本事：企业一旦爆发危机事件，口口相传都是嘴，会越传越广，越传越严重，导致一根稻草压垮一辆牛车，一次危机说垮一家企业。要知道危机事件在传播上具有"扩散性"，在后果上具有"渲染性"。因此企业秘书一方面要加紧收集整理核对入手的信息,另一方面要将本企业正在积极有效解决危机的信息,通过媒体网络传播出去,阻止那些夸张与渲染危机后果的信息的蔓延,尽可能降低企业损失,挽救品牌形象与企业声誉。这是危机信息处理高一手的做法。

5.留一手是软功夫:老话说退后一步天地宽,得让人处且让人。在危机交往中,有时秘书收集的对本企业有利的信息,不全部拿出来,而是为对方考虑,留一手。这种软功夫也许会起到真心相待、真情体谅的效果,反而会得到舆论的理解与体谅。

所谓一朝天子一朝臣,圣旨奏章各不同。然而领导层与领导分工再变换,企业秘书的工作就那么多项,顶多只是微调。在大多数人"干得了"的局面下,谁能"干得好",谁就能在企业的经济风云和人事变换中成为领导倚重的膀臂。最考验秘书水准的信息工作可谓尚方宝剑的磨刀石,被历任领导所借重。企业秘书要不断地历练自己的信息工作能力,做到"多快好准独"五个字,既优质地辅佐领导,又为自己赢得良好的职业前景。

思考题

1. 我国目前企业秘书部门的设置有哪几种类型?
2. 为什么说"人脉扩展能力"是收集信息的重要渠道?
3. 与机关事业单位相比,企业决策信息有什么特点?
4. 如果你作为企业秘书陪同领导参加商务谈判,你将如何提供信息服务?

案例分析

李越是行政管理专业的毕业生,应聘到一家服装公司做总经理秘书。公司正准备开辟日本市场,日本客户即将来访,总经理要求李越准备礼物。李越多方查询,发现日本客户对汉文化很有兴趣。她想起总经理练习书法多年,经过名师指导,也曾获得书法奖项。于是建议总经理亲自写一幅字赠送给日本客人,既文雅又别具一格。果然,日本客人接过礼物展开一看,满脸笑容,十分喜欢。可是他低头仔细一看,顿时面露不悦,此后的会谈也一直气氛低迷,最终没有签成合同。事后李越得知,原因是老总盖的印章特意刻成支离破碎的边缘,以示古远苍劲。但日本传统认为这不完整、不吉利。老总因此责怪李越收集信息不够全面,李越十分委屈。

【问题讨论】

1. 李越的错误在哪里? 她怎样做才能避免类似的错误?
2. 企业秘书是否应该尊重与了解对方的国情? 怎样收集与利用礼仪信息,才能促进商务交往目标的实现？

实践训练

　　我国某冶金公司要向美国购买一套先进的组合炉,派一高级工程师与美商谈判,为了不负使命,这位高工做了充分的准备工作,他查找了大量有关冶炼组合炉的资料,花了很大的精力将国际市场上组合炉的行情及美国这家公司的历史和现状、经营情况等了解得一清二楚。谈判开始,美商一开口要价150万美元。中方工程师列举各国成交价格,使美商目瞪口呆,终于以80万美元达成协议。

　　当谈判购买冶炼自动设备时,美商报价230万美元,经过讨价还价压到130万美元,中方仍然不同意,坚持出价100万美元。美商表示不愿继续谈下去了,把合同往中方工程师面前一扔,说:"我们已经作了这么大的让步,贵公司仍不能合作,看来你们没有诚意,这笔生意就算了,明天我们回国了。"中方工程师闻言轻轻一笑,把手一伸,做了一个优雅的请的动作。美商真的走了,冶金公司的其他人有些着急,甚至埋怨工程师不该抠得这么紧。工程师说:"放心吧,他们会回来的。同样的设备,去年他们卖给法国只有95万美元,国际市场上这种设备的价格100万美元是正常的。"果然不出所料,一个星期后美方又回来继续谈了。工程师向美商点明了他们与法国的成交价格,美商又愣住了,没有想到眼前这位中国商人如此精明,于是不敢再报虚价,只得说:"现在物价上涨得厉害,比不了去年。"工程师说:"每年物价上涨指数没有超过6%。一年时间,你们算算,该涨多少?"美商被问得哑口无言,在事实面前,不得不让步,最终以101万美元达成了这笔交易。

　　讨论:中方在谈判中取得成功的原因及美方处于不利地位的原因? 如果你大学毕业后自主创业,你计划如何利用信息,在商务谈判中取得成功?

知识链接

国际商务谈判中的思维差异与意识差异①

　　国际商务谈判过程一般包括四个阶段:第一,寒暄,谈一些与工作不相干的话题;第二,交流与工作相关的信息;第三,进行说服;第四,作出让步并最终达成协议。在这几个阶段中,思维差异与意识差异主要体现在:

――――――――――

① 张静静:《跨文化商务谈判中的文化差异及应对策略》,《牡丹江教育学院学报》,2009年第2期。

（一）思维差异

国际商务谈判时，来自不同文化背景的谈判者往往会遭遇思维方式的冲突。以东方和英美文化为例，两者在思维方面的差异有三个方面：一是东方文化偏好形象思维，英美文化偏好抽象思维；二是东方文化偏好综合思维，英美文化偏好分析思维；三是东方文化注重统一，英美文化注重对立。例如，在谈判方法上，东方人的思维模式是整体取向，在谈判中采用的方法是从整体到局部，从笼统到具体，先就总体原则达成共识，然后依次解决具体问题；而西方人着重具体，谈判一开始就急于谈论具体条款。在美国，如果一半的问题确定下来，那么可以说谈判就算完成了一半，但是在日本好像什么事也没定下来。

（二）意识差异

了解中西方意识的差异，有助于我们找到有效的沟通渠道，驾驭谈判过程，把握谈判的方向和进度。以下列举了一些常见的意识差异：

1. 决策意识

当面对复杂的谈判时，来自不同国家的人将使用不同的方式做出决定。比如，对于日本人来说，决策是集体的事情，需要得到管理层的一致同意。日本人的价值观念和精神取向都是集体主义的，以集体为核心。而在德国，决策权一般在公司的最高层手中。

2. 人情意识

中国有别于西方的一个特色就是人情问题，凡事讲究人情，讲究面子，所以在谈判中，也不可避免受此影响。而且，中国谈判者注重建立和谐的人际关系，认为个人间的融洽关系对于谈判的成败有很大影响。西方人在现行的市场经济条件下，强调对利益的追求。虽然也很注重谈判中的人际关系，但他们一切以利益为重，在人情和利益两难的情况下，他们会毫不犹豫地选择利益。

3. 利益意识

商务谈判的目的主要是获取经济利益。在现代社会，中西谈判者都具有利益意识，双方谈判的目标集中而鲜明地指向利益，并以利益作为谈判的主要评价指标。但是，中国谈判者的利益意识没有西方谈判者那么明确和强烈。

第十章　信息工作与新媒体

伴随着信息技术的高速发展和信息时代的到来,秘书信息工作所面对的环境、工具、方法都发生了深刻的变革。以新媒体广泛应用为主要特征的媒介化社会的形成给秘书信息工作带来了新的机遇和挑战。为了应对这一挑战,秘书人员必须具备良好的媒介素养,掌握以搜索引擎、微博、微信为代表的各类新媒体的运作技能,从而完成各类信息处理的过程。这不仅是辅助领导决策的需要,也是现代信息社会对秘书人员的必然要求。

第一节　秘书信息工作面临的时代变革

案例导入

北京,2013年6月14日,联合国秘书长潘基文宣布联合国官方微信账户正式启动。微信拥有大约4亿用户(编者注:截至2013年10月,微信拥有的用户已超过6亿),是全球最大的社交媒体平台之一。而中国现有11.5亿手机用户和6亿活跃的互联网用户,联合国微信账户的启动将扩大联合国在中国社交媒体中的影响。

潘基文即将于6月18日开启自2007年上任后的第六次访华行程。在纽约,潘基文通过微信及其他社交媒体平台上发布视频讲话,启动联合国微信账号。潘基文表示,他对这一创新的信息服务的推出表示满意,因为这一服务能够加强联合国与人们的互动。

潘基文说:"我希望联合国微信账号能让很多中国人民了解到联合国的最新新闻和动态,理解联合国为什么至关重要。"

从这一天起,微信用户可以通过新开通的联合国微信账户向潘基文提问,他会在访华期间回答网友的问题。同时微信用户还可以通过联合国微信跟进秘书长访华期间的各项活动。

联合国官方微信账户将由纽约联合国总部的新闻部管理,每天发布联合国在世界各地的最新动态。微信用户可以搜索公共账户"联合国"、微信号"lianheguo"或者扫描二维码来添加联合国微信账户。①

请问：联合国秘书长要与中国民众交流可以有多种方式，他先后选择通过微博和微信与中国网民交流的原因是什么？这一案例对秘书人员提高媒介素养有什么启示？

一、信息爆炸的年代

现代科学技术发展的速度越来越快，新的科技知识和信息量迅猛增加。英国学者詹姆斯·马丁统计，人类知识的倍增周期在 19 世纪为 50 年，20 世纪前半叶为 10 年左右。到了 70 年代缩短为 5 年，80 年代末几乎已到了每三年翻一番的程度。近年来，全世界每天发表的论文达 13 000—14 000 篇，每年登记的新专利达 70 万项，每年出版的图书达 50 多万种。新理论、新材料、新工艺、新方法的不断出现，使知识老化的速度加快。据统计，一个人所掌握的知识半衰期在 18 世纪为 80 年—90 年，19—20 世纪为 30 年，20 世纪 60 年代为 15 年，进入 80 年代，缩短为 5 年左右。全球印刷信息的生产量每五年翻一番，《纽约时报》一周的信息量即相当于 17 世纪学者毕生所能接触到的信息量的总和。近 30 年来，人类生产的信息已超过过去 5 000 年信息生产的总和。2013年 3 月 1 日，国际数据公司 IDC(International Data Corporation)发布数字宇宙报告《大数据，更大的数字身影，最大增长在远东》。该报告显示，随着全球范围内个人电脑、智能手机等设备的普及，新兴市场内互联网访问量的不断增长，以及监控摄像机或智能电表等设备产生的数据爆增，使数字宇宙的规模在最近两年翻了一番，达到惊人的 2.8 ZB。IDC 预计，到 2020 年数字宇宙规模将超出预期，达到 40 ZB。仅就数量而言，40 ZB 的数据相当于：如果把 40 ZB 的数据全部存入现有的蓝光光盘，这些光盘的重量（不带盒子或包装）相当于 424 艘尼米兹号航母，地球上人均拥有 5 247 GB 的数据。

二、网络化的工作环境

当前要提高信息处理的能力就离不开网络化的工作环境，互联网的出现给信息工作者提供了一个开放的、透明的工作平台。而基于互联网之上的电子政府与各企事业单位、集团公司等组织的内部网络更是政务秘书和商务秘书进行信息管理的主要工作平台。

在信息社会中，信息就是力量和财富。电子政府这一网络平台，有效地利用现代信息和通讯技术，透过不同的信息服务设施（如电话、网络、公用电脑站等），使政府机关、企业、社会组织和公民，能在其更方便的时间、地点及方式下参与社会政治经济生活，从而构建一个高效率、高服务水平的政府。

---

① 《联合国秘书长潘基文启动联合国微信》，2013 - 06 - 14　13:37，http://news.qq.com/a/20130615/000009.htm。

三、媒介化社会的形成

媒介化社会是在媒介融合的技术支撑下,在受众的信息依赖牵引下,表征媒介对社会环境建构影响力的一种信息社会形态。其特征主要表现在以下三个方面。

(一)媒介形态多元化

它主要指利用计算机、数字技术,通过互联网、无线通信网和卫星等渠道,以电视、电脑和手机等为终端,向受众提供视频、音频、语音数据的一种传播形式。

(二)媒介传受互动化

新媒体形态的出现带来的一个最大变化就是传受者的互动性有了很大的增强。传播者与受者之间的关系不再是从传播者到受众的单向度传播,受众通过各种网络数字技术,提高了在传播过程中的地位,能主动地、有选择地获取信息,甚至参与到传播信息的制作与发布当中。现在网络上兴盛的"博客"、"微博"等信息传播形式,使得一个个体也能发出自己的声音,甚至成为新闻信息的传播源。

(三)媒介影响立体化

在媒介化社会中,每个人的生活都处在媒介的影响之下。人们从媒介上获得政治、经济乃至日常生活中各个方面的信息,这些信息构成了我们对世界的总体认知。人们会依据从媒介上获得的信息指导现实生活,大到人生观、世界观的确立,小到了解当天的天气情况、参考衣着搭配。因此可以说在某种程度上,我们每个人不仅是生活在现实世界,也是生活在媒介化的信息世界中。

第二节 媒介素养与秘书信息工作

随着信息技术的不断发展和媒介化社会的形成,大众传媒尤其是新兴媒体在秘书工作中的作用和地位日益凸显,如何正确、及时、有效地为本部门提供、发布信息,以及掌握新兴媒体的运作方式,是当今信息时代里急需提升的一种工作能力。秘书人员具备良好的媒介素养不仅是辅助领导决策的需要,而且是现代信息社会对秘书人员的必然要求。相对于其他社会个体,秘书人员更需要具备良好的媒介素养,并掌握各媒介的运作技能,从而达到辅助领导决策、宣传本部门形象的效果。

一、媒介素养定义

媒介素养这一概念最初诞生在英国,伴随着新兴媒体的不断发展,媒介素养的研究引起了不同研究领域众多研究人员的兴趣。美国媒介素养学者 W. James Potter 在他的《媒介素养》一书中指出："媒介传播效果对人的影响就像天气对人的影响一样,它无处不在,无时不有,且存在形式多种多样。无论气象局如何先进,它也控制不了天气的变化。然而个人却能有效地控制气候对自身的影响。如何控制?就是媒介素养。"

媒介素养在国内的教科书及学术文章上又被称为"媒体素养"、"媒体教养"、"传媒素质"等等。根据媒介素养的发展历程,综合多个学者的定义,我们认为媒介素养就是指人们对各种媒介信息的阅读和评判能力,以及使用媒介信息为个人生活、工作、社会发展服务的能力,是人们面对媒介各种信息时所表现出的选择能力、理解能力、质疑能力、评价能力、思辨能力以及制作能力。媒介素养是现代人生活在这个信息爆炸时代中必须具备的核心素养之一。

二、媒介素养对秘书工作的重要性

秘书工作往往被描述成一种琐碎的内向型工作,甚至在很多人眼中其工作内容无外乎端茶送水、收发文件、整理办公室内务等,秘书所发挥的联通内外、沟通上下的信息传递作用常常被忽略。而在信息时代,秘书的这一职能变得日益重要和突出。对于当代秘书而言,能否扮演好信息桥梁角色直接关系到其工作效果,而这又与其自身媒介素养的高低紧密相关。

秘书在组织中主要发挥两项作用:一是枢纽作用。在各级各类管理体系中,秘书部门都处于组织机构的中枢地位,秘书通过文件传送、情况汇报、信息发布等工作,使领导机关同下属部门、各部门之间以及本单位与外单位保持联系,实现下情上报、上情下达、左右联通、内外联系,保证组织的有效运转。随着传播技术的发展,秘书传递信息的方式已不局限于传统的信函文件和口头交流,转而更依赖各种新兴媒体。不同单位的秘书间可借助电子邮件、MSN、QQ等媒介交流信息处理事务,以提高效率、节约时间;一些单位包括政府机关和企业、民间组织等纷纷开通微博,通过这一网络平台既能及时了解外界对本组织或相关事件的看法,解耳目闭塞之虞,又能将组织的相关信息快速传递出去,扩大组织的影响力。

秘书发挥的第二项重要作用即是中介性的参谋作用。秘书机构需为领导决策做好准备,这方面的工作内容包括调查研究、整理资料、筛选课题、出谋划策等。秘书所提供的参考信息充分、准确与否,直接关系到领导最终决策的正确性及执行效果。在信息时代,秘书能否搜集到尽可能多的信息并迅速进行有效整合,去伪存真、去粗取精及至形成参考文件,就与其使用大众媒介尤其是新兴媒体的能力密切相关。一方面秘书必须具备广泛接受媒介信息的意识。通过各类媒体秘书就可以拥有接受四面八方、形形色色信息的顺风耳和千里眼;另一方面秘书要具备较强的网络搜索能力。网络媒介具有存储海量信息的特点和优势,秘书如能善用搜索引擎工具,很多信息就可以手到擒来,这较之传统的资料室、图书馆查阅方式能大大提高工作效率。

三、媒介素养内容

相对于一般大众媒介素养而言，一名秘书需要具有更专业、更丰富的媒介知识，需具备一种更职业化的媒介素养。一个具备良好媒介素养的秘书，能够从各种媒介中获取科学、有效、准确的信息，并加以选择、利用，从而为领导的科学决策和管理提供有力的信息支持。

媒介信息素养包括：媒介信息知识、媒介信息观念、媒介信息获取意识、媒介信息获取能力、媒介信息发布能力。

（一）媒介信息知识

秘书人员的媒介信息知识应包括两方面：一是媒介信息文化知识，二是计算机和信息网络技术常识。前者指具有基本的科学文化常识，对媒介信息的概念能正确地理解和应用，后者是指现代秘书必须熟练使用计算机和网络。

（二）媒介信息观念

秘书人员的信息观念是指秘书人员对信息的认识和在实践活动中形成的对信息价值的总体印象。这是衡量媒介信息观念先进与否的一个重要标准。秘书人员必须了解媒介信息的社会功能，了解媒介信息资源和信息技术对社会经济发展的作用，形成"信息是生产力"、"信息是资源"、"信息是财富"的观念。

（三）媒介信息获取意识

媒介信息意识是指秘书人员对秘书信息工作的感觉、直觉、知觉、情感、意志等心理品质，主要是指对信息的感受力、注意力和对信息价值的洞察力、判断力。媒介信息意识决定了秘书在信息工作中捕捉、判断和利用过程中的自觉程度和敏感程度。具有强烈媒介信息意识的秘书人员，就能够积极主动地搜索、挖掘和利用各种信息为领导的决策提供帮助。

（四）媒介信息获取能力

媒介信息获取能力是指秘书人员在众多信息中捕捉有用信息的能力。秘书人员要获取有用信息，除了充分利用组织建立的各种内部信息网络外，还应掌握并建立自己的常规信息获取渠道，同时还要善于开发新的信息资源，同时确保信息渠道畅通。

（五）媒介信息发布能力

秘书人员在获取信息和处理信息的基础上，融入自己的思想，并通过一定的渠道发布信息。秘书人员所在的部门需要与外界沟通，这时就需要通过各类媒体来实现这一目的，信息时代懂得如何利用新兴媒体发布信息对于一个秘书来说至关重要。

四、提高秘书媒介素养的方法

从个人层面上来说，媒介素养是人的基本特质和主观能力。就群体层面上来说，媒介素养既是一种社会现象，又是一种社会机制。秘书人员要想提高自身的媒介素养，应从以下几方面加以努力。

（一）把握媒介的基本特征

把握媒介基本特征的能力在秘书媒介素养体系中居于核心地位。把握媒介的基本特征，具体而言，可分为相互联系又相互独立的三个方面。一是对于媒介本身的认识，这种认识可以通过对媒介的分类研究获得。二是对于影响媒介社会背景的了解，因为在不同社会背景下媒介的性质是不一样的。三是对于媒介信息的领悟，不同信息有着不同的特征，如果混淆不同媒介信息的不同特征必然会在接受媒介信息的过程中走入误区。

（二）培养敏锐的媒介信息意识

图书、报纸、杂志、广播、影视以及互联网，每天都产生大量的信息，只有具备敏锐的信息意识，才能主动去搜集、挖掘、利用各种有价值的信息，才能在众多的信息中迅速而准确地找到事物的本质、问题的症结，并能迅速作出选择和判断。敏锐的信息意识就是要求秘书了解媒介信息的概念和特点、媒介信息的存储方式、媒介信息的载体形式和传播规律，并将这种意识和日常的工作有机融合起来。

（三）提升信息创新水平

信息工作是领导决策过程中的重要基础和前提。秘书人员的信息工作水平直接决定着其服务水平，如果秘书人员能对所获得的信息进行创新性地加工处理，得出有价值的结论，那么将对领导的决策起重要作用。

信息创新要求人们从已有的信息中进一步找出新关系，寻求新的答案，使之成为具有更高价值的新信息。决策的创新需要信息的创新，秘书人员要提高自身的媒介信息素养就必须提高信息的创新能力。提高信息的创新能力需要注重以下几个方面：宽广的知识面，这是信息创新的前提和基础；崭新的思想观念，观念创新是信息创新之源；高度敏感性和丰富想象力；追求卓越的良好精神状态。

（四）培养高尚的媒介信息道德

媒介信息道德是指秘书人员在获取和使用信息过程中，应遵循一定的伦理规范，也就是要求秘书人员具有良好的职业道德，特别是在真假信息满天飞的今天，秘书人员必须自觉保护他人的知识产权、隐私权，不危害他人的合法权益，不传播虚假信息。秘书人员如果没有高尚的媒介信息道德，就很容易在人们享受信息技术带来便利的同时，不可避免地出现一些与文明、道德、伦理相悖的现象。

（五）追求现代新鲜信息

媒介素养的概念不仅是一种静态现象，更重要的是一种动态的过程。换言之，媒介素养作为对于媒介的一种学识、一种认知、一种应用能力,其实处于不断的变化之中。媒介之所以对人类有着极其重要的作用,是因为媒介能够有效地传播信息特别是传播新鲜信息。媒介只是传播工具,如果离开传播信息,媒介就失去了其存在的意义。因此追求现代生活的新鲜信息,既是秘书人员提高媒介素养的出发点,又是提高媒介素养的归宿点,而且本身就是构成媒介素养的一个关键要素。秘书人员应努力追求现代社会新鲜信息,以进一步提高自身的媒介素养。

(六) 提高自身的知识积累

知识积累是构成素养的基础要素。媒介素养是一般素养、文化素养及专业素养融为一体的综合素养,因此秘书人员必须增加政治、法律、经济、思想、文化、科技、体育等知识的积累,而且要加强对媒介专业知识的学习。知识积累越多,媒介素养越高。知识积累有助于准确判断传媒信息,有助于深度解读传媒信息,有助于合理运用媒介信息。

第三节 新媒体简介

一、媒体和媒介

"媒介"一词最早见于《旧唐书·张行成传》:"观古今用人,必因媒介"。此处"媒介"指使双方发生关系的人或事物。其中"媒"字在先秦时期是指媒人,后引申为事物发展的诱因。而"介"字则一直是指居于两者之间的中介体或工具。在英语中,媒介"media"一词系"medium"的复数形式,大约出现于19世纪末20世纪初,其意是指使事物之间发生关系的介质或工具。在加拿大学者麦克卢汉(McLuhan)看来,媒介即万物,万物皆媒介。凡是能使人与人、人与事物或事物与事物之间产生联系发生关系的物质都是广义的媒介。

在狭义层面上,人们对"媒介"的理解和运用也各不相同,有时它与符号混淆:"媒介是指承载并传递信息的物理形式、包括物质实体和物理能。前者如文字、各种印刷品、记号、有象征意义的物体、信息传播器材等;后者如声波、光波等"。(龚伟,1988)。有时它与传播形式相混:"媒介是一个简单方便的术语,通常用来指所有面向广大传播对象的信息传播形式,包括电影、电视、广播、报刊、通俗文学和音乐"。(巴勒特,1986)。

传播学中所说的"传播媒介",指的是人类传播过程中运载和传递信息的物体,是连接传受双方的中介物。人类传播活动中使用的传播媒介,大致可以分为人际传播媒介、组织传播媒介和大众传播媒介。网络是20世纪末兴起的新兴传播媒介,这种复合型媒介为人类传播活动提供了一个崭新的平台。通过这个平台,人们可以向广大公众进行开放式的大众传播,人们可以从事横向和纵向的组织传播,也可以向特定的对象进行人际传播。所以,它既是一种覆盖全球的大众传播媒介,又是一种高效灵便的组织传播媒介和人际传播媒介。

广义而言,自然界中任何两种事物发生联系的中介物都可以称为媒介。传播学意义上的媒介主要指使信息得以在社会各领域广泛传递的各种"工具"。

媒介定义的本质就在于它能够有效承载信息。如乌龟壳不是媒介,但是当人们在上面镌刻文字的时候,便也成为一种古老的媒介形式;鸽子本来不是媒介,但是当人们利用它长途飞行不会迷失的特点,通过它传递情报信息的时候,它就成为一个很可靠的媒介。类似的载体还有很多,只要它们能负载信息,能实现传播就具有媒介的特点。但是它们并非媒体,因为它们自身不是信息发布的主体,未经组织不具备规模,难以形成持续的大众影响而赢得广泛的受众信赖,因此它们只是媒介工具而不是媒体。

媒体和媒介的根本区别在于媒介是被动和物化的,而媒体是主动和人格化的。媒介是载体和方式,媒体是信息发布的主体是传播活动的组织者。本教材认为媒体的概念大于媒介,它实质拥有并使用媒介。因此很多新出现的"信息传播方式"只能叫"新的传播媒介"或"新的传播渠道"而不能定义为新媒体。研究新媒体的时候,我们更多地是在研究媒体与受众的关系,研究组织传播的手段,研究拓展媒体价值的方向,而不仅仅研究媒体的信息传播方式和信息搭载能力。

二、新媒体定义及特征①⋯⋯⋯⋯⋯⋯⋯⋯⋯⋯⋯⋯⋯⋯⋯⋯⋯⋯⋯⋯⋯⋯⋯⋯⋯⋯⋯⋯⋯⋯⋯⋯

新媒体的定义目前众说纷纭尚无定论,北京师范大学教授于丹认为比旧媒体新的都叫新媒体。杨继红在《谁是新媒体》一书中表示,新媒体是基于数字基础的、非线性播出的、能够实现交互性具有互联网特性的传播方式和交互空间。清华大学熊澄宇教授认为,新媒体是一个不断变化的概念,各类新出现的媒体形态,跟计算机相关的都可以说是新媒体。中国传媒大学教授黄升民认为,构成新媒体的基本要素是基于网络和数字技术所构筑的三个无限,即需求无限、传输无限和生产无限。也有学者认为只要媒体构成的基本要素有别于传统媒体,就能称得上是新媒体;否则,最多也就是在原来的基础上的变形或改进提高。

尽管对于新媒体的概念众说纷纭,但对于新媒体应该具备的特征,各家的认识却大致相同。王诚在《通信文化浪潮》一书中指出,新媒体必须具备这样一些特点:信息发出者主要是电信运营商、数字电视网络运营商、信息增值服务商三类专业机构;信息接受者潜在数量庞大,身份多样、自由度高;信息的载体由计算机语言生成,边界开放、容量无限、形式丰富、存取方便;信息的形态呈多元性、个性化,新闻更新快速及时,网络编辑为主要把关人;信息的反馈具有实效性和互动性;信息运营的商业化门槛相对较低,市场竞争激烈,维护成本较高。有的研究者则认为,新媒体的主要优势在于传播的高速度与高清晰度,传播的高共享度和高互动性,信息多媒体化,信息个

---

① 参见《浅谈搜索引擎的新媒体特征》一文,2011-09-26,http://blog.sina.com.cn/s/blog_477f62ab0100xfky.html。

性化定制等。尽管在陈述上各不相同,但基本上都强调了新媒体的实时性、互动性、开放性等特点。

三、新媒体应用之一:搜索引擎⋯⋯⋯⋯⋯⋯⋯⋯⋯⋯⋯⋯⋯⋯⋯⋯⋯⋯⋯⋯⋯⋯⋯⋯⋯⋯⋯⋯⋯⋯

(一) 搜索引擎的新媒体特征[①]

搜索引擎是否是新媒体? 这是一个有争议的问题,一些人认为搜索引擎本质上只是一种搜索工具,并不是一种新媒体。但前路透社执行官文·克洛斯比在文章"Yes google is a media company"中认为,如果因为谷歌没有独家报道,没有新闻从业人员,没有广播发射台,就不是媒体公司,这种观念其实是对21世纪媒体的误读。暨南大学谭天教授认为,媒体应该具备渠道、内容和商业模式三大组成部分。对照这个标准,搜索引擎也充分具备了这几大要素,因此"谷歌绝对是媒体公司"。搜索引擎本身就是一个信息传播的渠道,搜索引擎的商业模式也已经很成熟。很多人因为搜索引擎本身缺乏内容订制的功能,因而认为其无法被纳入新媒体的范畴。但从百度提供的功能来看,百度早已超越搜索工具的范畴,百度新闻、百度文库等产品,都具备了十分出色的内容制造功能。可以说搜索引擎已经具备了新媒体的全部必要特征。

首先,作为新媒体最基本的特征是信息的发出者必须是一个数字平台,而这恰好是百度最基本的特征之一。作为一个信息集成平台,百度所有的内容都是通过互联网采集提供,以数字技术为基础实现的。百度的所有产品,不论是网页快照还是新闻平台内容的主要来源都是通过互联网数据技术实现的,内容丰富多样;而且所有的传播内容都通过"超链接"技术实现即时、无限的扩展,信息数据库相当庞大。

其次,新媒体具有强烈的双向性与互动性的特征。中国人民大学喻国明教授表示,传统媒体是一对多的传播,新媒体是多对多的传播,新媒体的交互性,是所有人对所有人的传播。这个双向的非线性的传播特征也正好是百度等所有搜索引擎最突出的优势与特点。百度目前拥有的100多个产品,其中诸如知道、贴吧、空间、文库等产品都具有很强的双向性与互动性。单就百度贴吧而言,这就是一个完全开放的平台,难以计数的网友每分每秒都在贴吧发布自己的观点与信息,快速地回复别人的观点与信息,为用户提供了一个随时发布信息、交流共享信息的平台。这种多对多开放的传播形式也是所有网络新媒体的突出特点。而百度的其他产品,如网页、快照、新闻等也完全实现了多对多的及时传播。用户完全可以在百度平台实时发布各种合法信息,新闻实现24小时滚动,系统根据用户的浏览量定时自动更新,确保不会漏掉重要新闻,具有强大的信息反馈时效性。用户还可以通过与媒体以及其他受众的互动发出更多的声音,影响信息传播

---

① 参见《浅谈搜索引擎的新媒体特征》一文。

者。比如在社区平台，百度知道平台，用户在上一秒所发出的信息，在下一秒就可以得到反馈。

第三，以数字技术为代表的新媒体，其最大特点是打破了媒介间的壁垒，消融了媒体介质、地域、行政之间，甚至传播者与接受者之间的边界，呈现出多元性与个性化的特点。在新媒体的传播过程中，所有的信息接受者都可以是信息发布者，颠覆了传统媒体的传播模式；所有的传播内容都通过"超链接"技术做到即时的、无限的扩展，从而使其内容变成"活物"，打破地域与媒介之间的壁垒，也更具个性。同时伴随互联网与科学技术的发展，新媒体正体现出向多元化、多媒体综合发展的特征。在百度这样一个开放的搜索平台，每个用户都可以通过个体的需求订制任何一种形式的新闻信息或者发布自己的信息，包括图片、视频或文字等多种形式的信息，也可以选择接受不同的多元的信息。也就是说，每个新媒体受众手中最终接受到的信息内容组合可以是一样的，也可以是完全不同的。这与传统媒体受众只能被动地阅读或者观看毫无差别的内容有很大不同。百度目前就是一个综合的平台，有网页、MP3、视频、游戏、竞价排名等不同的产品，正走向一个更加综合的多媒体方向，这也是所有网络新媒体的整体发展趋势。

第四，在信息运营方面，百度与其他网络新媒体一样，具备信息门槛低、市场竞争激烈等特点。用户在百度发布信息，基本上没有什么门槛限制，只要是合法的内容都可以在其平台发布。虽然某些平台，比如百度新闻，在审核方面相较其他产品频道的要求要严格一些，在百度文库中上传作品也需要经过一定的审核程序，但相比较传统媒体还是很明显地体现出了门槛较低的特点。特别是在百度的知道、空间、贴吧发布信息或者搜索信息门槛更低，每个人都可以成为信息的制造者与发布者。

通过以上分析，我们完全可以把搜索引擎称为新媒体。不管是大众搜索门户百度、谷歌还是垂直搜索门户阿里巴巴，这种媒体最根本的变化就在于他们通过平台的打造，省去了信息传播过程中的信道环节，能够让信源直接面对信众。从这个意义上来讲，他们就成为"精准营销"的代名词，让企业与个人之间或是个人与个人之间直接进行了需求的匹配。

（二）百度高级使用技巧

1. ""——精确匹配

如果输入的查询词很长，百度在经过分析后，给出的搜索结果中的查询词，可能是拆分的。如果您对这种情况不满意，可以尝试让百度不拆分查询词。给查询词加上双引号，就可以达到这种效果。如"上海大学"，搜索结果中的上海大学四个字就不会是分开的。

2. －——消除无关性

这是逻辑"非"的操作，用于排除无关信息，有利于缩小查询范围。百度支持"－"功能，用于有目的地删除某些无关网页，语法是"A－B"。如：要搜寻关于"武侠小说"，但不含"古龙"的资料，可使用武侠小说－古龙，但需要注意前一个关键词和减号之间必须有空格，否则减号会被当成连字符处理,而失去减号语法功能。减号和后一个关键词之间,有无空格均可。

3. (|)——并行搜索

这是逻辑"或"的操作,使用"A|B"来搜索"或者包含关键词 A,或者包含关键词 B"的网页。使用同义词作关键词并在各关键词中使用"|"运算符可提高检索的全面性。如"计算机|电脑"搜索即可。

4. intitle——把搜索范围限定在网页标题中

网页标题通常是对网页内容的归纳。把查询内容范围限定在网页标题中,就会得到和输入的关键字匹配度更高的检索结果。使用的方式是在查询内容中特别关键的部分前加上"intitle:"。如 intitle:超级女声,需要注意的是 intitle:和后面的关键词之间,不要有空格。

5. site——把搜索范围限定在特定站点中

有时如果知道某个站点中有自己需要找的东西,就可以把搜索范围限定在这个站点中以提高查询效率。使用的方式是在查询内容的后面,加上"site:站点域名"。如:site:baidu.com 注意"site:"后面的站点域名,不要带"http://";另外 site:和站点名之间不要带空格。

6. inurl——把搜索范围限定在 url 链接中

网页 url 中的某些信息,常常有某种有价值的含义。有时对搜索结果的 url 作某种限定,就可以获得良好的效果。实现的方式是用"inurl:",前面或后面写上需要在 url 中出现的关键词。如 photoshop inurl:jiqiao 可以查找关于 photoshop 的使用技巧。上面这个查询串中的"photoshop",是可以出现在网页的任何位置,而"jiqiao"则必须出现在网页 url 中。注意 inurl:语法和后面所跟的关键词,不要有空格。

7. filetype——特定格式的文档检索

百度以"filetype:"来对搜索对象作出限制,冒号后是文档格式,如 PDF、DOC、XLS 等。通过添加"filetype:"可以更方便有效地找到特定的信息,尤其是学术领域的一些信息。如经济信息学 filetype:PDF 查找信息经济学方面的 PDF 格式的文档。

8. 《》——精确匹配

书名号《》是百度独有的一个特殊查询语法。在其他搜索引擎中,书名号会被忽略,而百度中的中文书名号是可被查询的。加上书名号的查询词,有两层特殊功能:一是书名号会出现在搜索结果中;二是被书名号括起来的内容,不会被拆分。书名号在某些情况下特别有效果,可以查询名字很通俗和常用的那些电影或者小说。如查电影"手机",如果不加书名号,很多情况下出来的是作为通讯工具的手机,而加上书名号后查询结果就是关于电影《手机》的内容。

9. 『』——查找论坛板块

百度作为国人自己开发的搜索引擎支持的中文标点符号最多。『』是直行双引号。检索形式为:『论坛板块名称』,如『影视交流』。注意这个直行双引号可以通过中文输入法中的"软键盘"——"标点符号"输入。

10. intitle:bookmarks——查询别人的收藏夹

百度的 intitle 语法可以把搜索范围限定在网页标题内。所以用 intitle 语法可以查询别人的收藏夹,收藏夹中的网址由于经过了筛选往往具有较高的价值。如小说 intitle:bookmarks 表示查找小说的精彩站点,语文 intitle:bookmarks 表示查找语文方面的精彩站点。

11. 相关检索

如果无法确定输入什么关键词才能找到满意的资料,可以使用百度相关检索。用户先输入一个简单词语搜索,然后百度在页面下方会提供"相关搜索的关键词"作参考。点击任何一个相关搜索词,都能得到那个相关搜索词的搜索结果。

12. 百度快照

使用搜索引擎搜索时有时会出现"该页无法显示"等找不到网页的错误信息。有时即便能连接其速度也非常缓慢让人难以忍受。出现这种情况的原因较多,如网站服务器暂时中断或堵塞、网站已经更改链接等等。对于无法登录网站的情况,百度快照很好地解决了这个问题。百度搜索引擎先预览各网站,拍下网页的快照,为用户贮存大量应急网页。由于在百度的服务器上保存了几乎所有网站的大部分页面,在用户不能链接所需的网站时,百度暂存的网页也可救急。而且通过百度快照寻找资料要比常规链接的速度快得多。因为百度快照的服务稳定,下载速度极快,不会再受死链接或网络堵塞的影响。在快照中搜索的关键词均已用不同颜色在网页中清楚标记,点击快照中的关键词还可以直接跳到它在文中首次出现的位置,使浏览网页更方便。

四、新媒体应用之二:微博···

(一)微博的发展历程

微博,即微博客(MicroBlog)的简称,是一个基于用户关系信息分享、传播以及获取的平台,用户可以通过 WEB、WAP 等各种客户端组建个人社区,以最多不超过 140 个字符的文字更新信息,并实现即时分享。最早也是最著名的微博是美国 Twitter。2009 年 8 月中国门户网站新浪推出"新浪微博"内测版,成为门户网站中第一家提供微博服务的网站,微博正式进入中文上网主流人群视野。

总体看来,我国微博的发展大致经历了以下三个主要阶段:

1. 微博进入中国大陆(2007)

纵观微博在世界范围内的发展,其诞生背景可以追溯到信息全球化浪潮中 Web2.0 概念的兴起。随着 Web2.0 产品在全球互联网的升温,微博作为一种迷你博客应运而生。但在诞生的早期微博并未推广开来,直到 Obvious 公司正式推出 Twitter,微博才开始显现其网络价值,成为世界范围内微博发展的里程碑。Twitter 诞生于 2006 年,作为当时最具影响力的微博,Twitter 的迅速走红带动了国内微博的发展。2007 年中国本土的微博服务商开始出现,微博进入中国大陆。2007 年 5 月,中国大陆第一个微博产品"饭否"(fanfo.com)诞生。饭否网的成立成为微博进入中国的标志。

2. 微博初步发展阶段(2007—2009)

饭否的开通开启了微博在中国的发展历程。同年微博网站叽歪也开通,创始人为李卓桓。"饭否"、"叽歪"成为中国最早的微博产品。2007 年 8 月,腾讯公司推出了微博"滔滔"的公测,可以算作中国第一家尝试微博产品的门户网站。随后微博网站数量开始有所增加,出现了一些新的服务商如做啥网、嘀咕网,但总体发展并不顺利。2009 年 7 月 8 日,饭否服务器被关闭,叽歪等中国市场最早的微博产品也相继停止运营。这一阶段国内的微博处于初始、缓慢发展阶段,在探索中举步维艰。数量和规模上主要是为数不多的几家小网站,并且缺乏经验;在服务和功能上仿效国外微博产品,用户相对较少、关注度相对偏低,微博的价值尚未得到充分体现。

3. 微博快速崛起阶段(2009—　　)

得益于互联网的快速发展和普及,微博开始在中国崛起。2009 年以后,相继涌现出一批新的微博网站,包括 9 911 微博客、同学网、Follow5、新浪微博、搜狐微博、百度 i 贴吧等等,并在中国微博市场呈现出竞争态势。其中 2009 年 8 月开始公测的新浪微博发展最快,随后在中国微博领域居于领先地位。2010 年微博出现了井喷式的发展,国内微博产品达到 20 余种。不仅搜狐、腾讯、网易等门户网站相继推出微博,新华网、人民网、凤凰网以及和讯财经等多家媒体网站也推出微博。这一阶段微博发展最为明显的特征体现在微博取得了突飞猛进的发展,并且对中国社会产生了巨大的影响。随着微博逐渐渗透到社会的众多领域,它逐渐改变着人们的信息获取方式、社会交往方式和生活方式,并在众多公共事件中影响着公共舆论。同时,随着门户网站微博的异军突起,微博作为一种互联网产品在快速发展中逐步走向成熟。

(二) 微博的新媒体特征

除了具有海量性、即时性、多样化等传统互联网传播特征之外,微博的传播方式趋于简单、碎片化、节点化、社交网络化的特征,其节点传播的特征更被认为是微博的核心概念。

1. 简单传播

微博是目前互联网传播中唯一限制信息发布篇幅的媒介应用,许多复杂的信息被浓缩在 140 个字符以内,除了在微博中给出其他链接的信息发布之外,大多微博信息的发布和接收都是简单、清晰而直接的。在传播过程中,很容易因为篇幅的限制造成对复杂事实的单一描述,或者造成重要新闻事实的遗漏,导致传播信息不够清晰,从而容易滋生谣言,或新闻事实的某一点被微博无限放大为舆论焦点。微博的简单传播是相对的,这里的"简单"其实更可以理解为一种"直接",比如传播中通过转发微博的方式进行的信息发布,因为简单的传播过程和一键化的操作,在一定程度上减少了传播中的噪音,通过许多人再传播后的信息依然保持原貌,受众能够更直接地接触到原始消息源。

2. 碎片传播

被分成许多简单小片段的微博信息,其传播方式主要是碎片化的,这不仅体现为用户传播、接收微博信息的碎片化,还体现在用户使用微博时间的碎片化上。在大多数微博用户的信息发布之中,更多的是发布当时的所见、所感、所思,因此这样的微博信息大多是前后没有逻辑联系,个人而感性的小片段。微博信息的碎片化造成了信息的跳跃,覆盖更广的范围,不精确但更生动、丰富。而微博用户使用微博时间的碎片化意味着用户将许多闲暇的等待时间投入到微博使用当中,并且由于移动终端的新信息提醒功能而实现全时化即时互动。用户可能因为无聊、等待、无所事事而产生微博信息接触,但是这短暂的接触却因为微博内容的碎片化让接受者阅读广泛的信息,他们不需要耗费过多精力理解那些信息,只是了解、娱乐,或者社交。

3. 节点传播

由于微博具备手机、电子邮件上传的功能,用户不必坐在电脑桌前便能实现与网络的联通。从微博客的发送特性上来看,微博客具备了 4A 的元素(Anytime,Anywhere,Anyone,Anything)。节点传播另一个显著的特点在于打破了传统媒体构建的信息传播"中心化"结构,改变了"中心向外辐射"的信息流动模式,建构起"去中心"的扁平式的网状结构。由此高度垄断的话语权开始向大众回归,"草根"重获了向世界发言的权利,并且由于使用人群进一步扩大,及时转发、评论大大地激发了用户的参与程度和信息传播的速度,节点的活力和创造力也是之前的自媒体不能比拟的。

4. 社交网络

各种各样的在线社会网络工具的应用给微博注入了新的活力,微博用户即时更新发布的简短文本会提及他们日常生活、工作中的那些正在发生着的小事,比如他们正在读什么、想什么、经历什么。这不仅能让群体智慧的结果被大家共享,引发共同行为,并且能进一步提高信息灵敏度、扩大社交圈子,将来会出现强大的群体决策、复杂的众包协作、个性化的信息门户等。微博用户在社会网络里的身份可能是实名的,也可能是只有好友才知道,但无论是否实名,维系用户之间的关系是真实存在的。这种通过用户关系形成的社交网络对于有效挖掘利用信息具备重要价值。

(三) 微博使用简介

1. 微博基本功能

微博对于用户来说主要具有发布功能、转发功能、关注功能、评论功能四大基本功能。其中发布功能是指用户可以像博客、聊天工具一样发布内容;转发功能是指用户可以把自己喜欢的内容一键转发到自己的微博;关注功能是指用户可以对自己喜欢的用户进行关注,成为这个用户的关注者(即"粉丝"),那么该用户的所有内容就会同步出现在自己的微博首页上;评论功能是指用户可以对任何一条微博进行评论。

2. 微博使用方法

(1) 选择相应的微博工具:浏览器、电脑桌面客户端、智能手机、iPad 等客户端、手机短/彩信版及其他。

(2) 注册登录:新浪微博注册:邮箱、手机号码。腾讯微博注册:QQ 号码、邮箱、手机号码。

(3) 发布内容:通过微博发布信息。

(4) 关注/粉丝:将微博地址告诉朋友,让他们关注你成为你的粉丝,这样你发的每条微博将同时出现在他们的微博首页里。反之你也可以关注你的朋友成为他们的粉丝,这样他们发的每条微博就会出现你的微博首页里。

(5) @功能:

① 发布"@昵称"的信息,对方能看到你说的话,并能够回复,实现一对一的沟通;

② 发布的信息中"@昵称"这个字眼,可以直接点击到这个人的页面,方便认识更多朋友;

③ 所有@你的信息有一个汇总,你可以在我的首页右侧中"提到我的微博"中查看。

(6) 评论及转发:评论功能可以对任何一条微博进行评论。别人可以评论你发布的每一条微博。在微博主界面中,每条评论的右下方会有"删除"和"回复"的按钮,选中要删除的内容,点击"确定"即可。但在他人微博下别人回复自己的微博是无法删除的。转发功能可以把别人的微博一字不漏地一键转发到自己的微博,转发时还可以加上自己的评论。转发后所有粉丝能看见这条微博,他们也可以选择再转发,加入自己的评论,如此无限循环,信息就实现了传播。

(7) 发布话题:发布话题指用户可以用两个♯号作为前后的标识符,发起某一话题。如♯某一话题×××♯,则发出的微博可以自动搜索微博上所有的包含有"某一话题×××"的相关微博。因此可以展开讨论,实现信息的聚合。

(8) 私信:指用户可以给新浪微博上任意的一个开放了私信端口的用户发送私信,这条私信将只被对方看到从而实现私密的交流。

3. 微博涉及的常用网络语言

(1) 灌水、拍砖。"灌水"、"拍砖"一般是指以互联网为载体,网友相互间对某些问题的交流沟通,前者倾向于对所讨论问题的支持性,后者则重于对所讨论问题的批判性。灌水(add water)原意指向容器里面注水,进入互联网时代后由于电子论坛 BBS 的出现,指"向论坛中发大量无意义的帖子"的意思。拍砖指论坛中当某人发起一个话题,即发一个"主帖",其他人的回复就称为"跟帖"。回帖越来越多,就像盖起一座楼一样越来越高,所以把"主帖"的发布者称为"楼主",其余人的跟帖行为称为"盖楼"。在跟帖中持反对、批评意见,就像是用砖头砸人,故称为"拍砖"。

(2) 网络水军。指受雇于网络公关公司,为他人发帖回帖造势的网络人员,有专职和兼职之分。工作内容有:论坛传播、话题炒作、事件营销、博客营销、清除负面。

(3) 网络打手。指在网络水军中针对同一个话题在论坛、博客上使用各种片面、偏激而具有扰乱视听功能的文字来诋毁竞争对手的网络人员。网络打手通过不断发帖、跟帖,用夸张的语言,造成群体效应,并最终引导社会舆论。

(4) 意见领袖。指在网络中经常为他人提供信息,同时对他人施加影响的"活跃分子",他们在大众传播效果的形成过程中起着重要的中介或过滤的作用,由他们将信息扩散给受众,形成信息传递的两级传播。他们的粉丝或听众可高达数十万、数百万,在舆情事件中发挥巨大影响力。

(四) 微博辅助工具

1. 皮皮时光机

皮皮时光机是皮皮精灵针对新浪微博开发的第三方微博管理应用工具,可以实现定时发布微博、定时转发新浪微博、微博互动、多人协同管理微博、个性化设置、发送记录等功能,同时还提供了强大的微博内容库资源供使用。用户可以把编辑好的博文、图片、视频、音乐等微博内容定时发送,一天 24 小时不分时段、不分地点发布微博。同时还可以定时转发某个人的微博。

2. 享拍微博通

享拍微博通是一款基于 API 的多个微博平台及 SNS 同步更新工具。通过享拍微博通,用户可以向已注册的各个微博平台发送消息和查看各个平台接收的信息。其中包括:新浪微博、腾讯微博、搜狐微博、网易微博、嘀咕、人民网微博、人间网、开心网、人人网等十多个微博及社交网络平台。

3. 易推微博助手

由北京新软孚开发针对淘宝的卖家的一款多账号微博工具。优点是淘宝的商品可直接变成微博内容进行发送,配以相关图片和促销广告。同时还可以实现自动循环定时发送。

4. 绿佛罗

绿佛罗是一个新浪微博好友管理工具,其强大的批处理和过滤搜索能迅速帮助用户定位出真正值得关注的人,避免信息泛滥。可以管理新浪微博的所有粉丝和关注,实现关注、取消关注、锁定、黑名单等功能。

5. 微数据

由新浪微博数据中心开发，可以分析微博账户的粉丝、关注、博文和影响力的数据。

五、新媒体应用之三：微信···

（一）微信简介

微信是腾讯公司于2011年初推出的一款通过网络快速发送免费（需消耗少量网络流量）语音短信、视频、图片和文字，支持多人群聊的手机聊天软件。微信由腾讯广州研发中心产品经理张小龙领导的一支团队打造，和同类产品相比，尽管它的发布比北京小米科技有限责任公司的"米聊"（Miliao）晚了几个月，但其用户规模的增长却异常迅速。用户可以通过手机、平板和网页快速发送语音、视频、图片和文字。微信提供公众平台、朋友圈和消息推送等功能，用户可以通过"摇一摇"、"附近的人"、搜索号码、扫二维码等方式添加好友和关注微信公众平台，同时微信可将用户看到的精彩内容分享到微信朋友圈。截至2013年10月，微信拥有超过6亿用户，日均活跃用户超过1亿，曾在27个国家和地区的App Store排行榜上排名第一。

（二）微信平台相比传统媒体平台的优势

1. 熟人网络，小众传播

作为一款手机类社交软件能在短时间被大众所接受，一个主要原因就是其用户来源基于已有的腾讯用户，同时微信还可以实现跨平台的好友添加，微信用户可以通过访问手机通讯录来添加已开通微信业务的朋友和家人。微信不同于其他类似社交平台的特点就在于其建立的好友圈中均是已经认识的人，建立起来的人际网络是一种熟人网络。其内部传播是一种基于熟人网络的小众传播，其信度和到达率令传统媒体望尘莫及。

2. 富媒体内容，便于分享

新媒体相比传统媒体的一个显著特点就是移动互联网技术的应用，通过手机等终端可以随时随地浏览资讯传递消息，碎片化的时间得以充分利用，而微信在这方面可谓做到了极致。微信特有的对讲功能，使得社交不再限于文本传输，而是图片、文字、声音、视频的富媒体传播形式，更加便于分享用户的所见所闻。同时用户除了使用聊天功能，还可以通过微信的"朋友圈"功能，通过转载、转发及"@"功能来将内容分享给好友。

3. 微信公众平台，一对多传播

微信公众平台于2012年8月18日正式上线，通过这一平台，个人和企业都可以打造一个微信公众号，并实现和特定群体的文字、图片、语音的全方位沟通与互动。微信公众平台是企业进行业务推广的一种有力途径。微信公众平台的传播方式是一对多的传播，直接将消息推送到手机,因此达到率和被观看率几乎是100%。已有许多个人或企业微信公众号因其优质的推送内容而拥有数量庞大的粉丝群体,借助于微信公众号进行植入式的广告推广,由于粉丝和用户对微信公众号的高度认可,不易引起用户的抵触,加上高到达率和观看度能达到十分理想的效果。

4. 基于LBS,特殊的地理位置服务

LBS(Location Based Services),基于地理位置的服务。它包括两层含义:首先是确定移动设备或用户所在的地理位置;其次是提供与位置相关的各类信息服务;如与定位相关的各类"定位服务"。相较于传统网络媒体,微信的地理位置服务是一大特色,"查找附近的人"、"摇一摇"、"漂流瓶"等功能均是以LBS为基础。微信可轻易通过手机GPS服务获取用户的地理位置信息,用户在分享最新动态时勾选地理位置,好友便能看到其所在地,而地理位置是商家进行精准营销的重要信息。

5. 便利的互动性,信息推送迅速实时更新

微信作为一款社交软件,其便利的互动性是区别于其他网络媒介的优势所在。尤其是微信公众平台中,用户可以像与好友沟通一样来与企业公众号进行沟通互动。企业通过微信公众号可以即时向公众推送信息,迅速更新。例如微信公众号中做得比较成功的"艺龙旅行网",会根据季节和天气状况向用户推送适合前往的旅游地区,用户可以直接回复,咨询旅游区的酒店预订情况,这些在其他网络媒体中都是难以做到的。

(三) 微信使用简介

1. 微信注册

如果拥有QQ账号,就可以不需要注册而直接使用QQ账号登录微信。如果不想使用QQ账号登录的话,可以用手机号码进行快捷注册。只要选择好自己所在的国家,然后填下手机号码与密码就可以注册。注册成功之后,用户将拥有一个微信账号,下次除了使用QQ账号、手机号码登录之外,还可以使用微信账号登录。

2. 使用对讲功能

登录微信后,切换到对讲模式,按住对讲按钮不放,开始录音说话。松开按钮后,语音结束并且会发送到对方手机。

3. 查看QQ好友

切换到"找朋友"的界面。点击"查看QQ好友"。选择QQ分组来查看分组下对应的QQ好友。

4. 进行视频聊天

打开聊天对话框,点加号键即可开始聊天,同时还可以选择多种聊天表情。

六、新媒体应用之四:各类文库···

1. 百度文库

百度文库是百度发布的供网友在线分享文档的平台。百度文库的文档由百度用户上传,需要经过百度的审核才能发布,百度自身不编辑或修改用户上传的文档内容。网友可以在线阅读和下载这些文档。百度文库的文档包括教学资料、考试题库、专业资料、公文写作、法律文件、文学小说、漫画游戏等多个领域的资料。百度用户上传文档可以得到一定的积分,下载有标价的文档则需要消耗积分。平台支持多种主流文件格式 doc、ppt、xls、pot、pps、vsd、rtf、wps、et、dps、pdf、txt 等。平台于 2009 年 11 月 12 日推出,2010 年 7 月 8 日,百度文库手机版上线。2010 年 11 月 10 日,百度文库文档数量突破 1 000 万。2011 年 12 月文库优化改版,内容专注于教育、PPT、专业文献、应用文书四大领域。截至 2013 年 10 月,文库文档数量已有 8 000 多万。

2. 道客巴巴(Doc88)

道客巴巴是一个专注于电子文档的在线分享平台,用户在此平台上不但可以自由交换文档,还可以分享最新的行业资讯。用户可上传的文档包括:(1)电子图书;(2)学术论文;(3)培训资料,课件,讲义等;(4)市场调查报告,市场分析数据;(5)各类书稿,文稿等;(6)各类翻译作品,文献等;(7)个人创意,策划。道客巴巴采用了行业领先的文档加密及保护技术,最大程度保证用户上传文档的版权不被非法侵犯。

3. 豆丁网

豆丁网创立于 2007 年,是全球最大的中文社会化阅读平台,为用户提供一切有价值的可阅读之物。截至 2010 年,豆丁网已经成功跻身互联网全球 500 强,成为提供垂直服务的优秀网站之一。网站拥有分类广泛的实用文档、出版物、行业研究报告以及数千位行业名人贡献的专业文件,各类读物总数超过一亿。豆丁网鼓励原创、鼓励分享、尊重和维护上传者的权益。在豆丁网,你可以分享你的文档,并通过豆丁发表到不同博客、论坛以及各种平台上,进行广泛传播,同时还可以以非常环保的方式、低廉的价格看到热门书刊、杂志以及各类专业文献。

4. MBA 智库百科

MBA 智库百科是一部内容开放的经济管理百科全书,创办于 2006 年,号称全球最大最专业的中文经管百科。MBA 智库网站是经济、管理行业的综合服务商,是从事企业管理工作人员专业媒体集合平台。智库百科主要为中国各企业管理人员和各大院校的企业管理学生提供管理资讯及技术服务。智库百科是人人可以参与编写的百科全书,其目标是专注于经济管理领域知识的创建。MBA 智库百科的内容可以被复制、修改和再发布。

思考题

1. 与传统媒体相比,新媒体的特色和优势是什么?
2. 媒体和媒介的区别是什么?
3. 媒介素养和媒体操作技能之间的联系和区别是什么?
4. "南京发布"微博(http://e.weibo.com/njfb)的特色和作用是什么?
5. 如何使用微信构建个人社交网络?
6. 尝试通过软件下载百度文库中的文档。

案例分析

　　南京市鸡鸣寺药师佛塔突然于 2011 年 5 月 9 日凌晨失火,经两个小时的扑救,大火终于扑灭。此事发生后,引起了众多市民的热切关注,10 日又恰逢佛教中的一个比较重要的节日"浴佛节",当天上午和下午,《扬子晚报》记者两次来到鸡鸣寺,发现失火的药师塔已经封闭整修,浴佛节正常举行,寺中香火和往日一样旺盛,火灾事故并没有影响寺院的正常运转。鸡鸣寺住持莲华法师还特地委托记者,向广大关心鸡鸣寺的市民、香客和佛教界同仁、有关政府部门表示感谢。针对这一事件,政务微博"南京发布"在一天内发布了 3 条微博,及时向社会各界反馈事件的进展情况。以下为具体博文:

　　【南京快讯】　5 月 9 日凌晨 3 点 47 分,南京市玄武区鸡鸣寺药师塔发生火灾。火灾发生后,消防部门全力以赴组织补救。市委、市政府领导第一时间赶赴现场指挥。目前火灾无人员伤亡,火势得到控制。火灾原因正在调查中。药师塔系 1987 年动工兴建,1989 年落成,主体为钢筋混凝土结构,外层用木结构装修。(2011-5-9　05:51 来自新浪微博)

　　【南京快讯】　经过消防部门的全力扑救,截至 6 点 20 分,南京市鸡鸣寺药师塔明火已被扑灭。(2011-5-9　06:40 来自新浪微博)

　　【南京快讯】　5 月 9 日南京市鸡鸣寺药师塔火灾过火面积约 300 平方米,目前该塔主体结构完整,塔刹完好,仅部分木制飞檐受损,铜质药师佛受损较轻,明代金丝楠木佛龛等文物因保存在库房没有受损。火灾发生后,南京市立即成立了事故调查组。火灾发生的具体原因正在进一步调查核实中。鸡鸣寺 10 日起正常开放。(2011-5-9　22:54 来自新浪微博)

　　【问题讨论】

　　面对这类有社会影响的突发事件,秘书人员发布相关博文必须严肃慎重。从媒介素养的角度出发,秘书人员平时应注重培养哪些应对能力?

实践训练

我国统战部门新浪微博使用情况调查

当前中国进入了全面建设小康社会的新的历史时期,统一战线对于实现党在新时期的总任务有重要的作用。在新的历史时期我国统战部门如何利用新兴媒体提高统战工作效率,创新工作方式,进而开创统战工作新局面就成为一个重要的研究课题。目前新浪网有多少统战部门开通了微博? 一些典型微博的特点是什么? 使用微博推动统战工作的效果如何?

操作方法:在新浪微博搜索中选择昵称为"统战",用户类型为"认证用户",其他选择默认选项,采集的微博样本如下表所示。

微博名称	开博方	开通时间	网址	关注数	粉丝数	发文量
江西省委统战部	江西省委统战部	2011-3-2	http://weibo.com/u/1999582815	21	282 186	25

【实训要求】

1. 统战微博在我国各省、市(直辖市)的分布情况如何? 体现出何种特点?

2. 发文最多的统战微博是什么? 其博文有何特色?

3. 我国统战部门通过微博推动统战工作的成效如何?

知识链接

微博媒介素养案例——"金庸被逝世"[①]

2010 年 12 月 6 日晚 20 点 28 分,新浪微博用户 KASsboy 发表了内容为"金庸,1924 年 3 月 22 日出生,因中脑炎合并脱眠体积水于 2010 年 12 月 6 日 19 点 07 分,在香港尖沙咀圣玛利亚医院去世。求证"的帖子。然而这个明显标有求证的微博,在其他微博用户的疯狂转发后早已面目全非。在转发的大量用户中还包括了中新社属下《中国新闻周刊》新媒体的一位编辑,她将这条未经证实且被"改良"的虚假消息以"即时新闻"的形式进行发布,并且其未注明转发,其后看到此微博内容的用户均认为是中新网官方所发布的消息。这样一来,一篇本是普通用户发表的求证

---

① 严静:《论自媒体视野下微博用户媒介素养》,西北大学硕士学位论文,2011 年。

微博变成了一则事实报道的新闻,当时《中国新闻周刊》微博总共拥有 30 多万名关注者。当然在很短的时间后,包括知名记者和官方媒体均纷纷辟谣,并有许多微博用户指出,香港并无圣玛利亚医院并且金庸本人的出生日期也有错误;次日新浪微博的管理员也宣布该消息为假新闻,且将其放置在错误信息曝光区内。

在这一起关注率极高的网络事件当中,许多微博用户充当了盲从的受众和盲目的传播者。微博发送方式简单快捷,每一名用户都是潜在的新闻发布者,相对于传统媒体的劣势在于,几乎没有任何人进行把关,大量信息在未经审核和证实的情况下被迅速发出,特别是微博用户在有意无意之间已经形成了"以讹传讹"的工具,包括许多得到微博官方认证且具有影响力的微博用户充当了传递虚假信息的角色,而因为这些用户本身就拥有很高的关注度,进而他们的发布和转发自然为虚假信息的进一步传递推波助澜。

这一事件显示出微博用户媒介素养的诸多问题。很多微博用户对于新媒体的把握仍然停留在技术的层面,对于如何合理传播信息和判断信息的能力显然是非常有限的。在这个事件中,大量微博用户都已加入传播该虚假信息的大军中。微博时代对用户的媒介素养明显有了更高的要求,不仅仅需要对虚假恶劣信息进行判断,更重要的是在判断之后如何弃恶扬善地进行信息的再次传播。同时微博的管理者也应当发挥一定的引导作用,合理地规范和引导也会有利于用户媒介素养的进一步提升。

2013 年新浪政务微博报告(前言)①

截至 2013 年底,中国网民数量超过 6 亿,互联网普及率超过 45%,手机即时通信网民规模超过 5 亿人。移动互联网在一些突发事件和公众议题上成为信息源。党的十八大曾提出了"坚持正确导向,提高引导能力"、"唱响网上主旋律"。刚刚结束的党的十八届三中全会有多处涉及互联网管理、舆论引导等方面工作,对于运用互联网做好政务信息公开工作,具有巨大而深远的指导意义。

2013 年 10 月 15 日,国务院办公厅发布《关于进一步加强政府信息公开回应社会关切提升政府公信力的意见》(以下简称"意见"),其中多处提及政务微博,规定定期开好新闻发布会,主动做好重要政策法规解读,妥善回应公众质疑,及时澄清不实传言,发布重大突发事件权威信息等。《意见》还明确指出,各地区各部门应积极探索利用政务微博等新媒体,及时发布各类权威政务信息,尤其是涉及公众重大关切的公共事件和政策法规方面的信息,着力建设基于新媒体的政务信

---

① 摘编自:《2013 年新浪政务微博报告》,人民网舆情监测室,2013 年 12 月发布。下载网址:http://vdisk.weibo.com/s/A-q4TgwJBi_a。

息发布和与公众互动交流新渠道。

据统计,截至 2013 年 10 月底,新浪平台上的政务微博有 100 151 个,其中包括机构微博 66 830 家,公职人员微博 33 321 位。相比去年同期增长 4 万余个,增长率超过 60%,保持了较高的发展速度。在 10 万个政务微博账号中包含了 24 270 个政法微博账号,其中包括 17 279 个政法机构微博以及 6 991 个政法官员微博。从微博总量上看,目前政务机构微博影响力"Top 1 000"和官员微博影响力"Top 1 000"本年度共发微博 8 609 428 条,平均每个官员账号发博 3 057 条,平均每个机构账号发博 5 553 条。另外,我们通过对 2013 年新浪政务微博数据进行回归分析,预测新浪政务机构微博将可能在 2014 年底达到 97 259 个,约为 2013 年同期的 1.5 倍;公职人员微博将可能达到 39 985 个,约是 2013 年同期的 1.2 倍。

值得关注的是,2013 年是我国中央部委微博大发展的一年。据统计,截至 2013 年 12 月份,共有 77 家中央部门或其直属机构在新浪开通政务微博。今年以来,中国人民银行、国资委、国土资源部、证监会、保监会、中科院等一批"国字头"官方微博陆续开通。12 月 18 日,国务院办公厅政府信息公开办公室在新浪开通"中国政府网"政务微博,引发舆论关注。上述国家级微博的开通,成为 2013 年政务新媒体发展的最大亮点。部委微博运营良好能起到政府信息公开的表率作用,为基层政务微博提供经验借鉴,对于推动和引领各垂直领域政府部门政务微博发展有着重要意义。

从各部门政务微博发展来看,今年我国法院微博进入快速发展期。11 月 21 日,@最高人民法院官方微博在新浪网开通。与此同时,"全国法院微博发布厅"也独家上线,实现了整体性的推进。最高人民法院、31 个省级高院及 150 余个地方中院全部开通官方微博。有评论称:"依托现代信息技术,打造阳光司法工程,是传统司法公开制度的一次巨大革命。"

新浪执行副总裁、总编辑陈彤曾表示,微博让政府和民众的沟通进入了真正的互动时代,越来越多的政务微博的开通也成为实现中国梦的重要推力。据观察,政务微博在覆盖地域和层级上实现突破性发展,在形式创新和公共服务模式上不断变革更显多样化。我国政务微博不断创新发展模式,各地党政部门积极主动运用新媒体平台,与人民群众加强沟通,促进信息公开,为进一步提升党政机关形象和公信力,不断进行新的探索。党政部门通过政务微博第一时间通报权威信息,往往成为新闻信息源和事态演变重要变量,发挥巨大的舆论影响力。比如,济南中院官方微博直播薄熙来案审理,庭审当天新浪微博平台@济南中院的粉丝从早上 8:00 的 4.7 万迅猛增加到 17:00 的 30 万,截至当天 18:00 共发微博 65 条,微博转发总量达 228 573 条,微博热议度达 155 697。微博直播成为网民与媒体获得事件最新进展的重要消息来源。同时,以@济南中院微博直播薄熙来案庭审为标志,微博庭审直播成为常态。

人民网舆情监测室秘书长祝华新对政务微博高度评价,称其有助于"官民之间顺畅互动"。

他认为借力微博"党和政府已经在相当程度上夺回了互联网上的麦克风,夺回了一些突发事件和敏感议题的话语权"。在应对突发事件、热点舆情时,政务微博能够发布权威信息,迅速澄清事实,遏制谣言传播,有效安抚民众情绪。4月20日8点02分,四川雅安芦山发生7.0级大地震。在此次芦山地震中,政务微博展现出巨大的传播力和引导力,多角度、多层级构筑起抗震救灾信息的"绿色救援通道"。@国家地震台网成为首家播报震情讯息的政务微博;@中国国际救援队时刻关注微博上的求助信息;成都军区开通@雅安芦山抗震救灾官方微博发布救援直播;@雅安市政务服务中心普及地震救生常识,澄清了各种不实传言等,发挥了重要作用。

后 记

本书是高校秘书学专业系列教材之一,是在秘书学专业 2012 年被正式列入教育部本科专业目录之后,各高校急需秘书学本科专业教材的背景下,受杨剑宇教授的委托而编写的。

本书大纲由赵步阳组织教材编写组成员多次讨论后确定,在大纲讨论的过程中,杨剑宇教授给予了悉心指导,提出了关键性意见。

本书在体例上,共有十章。各章由 1—2 个案例导入,章末有思考题、案例分析、知识链接,个别章节后设计了实践训练。目前市场上可见的秘书信息工作方面的教材,多为高职高专系列教材,并且多属任务驱动型教材,教材的知识性有所欠缺。因此,对于秘书学本科专业的学生来说,现有教材的针对性和学术含量都有不足。本教材希望能于此有所强化,做到知识性和实用性的统一。

参与本书编写的教师均有秘书学专业相关课程教学与科研的丰富经验,有的直接从事过秘书工作或信息工作,对秘书工作及信息工作有独到的认识。本书自初稿写成后,程宏亮教授付出了大量精力,通读全书,提出了细致的修改意见;各位参编教师积极配合、支持,在繁重的教学工作之余进行了反复修改,最后由赵步阳定稿。全书内容翔实,在广泛查阅、参考了有关秘书信息工作、信息科学、信息管理、信息检索、信息存储、信息决策以及新媒体研究等多方面的论著、教材和最新成果后,尝试结合最新的现实素材,提出关于新形势下秘书信息工作的最新观点和认识,反映新的技术环境下秘书信息工作的最新进展。

各章执笔分工如下:

第一章:袁美丽、赵步阳

第二章:王静欣、赵步阳

第三章:单青

第四章:乔孝冬

第五章:吴静

第六章:刘洪

第七章:周克勤

第八章:赵步阳

第九章：张海红

第十章：许剑颖

金陵科技学院教学质量评估中心叶永胜副主任在本书的编写过程中，给予了大力支持，在此谨表谢意。

本书在编写过程中，查阅、参考、引用了相当数量的论著、教材、期刊论文，以及部分网络案例。虽已尽力在文中或书后一一列出来源，但是也许还会有所遗漏。如有相关的研究者发现，请不吝指出，以利将来修改、补充。

新春将至，成书在即，终能不负杨剑宇教授所托，心中忐忑与轻松之感兼而有之。因编写时间紧迫，书中自然会有不少浅陋错谬之处，欢迎读者提出宝贵意见。

赵步阳

程宏亮

2015 年 1 月 26 日

主要参考书目

1. 钟义信：《信息科学原理》，北京邮电大学出版社 2002 年版。

2. 王立清：《信息检索教程》（第二版），中国人民大学出版社 2008 年版。

3. 潘燕桃：《信息检索通用教程》，高等教育出版社 2009 年版。

4. 卢小宾、李景峰：《信息检索》，科学出版社 2003 年版。

5. 朱欣文、杨剑宇：《秘书实务》，华东师范大学出版社 2013 年版。

6. 何宝梅、杨剑宇：《秘书学导论》，华东师范大学出版社 2013 年版。

7. 余红平、雷鸣：《秘书信息工作实务》，重庆大学出版社 2010 年版。

8. 贺存乡：《信息与档案管理》，浙江大学出版社 2010 年版。

9. 王琦、冯小梅、程萍：《秘书信息工作与档案管理》，中国人民大学出版社 2011 年版。

10. 唐钧：《行政秘书学》，中国人民大学出版社 2013 年版。

11. 余红平、胡红霞：《秘书信息与档案管理实务》，外语教学与研究出版社 2009 年版。

12. 刘萌：《商务秘书信息与档案工作》，中国劳动社会保障出版社 2005 年版。

13. 缪惠：《信息工作与档案管理》，合肥工业大学出版社 2005 年版。

14. 胡伟、卢芳、赵修磊：《信息、文书与档案管理》，科学出版社 2010 年版。

15. 吴良勤、雷鸣：《信息工作与档案管理》，华中科技大学出版社 2011 年版。

16. 安忻：《政务信息加工的原理与方法》，中国人民大学出版社 2008 年版。

17. 颜海：《政务信息管理》，武汉大学出版社 2009 年版。

18. 陈西川：《政务信息理论与实务》，河南人民出版社 2006 年版。

19. 王新才：《政府信息资源管理》，科学出版社 2011 年版。

20. 周璐：《社会研究方法实用教程》，上海交通大学出版社 2009 年版。

21. 杨继红：《谁是新媒体》，清华大学出版社 2008 年版。

22. 王长潇：《新媒体论纲》，中山大学出版社 2009 年版。